项目资助

四川省软科学项目："一带一路"倡议下西部人才集聚与区域创新研究

四川省软科学项目： 新形势下四川省引才引智政策及改革创新研究

成都市软科学重点项目：成都建设"一带一路"创新枢纽研究

"一带一路"
沿线国家的高等教育发展研究

沈华　沈曦 ◎ 著

中国社会科学出版社

图书在版编目（CIP）数据

"一带一路"沿线国家的高等教育发展研究／沈华，沈曦著. —北京：中国社会科学出版社，2023.11

ISBN 978 - 7 - 5227 - 2648 - 9

Ⅰ.①一⋯ Ⅱ.①沈⋯②沈⋯ Ⅲ.①高等教育—研究—世界 Ⅳ.①G649.1

中国国家版本馆 CIP 数据核字（2023）第 189408 号

出 版 人	赵剑英	
责任编辑	赵　丽	
责任校对	王　龙	
责任印制	王　超	

出　　　版	中国社会科学出版社	
社　　　址	北京鼓楼西大街甲 158 号	
邮　　　编	100720	
网　　　址	http://www.csspw.cn	
发 行 部	010 - 84083685	
门 市 部	010 - 84029450	
经　　　销	新华书店及其他书店	

印　　　刷	北京明恒达印务有限公司	
装　　　订	廊坊市广阳区广增装订厂	
版　　　次	2023 年 11 月第 1 版	
印　　　次	2023 年 11 月第 1 次印刷	

开　　　本	710×1000　1/16	
印　　　张	16.5	
插　　　页	2	
字　　　数	230 千字	
定　　　价	88.00 元	

序

2023 年 10 月 18 日，第三届 "一带一路" 国际合作高峰论坛在北京召开。国家主席习近平在北京人民大会堂出席开幕式，并做了题为 "建设开放包容、互联互通、共同发展的世界" 的主旨演讲。习近平总书记强调中国支持高质量共建 "一带一路" 的八项行动，愿同各方深化 "一带一路" 合作伙伴关系，推动共建 "一带一路" 进入高质量发展的新阶段，为实现世界各国的现代化作出不懈努力。

自 2013 年至今的十年来，中国通过实施 "一带一路" 教育行动，以高质量教育发展为主题，促进 "一带一路" 国家的语言互通、人才共育、技术共享和人文交流等，为 "一带一路" 建设夯实了坚实的教育基础。

学生流动是 "一带一路" 国家间教育合作的一种重要表现形式。沈华和沈曦合作撰写的这本书，正是以国家间学生流动为基础、以这些国家高等教育发展为主题展开的。首先，对人力资本理论、推拉理论、投入产出理论的分析作为本书研究的理论基础；其次，研究了影响 "一带一路" 沿线国家国际学生流动的相关因素，探究了这些国家年轻人来华留学的重要原因；再次，基于对 "一带一路" 沿线国家创新的效率及其影响因素的研究，评价这些国家的创新效率；最后，分析了中国政府奖学金对 "双一流" 大学学生来华留学发展的作用。这些理论探讨和实证研究结果将对促进 "一带一路" 沿线国家的教育合作和交流具有重要的理论意义和实践价值。

本书作者沈华和沈曦分别是我在华中科技大学教育科学研究院招收并培养的 2002 级和 2001 级博士生。博士毕业后的机缘巧合，她俩成为湖北大学教育学院高等教育研究所的同事。与在攻读博士学位期间一样，她俩在学术工作中相互帮扶，得以共同进步。尽管沈华调离了以前工作的大学，但两人仍然保持学术合作和生活关怀上的联系。沈华和沈曦的共同特点是学术勤奋、关爱学生，在以我为指导教师的师门团队中起到了很好的学术上承上启下、生活中关怀帮助的核心作用。在个性特点上两人有诸多不同：沈华对我、对同门的关爱体现出语言和行动上的一以贯之；沈曦对导师、对师兄弟姐妹的关心和眷念存在于简短表达和内秀深层之中。

沈华、沈曦两师姐妹博士毕业至今已近二十年，本书今天的出版也是她们学术合作、姐妹情深的见证。作为曾经的导师，我非常高兴、乐意为本书撰写此序。对成果本身，是一种正面肯定；对沈华教授是一种前进鼓励；对沈曦副教授则是一种深深的怀念！

讲席教授

南方科技大学高等教育研究中心主任

2023 年 10 月 26 日

目　　录

第 一 章

绪　论

第一节　研究背景

2013 年秋，习近平主席出访中亚和东南亚国家期间，向世界发出了共建"丝绸之路经济带"和"21 世纪海上丝绸之路"的重大倡议，简称"一带一路"倡议。"一带一路"倡议是中国发展与沿线国家进行全面合作的重要行动计划，为沿线国家的高等教育发展提供了良好契机。为推进实施"一带一路"重大倡议，2015 年 3 月，中国政府发布《推动共建丝绸之路经济带和 21 世纪海上丝绸之路的愿景与行动》，指出中国要在政策沟通、设施联通、贸易畅通、资金融通、民心相通五个方面加强与沿线国家的交流合作。2016 年 4 月，中共中央办公厅和国务院办公厅颁布《关于做好新时期教育对外开放工作的若干意见》（以下简称《意见》），强调坚持扩大开放，做强中国教育，加强教育互联互通，促进"一带一路"沿线国家的教育合作。2016 年 7 月，教育部印发《推进共建"一带一路"教育行动》，指出教育在共建"一带一路"中具有基础性和先导性作用，要加强与沿线各国的教育交流，促进民心相通，同时为其他"四通"提供人才支撑，并将推进留学和培养人才列为"一带一路"教育行动的重要内容，尤其强调要注重开展"一带一路"教育政策协同研究，为沿线各国政府推进教育政策互通提供决策建议。

一 "一带一路"沿线国家的国际学生流动发展背景

国际学生属于国际人才，在国家间的教育合作与交流中扮演着非常重要的角色，推动国际学生流动成为世界主要国家尤其是广大发展中国家的一个重要议题，也已成为世界各国高等教育政策的重要内容和重要目标①。特别是 2017 年 5 月在北京召开的 "一带一路" 国际合作高峰论坛，将 "一带一路" 倡议推向了新的建设高潮。中国领导人在高峰论坛发表的讲话中明确指出："要推动教育合作，扩大互派留学生规模，提升合作办学水平。要发挥智库作用，建设好智库联盟和合作网络。"②

鉴于此，开展 "一带一路" 沿线国家国际学生流动与高等教育发展研究，响应教育部《推进共建 "一带一路" 教育行动》政策的号召，有助于为沿线各国政府推进教育政策互通提供决策建议。

国际学生流动被视为全球知识交流、知识资本创造和竞争力的关键因素，其具有推动政治交流、经济发展、文化多元和教育合作的作用，因此推动国际学生流动成为众多国家战略政策的重要组成部分③。随着世界经济向全球化发展以及高等教育国际化的不断深入，国际教育交流频繁，国际学生的流动量近几十年来持续增长。根据联合国教科文组织统计的数据，全球国际学生数量 2002 年为 246 万，到 2016 年已经增长到 509 万④。澳大利亚教育国际开发署预测，到 2025 年全球国际学生数量将达到 720 万，经济合作与发展组织和美国高等教育专家菲利普·G. 阿特巴赫更是预测，到

---

① P. G. Altbach, J. Knight, "The Internationalization of Higher Education: Motivations and Realities", *Journal of Studies in International Education*, 2007, 11 (3-4), 290-305.

② 习近平：《开辟合作新起点 谋求发展新动力——在 "一带一路" 国际合作高峰论坛圆桌峰会上的开幕辞》，《中国经济周刊》2017 年第 Z2 期。

③ D. Meares, "Global Student Mobility 2025: Forecasts of the Global Demand for International Higher Education", *Educational Philosophy and Theory*, Vol. 17, No. 1, 1985.

④ UIS. Stat, "UNESCO Institute for Education" (http://data. uis. unesco. org, 2018).

2025 年全球国际学生人数将达到 800 万①。其中，最受国际学生青睐的目的地国是处于"中心"的美国、英国和澳大利亚，其次是法国、德国、新西兰和俄罗斯等国，以英语语言为主的西方发达国家吸引了全球大部分的国际学生。OECD 数据显示，2016 年有 350 万国际学生到经合组织国家学习，主要是中国和印度等亚洲国家的学生前往美英等西方发达国家学习②。未来十年，出境学生人数增长最快的国家包括中国、印度、巴基斯坦、尼日利亚和孟加拉国，预计到 2027 年，中国和印度将为全球奉献 60% 的国际学生增长率，而韩国、马来西亚、委内瑞拉、新加坡的出境学生人数将会大幅下降③。另外，国际学生流动长期处于不均衡的状态，主要的流动还是发生在传统的国际学生输出国和接收国之间。但全球学生流动也出现若干新的趋势：北美和西欧等地区吸引国际学生增势放缓；国际学生流向多元化；亚洲许多国家逐渐在高等教育国际市场上崭露头角成为新兴的留学目的地国；区域内"就近流动"趋势凸显；国际学生流动从以往的单向流动向双向流动转变。④

随着"一带一路"倡议的推进，"一带一路"沿线国家国际学生数量占全球国际学生人数的比例不断上升，成为支持全球学生流动的主体地区。"一带一路"沿线国家 2002 年的出境学生人数为 155 万，占全球国际学生人数的 62.83%；2016 年的出境学生人数

---

① OECD, *Education at a Glance*：*OECD Indicators*, Paris：OECD Publishing, 2007 （https：//www. oecd-ilibrary. org/education/education-at-a-glance – 2007 _ eag – 2007 – en）；G. Altbach. ，"Higher Education Cross Borders：Can the United States Remain the Top Destination for Foreign Students?", *Change the Magazine of Higher Learning*, Vol. 36, No. 2, 2004.

② OECD, "Education at a Glance：OECD Indicators", Paris：OECD Publishing, 2018 （https：//www. oecd-ilibrary. org/education/education-at-a-glance – 2018_ eag – 2018 – en）.

③ British Council, "International Student Mobility to Grow More Slowly to 2027" （https：//www. britishcouncil. org/organisation/press/international-student-mobility-grow-more-slowly – 2027）.

④ 张秀琴：《国际学生流动趋势与来华留学时代特征》，《辽宁教育》2014 年第 4 期；王洪才、戴娜、刘红光：《全球化背景下的国际学生流动与中国政策选择》，《厦门大学学报》（哲学社会科学版）2014 年第 2 期；刘进、张露瑶：《"一带一路"沿线国家学生流动轨迹研究——基于 UNESCO（2006—2015）数据》，《教育学术月刊》2018 年第 9 期；陈烨：《高等教育领域国际学生流动分析——基于经合组织〈教育概览〉的数据分析》，《世界教育信息》2015 年第 12 期。

为 364 万,占全球国际学生人数的 71.51%。2002 年"一带一路"沿线国家入境学生人数为 108 万,占全球国际学生人数的 43.93%;2016 年的入境学生人数为 305 万,占全球国际学生人数的 59.95%。随着"一带一路"倡议向纵深发展,沿线国家之间的教育交流必将不断加强,区域间的交流在未来会更加频繁,中国在全球国际学生市场格局中的地位将会愈发凸显。

当前,中国已成为世界最大的国际学生输出国和亚洲最重要的留学目的地国。在此背景下,研究"一带一路"沿线国家的国际学生流动,对不同发展水平国家国际学生流动的影响因素进行实证研究,以及对发达国家和发展中国家招收国际学生的政府策略进行归纳总结,将有助于我们更好地理解国际学生流动。充分借鉴他国有益的发展经验,可以帮助"一带一路"沿线国家尤其是广大发展中国家政府制定不仅对发展中国家的国际学生具有吸引力、对发达国家的国际学生也具有吸引力的高等教育发展政策和国际学生流动政策。

同时,通过分析"一带一路"沿线国家政府对高等教育投入的变化趋势和现状,可以发现经济发展水平和高等教育发展阶段的关系。研究各国经济水平和高等教育财政投入对高等教育发展的影响,可以为中国"一带一路"教育行动计划的实施提出更有针对性的政策建议。

二 "一带一路"沿线国家创新发展背景

创新成为知识经济时代各国推动经济增长、实现国家战略目标、谋求可持续发展的最根本动力。尤其对发展中国家来说,创新是顺应技术浪潮并超越发达国家的最迫切要求。2014 年以来,中国经济发展步入新常态,突出的趋势化特征是要素的规模驱动力减弱。近年来,中国劳动年龄人口减少,劳动力成本大幅攀升,投资增速趋于放缓,必须对以往大规模依靠资本、劳动等生产要素实现经济发展的方式加以改造和重塑,将经济发展动力从低成本要素驱动转换到更多依靠人力资本质量提升和技术进步驱动，即把创新作为引领经济新常态的新引擎，因此，创新成为解决当下中国经济发展困境的最有效路径。党的十八大以来，面向世界发展前沿和经济高质量发展的需求，党中央强调把创新摆在国家发展全局的核心位置，坚持走中国特色自主创新道路，实施创新驱动发展战略。

中国作为发展中大国，在世界经济的发展过程中的地位越来越重要。2013 年，中国提出"一带一路"建设倡议，国际社会给予高度关注和广泛支持，不仅有利于中国自主创新能力的提升，也能给"一带一路"沿线国家的经济增长提供新动能，为各国战略的深入对接注入活力。但是，"一带一路"沿线国家在制度、基础设施、市场成熟度和商业成熟度等各个方面存在巨大差异。当前，"一带一路"倡议沿线国家的创新发展现状如何？不同类型国家的创新效率是否存在显著差异？国家内部创新要素和国际外部创新要素如何交织在一起推动高水平国家创新能力的产生？对这些问题作出回答，有利于深化沿线国家对创新发展的认识、加强沿线国家的创新成果产出，在"一带一路"背景下推动高质量的创新合作。

本书围绕国家创新系统这一议题展开研究，以"一带一路"沿线国家为研究对象，以期能够在分析"一带一路"沿线国家创新能力现状的基础上，探索中国在创新要素上的优势和不足。对"一带一路"沿线国家的国家创新系统构成及效率进行比较，并结合创新要素投入对国家创新能力的影响程度，同时考虑"一带一路"沿线国家之间的相互影响，对沿线国家的创新能力提升提出政策建议，促进整个区域的创新能力发展，推动构建"一带一路"共同体。

创新创业在全球范围内呈现出全新的发展趋势与业态。自 20 世纪 90 年代以来，伴随着全球化贸易步伐的加快以及知识导向型经济的迅猛发展，工业革命以来逐步产生的传统高投入、高消耗、粗放式的资源依赖性经济模式，在现代社会以可持续发展为基调的发展理念下难以为继。如何在 21 世纪改造传统行业、寻找新的经济增长点与发展新兴产业,成为各大经济体在产业转型时期必须慎重思考的三大问题。

在众多尝试推广创新创业模式的国家中,被誉为"创业的国度"的以色列,面对狭小的国土面积、短缺的自然资源、地缘政治压力、战争压力,在科学研究、商业创新、教育培养等领域取得了举世瞩目的成绩。作为一个创新的国度,以色列的国家实力与其创新创业活动紧密联系,后者全方位地影响着以色列的教育、政治及经济,奠定以创新为导向的国家发展逻辑,并为其提供持续不断的原生动力,塑造起以色列人才高度集聚、产业运作成熟与转化产出能力极强的国家综合竞争力形态。与此同时,以色列作为响应"一带一路"倡议的参与国,与中国有着紧密的经济联系与广泛的民间交流活动。作为第一个承认中华人民共和国的中东国家,自 1992 年 1 月 24 日以色列副总理兼外长访华并签署与中国建交公报、两国正式建立大使级外交关系以来,双边关系得到顺利发展:1994 年、1997 年、2009 年和 2014 年,以色列分别在上海、香港、广州、成都设立总领馆。2017 年 3 月,中以签订《中华人民共和国和以色列国关于建立创新全面伙伴关系的联合声明》,宣布建立创新全面伙伴关系。近年来,中国与以色列更在教育、科研创新领域展开了积极的合作交流。在教育方面,开展双方交换留学生项目、清华大学与特拉维夫大学在以色列签署共建交叉创新中心协议、共同搭建中以 7 + 7 研究型大学联盟、广东以色列理工学院,开展合作办学模式等;在科研创新领域,设立中以投资基金投资面向中国市场的以色列技术;国家自然科学基金委员会与以色列科学基金会签署合作协议共同资助合作研究项目;中以(上海)合作创新园与中国(四川)—以色列研发合作项目等地方合作计划。

改革开放以来,中国经济规模与发展指数呈现上升态势,通过依靠高投入、高消耗、高污染的第二产业发展与庞大人口红利,中国在三十年内取得了巨大的经济成就与社会效益。近年来,中国不断推进经济发展改革，向提高资源分配效率、降低能耗、发挥市场主体作用、促进产业升级转型等现实要求靠近，对于经济发展的新趋势即创新也不断保持着探索和实践。2014 年中国首次从国家层面提出"大众创业，万众创新"，将创新创业提升至国家战略地位，但在创新创业改革方面仍存在配套体系不完善、问题挖掘深度欠缺、与实际问题脱轨等情况，各机构双创实力尚未被完全开发与整合进国家创新体系。

以色列在创新创业领域有着丰富的经验积累与成功的发展模式，将以色列作为研究范本，探寻影响中国和以色列创新发展的因素，比较中国与以色列创新的差距，寻找创新创业生态搭建中的可再现逻辑与既有经验，有助于对中国的双创事业进行审视，应答经济转型期中国双创事业所面临的困境与挑战。

三　中国政府奖学金与"双一流"大学来华留学教育发展背景

新中国成立以来，来华留学教育经历了 1949—1965 年的萌芽阶段、1966—1978 年的停顿与缓慢恢复阶段、20 世纪 90 年代的快速恢复阶段，到 21 世纪进入全面繁荣阶段。中国政府出台了一系列政策指导来华留学工作，《来华留学生高等教育质量规范》强调，将加强留学生奖学金规范管理、扩大来华留学规模、提升来华留学生生源质量、优化来华留学生结构作为来华留学教育发展的目标。多方面提升来华留学教育的整体质量已成为新时期来华留学教育工作的重点内容。

2015 年中国开始推进"双一流"大学建设，中国高校迈入建设世界一流大学和世界一流学科的关键时期。入选高校相继提出了各自的具体建设方案，提升高校的国际化程度成为"双一流"高校的重点工作内容。加强来华留学教育成为"双一流"大学提升其国际化程度的重要手段，提升高校国际化发展水平的重要目标之一就是吸引高质量的来华留学生。

在诸多影响国际学生流动的因素中，中国政府奖学金发挥了重要作用。中国留学生奖学金的申请和发放，有助于各高校招收到更高质量的来华留学生。国家对奖学金的申请、发放和金额作出了严格的要求，随着来华留学规模的不断扩大，更多留学生希望通过获得奖学金来满足在华学习和生活的需要。为了满足更多留学生的需求和发挥奖学金的激励作用，中国政府不断加大对奖学金的支持力度。

来华留学生奖学金种类繁多，包括政府奖学金、高校奖学金和企业奖学金等，中国政府奖学金和其他类型奖学金共同组成了来华留学生奖学金资助体系，其中覆盖面最广和发放金额最高的是中国政府奖学金。设立于 20 世纪 50 年代的中国政府奖学金为来华留学生工作和提升高校国际化程度做出了卓越贡献，中国"双一流"大学开展来华留学教育离不开中国政府奖学金的作用。研究中国政府奖学金是否更好地吸引了高水平来华留学生，特别是在"双一流"高校中，中国政府奖学金政策对来华留学生的规模和结构是否有影响，对"双一流"大学来华留学教育质量的提升和完善中国政府奖学金具有重要意义。

第二节　研究意义

"双一流"大学的来华留学生教育是来华留学教育的重要组成部分。提升"双一流"大学来华留学生的质量不仅对提高高校自身的影响力和国际化程度具有重要意义，对来华留学教育事业发展也具有极其重要的战略意义。

一　理论意义

第一，国际学生流动是全球高等教育格局的重要组成部分，是评价高等教育国际化的一项重要指标。开展国际学生流动的相关研究，探讨其趋势和影响因素，对加深高等教育国际化背景下高等教育发展规律的认识具有一定的意义。本书主要基于"推拉理论"，从经济、教育和社会文化动因入手，分析"一带一路"沿线国家国际学生流动的主要影响因素以及不同发展水平国家国际学生流动影响因素的差异。根据研究结果，提出沿线各国政府应如何在高等教育国际化进程中制定高等教育政策和采取相应的措施招收更多的国际学生，使"推拉理论"在国际学生流动中能得到进一步的应用。

第二，很多学者对中国和"一带一路"沿线国家创新能力的相关研究主要集中在战略发展、经济贸易和文化交流等方面，而对于创新影响因素的研究，较少有学者关注沿线国家的情况。本书在前人研究的基础上，使用 DEA 效率评估、聚类分析等方法，分析"一带一路"沿线国家创新能力建设取得的成效。

第三，在研究方法上，以往的创新影响因素研究主要基于传统的回归方法或结构方程模型来探讨变量之间的线性关系，往往忽视了因素之间的相互依赖性和复杂性。虽然学者们认同创新发展受到多主体、多因素组合匹配的影响，大多受研究方法限制，只检验部分因素对创新的影响程度。本书将定性比较方法（QCA）引入创新能力研究，以此来揭示高水平国家创新能力是多因素复杂作用的结果。

第四，在研究框架上，基于国家创新系统理论，结合文献回顾，提炼出适合国家创新发展的前提条件，既以全球创新指数为基础的国内要素，又将国际创新人才作为创新国际要素纳入框架，拓展了国家创新发展的研究模型，丰富了国际创新合作的国别比较研究。

二　现实意义

第一，"一带一路"教育研究是"一带一路"倡议下的重要研究议题，开展"一带一路"教育政策协同研究是响应教育部《推进共建"一带一路"教育行动》的具体体现。同时，加强"一带一路"沿线国家间的教育交流与合作有利于传承和弘扬丝路精神，为深化双边多边合作奠定民意基础,是"一带一路"倡议"民心相通"的重要组成部分,也是实现"一带一路"倡议"贸易畅通"的重要补充。本书在"一带一路"倡议背景下研究沿线国家国际学生流动规律和影响因素,以及不同发展水平国家招收国际学生的政府策略,研究结论可以为各国政府制定高等教育发展政策和国际学生流动政策以及沿线国家间实现教育政策互联互通提供实证依据和决策建议。

第二,以"一带一路"沿线国家为研究对象,将中国与创新领先型国家相比,可以找出与这些国家的创新差距,借鉴其创新发展的先进模式及经验。本书将评估沿线国家创新潜力,客观地描述沿线国家的创新能力发展现状。

第三,基于历史数据测度沿线国家的创新效率,有利于各国评价并改善创新绩效。通过效率的聚类分析可以发现中国所处的创新集团,对于更清楚地把握中国创新能力发展特征和程度具有重要意义。

第四,在"一带一路"倡议背景下对国家创新能力进行探讨,扩展了创新能力的跨国比较研究,可以为沿线国家提升国家创新能力提供实践启示,同时对深化"一带一路"国际合作,促进共同繁荣发展,建设人类命运共同体具有一定的积极意义。

第五,2015 年至今,中国的"双一流"建设已历经七年,做好来华留学教育工作有利于提高"双一流"大学的发展水平,具有十分重要的现实意义。本书主要探究 2015—2018 年"双一流"大学来华留学生的发展概况、来华留学生的规模发展变化与结构发展概况等,并回顾中国政府奖学金政策的发展历程,研究"双一流"大学来华留学生发展和中国政府奖学金之间的关系,进一步研究中国政府奖学金对"双一流"大学来华留学生的影响,为"双一流"大学提升其来华留学教育竞争力提供政策建议。

第三节 研究方法

一 描述统计法

对"一带一路"沿线国家高等教育发展的国际学生流动概况进行描述统计分析，分为流入和流出两个方面。对"一带一路"沿线国家的高等教育总体发展水平和发展环境指标开展描述分析，主要包括高等教育毛入学率、高等教育生师比和政府高等教育投入等。关注 2005—2018 年"双一流"高校的来华留学规模、结构和获中国政府奖学金的发展趋势等指标。

二 回归分析法

采用计量经济学中的面板数据回归分析方法，通过总体回归分析探讨影响"一带一路"沿线国家吸引国际学生的主要因素；通过分类回归分析，探讨沿线不同发展水平国家的国际学生在选择不同留学目的地国时的影响因素和差异。

通过构建向量自回归模型，分别探究"双一流"大学中国政府奖学金对来华留学生、学历来华留学生的影响以及中国政府奖学金如何提升来华留学生质量。

三 比较分析法

根据联合国开发计划署公布的人类发展指数，将"一带一路"沿线国家划分为发达国家和发展中国家，并对发达国家和发展中国家的国际学生流动和高等教育发展指标进行比较分析，辅之以不同地区的数据进行比较分析，进一步分析发达国家和发展中国家的国际学生流动的影响因素和影响差异。

对"一带一路"沿线国家创新指标进行对比，发现中国的创新水平在世界中的位置。特别是通过将中国与以色列的创新要素进行对比分析，发现影响中国创新发展的主要因素。

四 DEA 方法与层次聚类分析法

运用 DEA – CCR 模型对"一带一路"沿线国家 2020 年的三个产出创新效率以及整体创新效率进行测算；运用 SPSS 层次聚类分析法对四种效率进行分组，将沿线国家重新划分为不同的集群，从而更好地识别共同特征和存在的差异。

五 模糊集定性比较分析法

对国家创新能力的因果关系进行分析时，运用模糊集定性比较分析法（fsQCA），考察国家创新能力的前因条件。国家创新是一个复杂的过程，受到来自不同领域的多种因子的共同作用，而 fsQCA 致力于解释结果产生的关键因素以及因素之间的有效互动，考察促成结果产生的复杂的因素组合。通过模糊集定性比较分析，可以比较直观地得出高水平国家创新能力发生的解释变量的组合，以及有效提高国家创新能力的路径。

第二章

理论基础与文献综述

第一节　理论基础

"人力资本理论"很好地解释了高等教育投资主体尤其是国家（政府）这一投资主体需要对高等教育进行投资的根本原因，而"推拉理论"从另一层面很好地解释了国际学生流动的直接原因。推拉理论很好地解释了中国政府奖学金对国际学生来华留学所起的作用；投入产出理论则很好地解释了人力资本价值增值的过程，并进一步阐明了为何国家（政府）作为高等教育投资主体需要对"双一流"大学的来华留学教育进行投资。

一　人力资本理论

"人力资本理论"（Human Capital Theory）的系统发展和广泛应用是近几十年的事情，然而关于人力资本的思想至少可以追溯到18 世纪以前。威廉·配第（William Petty）是第一个明确地将人视为资产，并估算其经济价值的学者。亚当·斯密（Adam Smith）首次明确提出了人力资本的概念，他认为人的能力及其差别主要是后天形成的，而后天通过教育得以提高的能力是固定在人自身的一种资本，这种资本生产的产品会增加国民财富，并且指出这种后天提高人能力的过程是一种人力资本投资，它需要付出成本，可以获得投资收益①。阿尔弗雷德·马歇尔（Alfred Marshall）在人力资本投资问题方面的论述和分析，对后来的人力资本理论产生了重要意义。他在《经济学原理》一书中特别重视知识的作用，认为所有投资中最有价值的是对人本身的投资，并强调教育作为人力资本投资的重要功能，尤其强调"教育作为国家的投资"的意义②。美国哈佛大学的经济学家 J. R. 沃尔什（J. R. Walsh）在 1935 年发表的文章《应用于人的资本概念》（"Capital Concept Applied to Man"）中提出了人力资本的概念，并从教育的角度探讨人力资本投资问题，在沃尔什看来，就人力资本而言，教育具有更大的经济重要性③。

经过长时期的思想发展和理论准备，20 世纪 50 年代末 60 年代初，"人力资本理论"系统地产生和发展起来，其开创者和代表人物是西奥多·舒尔茨（Theodore Schultz）和加里·S. 贝克尔（Gary S. Berker）。他们认为，资本包含两种形式，分别是物力资本和人力资本。人力资本是对人力的投资而形成的资本，它与其他资本一样，都应当获得回报。与物质资本相比，人力资本投资是回报率最高的投资。同时，舒尔茨明确指出，在现实中人力资本的投资内容与物质资本截然不同，它主要包含五个方面的内容：在医疗与保健方面的人力资本投资、在职业培训方面的人力资本投资、在正规教育方面的人力资本投资、在企业以外举行的各种技术技能培训活动方面的人力资本投资、个人或家庭为变换就业机会而进行迁移活动方面的人力资本投资④。可以看出，人力资本的关键投资就是教育投资。

---

① 张凤林：《人力资本理论及其应用研究》，商务印书馆 2006 年版，第 39—41 页。

② ［英］阿尔弗雷德·马歇尔：《经济学原理（英文珍藏版下卷）》，陕西人民出版社 2006 年版，第 225—240 页。

③ J. R. Walsh, "Capital Concept Applied to Man", *Quarterly Journal of Economics*, Vol. 49, No. 2, 1935.

④ ［美］加里·S. 贝克尔：《人力资本：特别是关于教育的理论与经验分析》，梁小民译，北京大学出版社 1987 年版，第 1—2 页。

"人力资本理论"为研究高等教育投资奠定了理论基础。依据人力资本理论，教育投资是人力资本形成的最佳途径，也是人力资本投资中最核心的组成部分。它是指教育投资主体向教育领域所投入的人力、财力、物力资源的总和。而在高等教育领域，教育投资主体可以包括国家（政府）、社会和个人（家庭）等。国家（政府）教育投资主要是指国家（政府）通过财政拨款、学生资助等形式在教育领域进行投入；社会教育投资主要是指企业或社会团体通过资助、捐赠等形式在教育领域进行投入；个人（家庭）教育投资指个人为了获得教育机会进行学费、生活费等资金投入。国际学生赴海外寻求优质的高等教育可以看作国家（政府）、社会或者个人（家庭）对国际学生个体的一种典型的人力资本投资行为。因为当一个国家的高等教育资源供给难以满足本国学生对高等教育的需求时，对一些经济负担能力强的家庭来说，其子女可能会流动到海外高等教育资源丰富的国家求学，接受更加优质的海外教育以提高自身的知识和素质，从而实现对自己的人力资本投资，增加未来预期收益。同时对于国家（政府）而言，选派学生到海外交流学习，也是对本国人力资本的一种投资，并且教育作为一种准公共产品，国家（政府）应是主要的投资主体。在人力资本视角下，美国学者马克·R. 罗森茨维格（Mark R. Rosenzweig）提出了两种模式来解释国际学生流动，一是学校约束模式（School Constrained Model），即在本国教育设施缺乏和教育回报率低而难以满足学生个体教育需求的情况下，部分学生便选择前往教育资源更丰富、教育质量更高的国家接受教育以对自身进行人力资本投资，之后返回国内以获得教育投资收益。在这种所谓的迁移模式中，追求更高收入是学生流动的主要决定因素。二是移民模式（Migration Model），即出国接受更好的教育后留在国外就业，从而逃避本国低教育回报率的问题。在学校约束模式下，国内教育回报的增加会促使更多的学生出国留学，而在移民模式下，国内教育回报的增加则会使学生流动减少①。但是不管选择哪种模式，都是为了获得更高收益对自身进行的一种投资行为。

二 推拉理论

"推拉理论"（Push-Pull Theory）是解释人口迁移的基本理论。该理论形成于 19 世纪 70 年代，英国学者恩斯特·G. 雷文斯坦（Ernst G. Ravenstein）在其题为"人口迁移之规律"（"The Law of Migration"）的论文中指出，影响人口迁移的因素可归纳为"推力"因素和"拉力"因素两种。其中，"推力"是指移民来源地（国家）不利于生存和发展的种种排斥力，而"拉力"是指移民目的地（国家）对其的吸引力。这两个因素都可以促使人口流动。他还进一步提出人口迁移的七条规律，分别是：人口迁移的方向是迁向商业发达的城市；人口首先迁移到城镇的周边地带，之后再从周边地带迁移到城镇内部；全国各地的人口流动具有相似性，表现为农村人口向城市流动；长距离流动的基本规律是向大城市流动；大的人口迁移会带来作为补偿的反向流动；农村居民流动率高于城市居民；女性流动率高于男性②。

在研究人口流动的原因方面，首次提出"推拉理论"的是 D. J. 巴格内（D. J. Bagne）。他分析了人口流动的原因，指出人口流动的根本原因在于人们迫切地希望改善生活条件，流入地的那些有利条件就成为人口流动的"拉力"，而流出地不利的生活条件就形成了"推力"，这两种力量共同作用，形成了"前拉后推"。在之后的 20 世纪 60 年代，埃弗雷特·S. 李（Everett S. Lee）对巴格内的理论进行了改进，指出流出地也存在拉力，同时流入地也存在

---

① M. R. Rosenzweig, "Global Wage Differences and International Student Flows", *Brookings Trade Forum*, 2006 (https：//www. goodreads. com/book/show/952943).

② E. G. Ravenstein, "The Laws of Migration", *Journal of the Royal Statistical Society*, Vol. 52, No. 2, 1889.

推力。此外，他还补充了第三个因素即"中间障碍因素"。包含流入地和流出地之间的距离远近、物质障碍、语言文化差异，以及移民本人对于这些因素的价值判断。以上三个因素共同作用促使人口流动。具体涉及的方面包括：经济水平、生活水平、收入水平、就业机会、教育水平、文化差异、宗教信仰、卫生设施、移民本人的价值观、政治自由等①。埃弗雷特的"推拉理论"同时参考了心理学、人口学、经济学和社会学的观点，包含了从微观到宏观、从内部到外部的全面影响因素。

　　此后，众多学者在相关研究中运用"推拉理论"来解释国际学生流动的原因。美国比较教育专家菲利普·G. 阿特巴赫（Philip G. Altbach）首先采用"推拉理论"研究国际学生的流动情况，研究发现在"推力"和"拉力"的共同作用下学生发生流动，并将影响国际学生流动的推拉因素归纳为八种推力和八种拉力。"推力"指学生生源国国内的"推力"因素，包括：为出国留学生提供奖学金的可能性、落后的教育设施和研究设备、低水平的教育质量、没有入学机会或考学落榜、政治环境不好、就业市场上海外学位价值更高、歧视少数民族、承认传统教育形式的不足。"拉力"即留学目的地国的吸引力因素，包括：为国际学生提供奖学金的可能性、高水平的教育质量、先进的研究设备、提供入学机会、较好的教育设施、良好的政治环境、良好的社会经济环境、获得国际生活经验的机会②。可见，阿特巴赫从政治、经济、社会、教育等多方面提出了影响国际学生流动的推拉因素。此外，在"推拉理论"中，"推力"因素与"拉力"因素的重要性也一直是学术界争论的焦点。相关研究表明，在自愿流动的情况下，没有证据表明"拉力"

---

① E. S. Lee, "A Theory of Migration", *Demography*, No. 3, 1966.

② P. G. Altlbach, "Comparative Higher Education: Knowledge, the University and Development", Comparative Education Research Center, the University of Hong Kong, 1998, p. 240.

因素比"推力"因素能起到更大作用①。

只有在某些特定情况下，"推拉"因素才会显得尤为重要。蒂姆·马扎罗（Tim Mazzarol）与杰弗里·N. 苏塔（Geoffrey N. Soutar）在研究中指出，国际学生流动的全球模式可以通过推拉因素的组合来解释。他们将"推力"因素定义为在来源国内运作的因素，使学生启动进行国际学习的决定，而"拉力"因素在目的地国内运作，使该国对国际学生相对具有吸引力。他们还强调，出国留学的决策过程涉及三个不同的阶段。首先，学生决定是否出国留学，这可能受到本国一系列"推力"因素的影响。一旦学生决定进行国际学习，下一个决定就是选择目的地国，其中"拉力"因素在使一个目的地国比另一个目的地国更具吸引力方面发挥着重要作用。在第三阶段，学生选择他最想要去的教育机构，各种"拉力"因素使特定机构比其他竞争对手更具吸引力②。

从学者的研究结果可归纳得出：输出国的"推力"因素主要包括经济发展水平低、政治局势不稳定、高等教育质量差、优质高等教育资源匮乏等。输入国的"拉力"因素主要包括该国的总体经济水平较高、政治局势稳定、高等教育的综合实力强、对留学生有足够的奖学金支持、高校在全球高校中的综合排名靠前和该国政府政策对留学生的支持力度大等。

推拉理论普遍采用实证研究的方法，能够较好地解释国际范围内影响学生流动的因素，国外学者就不同经济发展水平国家的"推力"因素和"拉力"因素进行了研究，研究结果重点强调了教育因素、经济因素和政治因素对学生流动的影响。更多的学者就推拉理论的内容进行了深入研究，提出了更多影响国际学生流动的因素，充实了推拉理论的内容。学者对个人因素如何影响留学生的决

---

① A. Wöcke, M. Heymann, "Impact of Demographic Variables on Voluntary Labour Turnover in South Africa", *The International Journal of Human Resource Management*, Vol. 23, No. 16, 2012.

② T. Mazzarol, G. N. Soutar, "'Push-Pull' Factors Influencing International Student Destination Choice", *International Journal of Educational Management*, Vol. 16, No. 2, 2002.

策开展了深入研究，归纳出个人因素主要包括：教育背景、学术追求、学术成就、个人信仰、经济条件等。田玲把推拉理论的内容划分为经济条件、教育质量、个人能力、社会环境、文化影响力、政治背景六大部分，每一部分又包含了若干评价指标。田玲认为"推力"因素主要包括：教育方面输出国教育水平低与管理制度不完善、课程设置落后、国际化程度低等；经济方面输出国经济实力较弱、获得奖学金的概率低、就业压力大，政治方面输出国政治局势不稳定、相关政策落后与不完善、社会公众民主化程度低和民众法治化意识低。输入国的"拉力"因素主要包括：社会方面个人在输入国具有较高的社会地位、输入国社会治安好、输入国对留学生更加友好包容；文化方面输入国语言交流方便、对其文化认可度高、心理满意度高，个人方面家庭和事业的发展等[①]。李梅认为推拉理论应是双向的，输出国对国内学生出国留学具有推力作用，对留在国内继续追求学业的学生也具有拉力作用，推拉理论应结合内部因素和外部因素一起来看。外部因素包括两国之间的政治制度差异、经济发展水平差异、高等教育普及化程度差异和社会文化差异，外部诱因能让学生在出国留学和在国内继续学业间做出比较，确定出国留学和在国内继续学业的各自优势与劣势。内部因素是指学生在做出留学决策时需要考虑的个人因素，包括个人与家庭、个人的语言学习能力、个人的适应能力和个人的未来规划等。外部因素和内部因素对学生做出留学决策的影响不可割裂开来看，也不能简单地认为某一方面的因素有更大的影响，二者同样重要，共同影响着学生的留学决策[②]。张继桥在推拉理论的基础上认为，国际学生是否选择来华留学是由客观因素和主观因素共同决定的，客观因素可以用内部驱动力来概述，主观因素可以用外部驱动力来概述。外部驱动力既包括输入国的"拉力"因素，也包括输出国的"推力"因

---

① 田玲：《中国高等教育对外交流现象研究》，北京民族出版社2003年版，第12—19页。

② 李梅：《高等教育国际市场：中国学生的全球流动》，上海教育出版社2008年版，第60—67页。

素。从输出国来看,"推力"因素主要包括输出国入学机会少、高等教育质量较低和政治局势不稳定。从输入国来看,"拉力"因素包括输入国的高等教育质量高、经济发展水平高、政治局势稳定和留学费用较低。内部驱动力由个人的需求、兴趣爱好和求知欲构成,内外驱动力共同影响着学生的留学决策[①]。

三　投入产出理论

投入产出理论被广泛应用于经济系统运行研究领域,指一段时间内各相关部分的投入与产出具有相互依存关系,由诺贝尔奖获得者华西里·列昂惕夫(Wassily Leontief)创立。人力资本生产过程的参与者众多,其实质是资源输入、消耗、分配与输出的过程。根据投入产出理论,国家(政府)在高等教育投入越多的人力、物力以及财力资源,高等教育质量就会发展得越好。对来华留学教育的投入越多,中国的来华留学教育生源就会越好。有的学者认为,一个国家对教育的扶持力度、国家财政部门是否给予教育行业足够的经费、国家出台的政策是否给予教育行业足够的重视都将决定着国际学生的输入与输出,也就是说输出国政府部门是否重视教育的发展、是否有足够的教育经费投入、该国的高等教育质量水平等都会影响输出国的学生做出是否要出国留学的决策[②]。伯利兹(Brezis)和苏里(Soueri)从教育质量和工资水平两个维度研究了对国际学生做出留学决策的主要影响,指出留学目的地国的教育发展水平是影响留学生做出留学决策的主要因素。这两个维度中,教育质量对其选择留学目的地国有更重要的影响[③]。

投入产出理论涵盖人力、物力与财力的投入。人力、物力与财

---

① 张继桥:《全球国际学生流动趋势及我国留学教育的战略选择——基于"一带一路"建设的视角》,《河北师范大学学报》(教育科学版)2018年第4期。

② González C. R., Mesanza R. B., Mariel P., "The Determinants of International Student Mobility Flows: an Empirical Study on the Erasmus Programme", *Higher education*, Vol. 62, No. 4, 2011.

③ Brezis E. S., Soueri A., "Students' International Mobility" (www. almalaurea. it/info/convegni/bolo gna2011/abstract/Brezis_ Soueri. pdf.).

力投入对高校主要的产出是人才和科研成果的输出，来华留学生是中国高校人才的一部分，加大对来华留学生的投入、提高投入的效益能促进来华留学教育的持续发展①。在"双一流"大学中提升高校资源的配置效率对教学、科研和社会服务产出具有正向效益，但目前各高校存在对来华留学生工作的资源投入不够、经费使用不到位和不合理等问题，导致来华留学生在科研贡献上的不足②。马永红等人认为，加大投入对提升研究生的教学质量、就业质量、实践能力都具有显著影响③。来华留学的发展水平与政府对其投资力度密切相关。

本书将基于"推拉理论"探讨国际学生流动的影响因素，基于"人力资本理论"为沿线各国高等教育的投资主体之一的国家（政府）提出制定高等教育发展政策和推动国际学生流动政策的建议。本书将基于"推拉理论"探讨中国政府奖学金对"双一流"大学来华留学的影响，基于"投入产出理论"为"双一流"大学提升其吸引国际学生来华留学的竞争力和完善中国政府奖学金政策提供政策建议，并进一步要求高等教育投资主体之一的国家（政府）重视"双一流"大学来华留学教育发展。

第二节 文献综述

近年来，随着全球国际学生规模不断增长，国际学生流动逐渐被学者们关注。相关文献研究主要聚焦于两个方面：一是对国际学生流动规模、流动特点、流动路径以及流动结构等的探讨；二是对国际学生流动影响因素的研究，主要从宏观和微观两个视角进行分析。

---

① 石梦琪：《广西高等教育资源配置效率研究》，硕士学位论文，广西民族大学，2020 年，第 12 页。

② 钱思媛：《一流大学建设高校教育资源配置效率研究》，硕士学位论文，南京师范大学，2020 年，第 2 页。

③ 马永红、刘润泽、于苗苗：《专业学位研究生教育质量指数研究》，《研究生教育研究》2019 年第 5 期。

一 关于国际学生流动影响因素的研究

(一) 关于国际学生流动特点的研究

荷兰学者汉斯·D. 德维特 (Hans D. Wit) 在分析了20世纪80年代至21世纪初的国际学生流动数据后,将国际学生在全球的流动路径划分为三种:从欠发达的南方国家流向发达的北方国家、在发达的北方国家之间流动、在南方发展中国家之间的国际学生流动[①]。

L. 维比克 (L. Verbik) 和 V. 拉萨诺夫斯基 (V. Lasanowski) 根据1997—2006年主要国家接收国际学生的数量占全球市场份额的大小,将这些国家划分为四类:一是主要领导者 (the Major Players),包含美国、英国和澳大利亚,它们接收了全球约45%的国际学生,主要生源国为中国和印度;二是中坚力量 (the Middle Powers),主要指德国和法国,其吸引的国际学生数量虽不足以与英美相比,但其在全球国际学生市场中占了约20%的份额,主要吸引的是有着共同社会文化和历史联系的来自欧洲地区的国际学生,德、法因此也成为该区域的领导者;三是不断发展的留学目的地 (the Evolving Destinations),包含新西兰、加拿大和日本,它们共吸引了全球约13%的国际学生;四是新兴国家 (the Emerging Contenders),包括新加坡、马来西亚和中国,它们占市场份额相对较小,只招收了全球约12%的国际学生,但由于其近年来在高等教育领域投入了大量的人财物资源,高等教育发展迅速,吸引了众多地理邻近或文化相似国家的国际学生,它们也成为全球国际学生市场中的有力竞争者[②]。

---

① H. D. Wit, *The Dynamics of International Student Circulation in a Global Context*, Netherlands: Sense Publishers, 2008, pp. 192 – 206.

② L. Verbik, V. Lasanowski, "International Student Mobility: Patterns and Trends", UK: *the Observatory on Borderless Higher Education*, 2007 (https://wenr.wes.org/2007/10/wenr-october – 2007 – feature).

陈泽梅（Tse M. Chen）和乔治·A. 巴内特（George A. Barnett）通过分析 20 世纪末全球 64 个国家的国际学生流动趋势，指出目前国际学生流动趋势中的"中心—边缘"现象依然明显，但区域内的流动性也在随之增强。他们从"中心—边缘"视角将这些国家划分为三大类：第一类是处于"中心"地位的国家，如加拿大、法国、德国、英国和美国等西方工业化国家；第二类是处于"半边缘"地区的国家，如东欧国家和亚洲国家；第三类是对国际学生不具备吸引力的"外围"国家，如拉丁美洲和非洲的一些国家①。另一学者亚萨尔·康达基（Yasar Kondakci）指出，尽管目前国际学生流动的总体趋势是从经济欠发达国家流向经济发达国家，但在半边缘地区也存在区域教育中心，如土耳其，其吸引了邻近欠发达边缘地区大部分的国际学生②。

菲利普·G. 阿特巴赫（Philip G. Altbach）等预计国际学生流动的增长率在未来几年可能会出现明显的放缓，留学目的地国将会出现重大变化。美国和英国在世界市场上所占份额将会下降；加拿大、澳大利亚、新西兰、荷兰和爱尔兰等国的国际学生数量将会有所增加；在亚洲，前往中国的国际学生将会越来越多③。

中国学者李秀珍通过梳理国际学生流动的相关文献，认为国际学生流动的主要趋势可以归结为两个方面，一是流动数量的增加，二是流动方向的多元化。其将国际学生的流动方向划分为三大类：横向流动、纵向流动和区域流动④。

戴宝印等通过对芬兰、西班牙、日本和澳大利亚四国的国际学

① T. M. Chen, G. A. Barnett, "A Research on International Student Flows from a Macro Perspective: A Network Analysis of 1985, 1989 and 1995", *Higher Education*, Vol. 39, No. 4, 2000, pp. 435 –453.

② Y. Kondakci, "Student Mobility Reviewed: Attraction and Satisfaction of International Students in Turkey", *Higher Education*, Vol. 62 Issue 5, 2011, pp. 573 –592.

③ 菲利普·G. 阿特巴赫等：《国际学生流动将迎来革命》，《世界教育信息》2017 年第 10 期。

④ 李秀珍：《国际学生流动研究文献述评》，《吉林省教育学院学报》2017 年第 5 期。

生流动情况进行分析，发现国际学生流动呈"就近流动"规律，并且这种"就近流动"规律在该国的国际学生来源国和本国学生留学去向国双向分析上都较显著①。

张继桥认为随着招收国际学生普遍成为世界各国的国家战略，全球范围内国际学生规模持续增长。传统的国际学生接收国依然具备较强竞争力，但多极并存的局面开始显现。英语国家在招收国际学生时具有先天优势，而非英语国家的英语授课项目也越来越受到重视。国际学生流动呈现双向趋势的同时，区域内的就近流动趋势显著增强②。学生流动的本质已从向单一方向流动转为向多方向流动③。

目前，关于"一带一路"沿线国家国际学生流动的研究尚处在起步阶段。刘进和张露瑶基于2005—2016年的相关数据对沿线各国国际学生流动的轨迹进行分析后，发现沿线国家的国际学生流动存在显著的流量差异和路径差异，具体表现为：中亚地区的流入与流出处于相对均衡状态；东南亚、南亚、西亚和中东欧地区流出大于流入；沿线国家的国际学生主要流向北美和西欧地区；流动路径以发展中国家向发达国家流动为主；中欧和东欧国家的国际学生流动表现出明显的地缘偏好。同时，研究发现沿线国家的国际学生流动出现多项新特征，如沿线国家国际学生出入境数量占全球比例不断攀升，阿拉伯和中亚地区国际学生人数增加迅速，最新形成的留学目的地全部集中在"一带一路"沿线地区，新加坡、马来西亚、印度和中国成为有力的竞争者④。

---

① 戴宝印：《地缘关系视野中国际学生"就近流动"趋势分析》，《社会科学家》2014年第2期；戴宝印、赵原：《中外高校国际学生来源对比分析》，《社会科学家》2013年第5期。

② 张继桥：《全球国际学生流动趋势及我国留学教育的战略选择——基于"一带一路"建设的视角》，《河北师范大学学报》（教育科学版）2018年第4期。

③ B. E. Rajika, B. E. Peggy, "International Students and Global Mobility in Higher Education: National Trends and New Directions", *International and Development Education*, Vol. 2, No. 1, 2010.

④ 刘进、张露瑶：《"一带一路"沿线国家学生流动轨迹研究——基于UNESCO（2006—2015）数据》，《教育学术月刊》2018年第9期。

（二）关于国际学生流动宏观影响因素的研究

对国际学生流动宏观影响因素的研究，大多是对目的地国经济、教育、政治、文化等方面的研究。如玛丽·E. 麦克马洪（Mary E. McMahon）通过对 20 世纪六七十年代流向美国的 18 个发展中国家国际学生的研究发现，目的地国的经济、教育和政治因素在国际学生流动中起着重要作用，其中经济因素包含两国之间的经济联系，如双边贸易量或与全球的贸易、经济容纳量如 GDP 或人均GDP；教育因素包括教育支出占 GNP 的比例、中等教育入学率、国家机构的支持①。陈泽梅和巴内特从宏观视角运用网络分析方法发现，世界范围内国际学生流动的数量与经济发展水平密切相关，经济越发达的国家拥有越多高等教育所需的资源和专业知识，从而能够吸引更多的国际学生②。马冰心和李会明基于"推拉理论"在探讨国际人才流动的各种动因后，发现经济因素始终是最根本动因③。李梅和马克·布雷（Mark Bray）选取了在香港和澳门留学的 385 位国际学生进行研究，发现国际学生选择香港、澳门作为留学目的地其背后的动机是不同的，在香港，经济因素排在第三位，在澳门经济因素排在首位④。与先前研究相反的是，程好等人借鉴引力模型，通过运用多元线性回归分析的方法，发现目的地国人均 GDP 或 GDP 增长率等经济因素对国际学生的流动并不存在显著的引力和影响力，而是双边货物贸易所促成的资金流动、人员流动和信息流动

① M. E. McMahon, "Higher Education in a World Market: an Historical Look at the Global Context of International Study", *Higher Education*, Vol. 24, No. 4, 1992, pp. 465 – 482.

② T. M. Chen, G. A. Barnett, "A Research on International Student Flows from a Macro Perspective: A Network Analysis of 1985, 1989 and 1995", *Higher Education*, Vol. 39, No. 4, 2000, pp. 435 – 453.

③ 马冰心、李会明：《人才国际流动的动因探讨》，《科学学与科学技术管理》2014 年第 7 期。

④ M. Li, M. Bary, "Cross-border Flows of Students for Higher Education: Push-Pull Factors and Motivations of Mainland Chinese Students in Hong Kong and Macau", *Higher Education*, Vol. 53, Issue 6, 2007, pp. 791 – 818.

对吸引国际学生具有积极作用①。另外，马丁·卡哈内克（Martin Kahanec）等采用计量经济学方法发现目的地国高等教育质量是最主要的影响因素②。

除经济因素和教育因素外，还有大量研究认为，目的地国的住房价格、教育机构声望、学生平均公共支出、学历学位附加值、学生资助水平、教育成本和学费、两国之间的汇率、青少年人口数量、安全水平、国家开放程度、多元文化、多边协定、移民政策、就业机会、学术自由等是影响国际学生流动的主要因素。主要有以下研究：彼得·马里尔（Petr Mariel）等对欧洲国家间国际学生流动的分析发现，目的地国的物价水平和两国之间的地理距离对招收国际学生有不利影响，目的地国的人口数量、语言文化的共同性、温暖的气候、大学的全球排名是有利影响③。但相反的是，亚萨尔·康达基（Yasar Kondakci）认为，地理邻近本身并不是国际学生选择留学目的地国时主要的考虑因素，除非有其他缘由，如语言相似④。蒂姆·马扎罗（Tim Mazzarol）与杰弗里·N. 苏塔（Geoffrey N. Soutar）等人认为目的地国和本国之间的历史或殖民联系在国际学生选择留学目的地国时发挥了重要作用⑤。C. 齐古拉斯（C. Ziguras）等人提出，英语语言、优秀的研究能力、多样化且高质量的学术项目以及可以留在目的地国概率的大小成为国际学生选

---

① 程妤、胡焕焕、陈强：《贸易引力模型思想下的国际学生流动》，《教育发展研究》2013年第 19 期。

② M. Kahanec，Králiková，Renáta，"Pulls of International Student Mobility"，Social Science Electronic，2011（SSRN：https://ssrn. com/abstract = 1977819 or http：//dx. doi. org/10. 2139/ssrn. 1977819）.

③ C. R. González，R. B. Mesanza，P. Mariel，"The Determinants of International Student Mobility Flows：An Empirical Study on the Erasmus Programme"，Higher Education，Vol. 62，No. 4，2011.

④ Y. Kondakci，"Student Mobility Reviewed：Attraction and Satisfaction of International Students in Turkey"，Higher Education，Vol. 62，No. 5，2011，pp. 573 – 592.

⑤ T. Mazzarol，G. N. Soutar，"'Push-Pull' Factors Influencing International Student Destination Choice"，International Journal of Educational Management，Vol. 16，No. 2，2002.

择留学目的地国的决定性因素①。米歇尔·贝恩（Michel Beine）等在分析了 13 个经合组织国家间的国际学生流动后发现，成本因素如房价以及高等教育机构的质量具有重要作用，而学费对国际学生流动则不构成影响②。李梅和马克·布雷认为，虽然高等教育的发展可以吸引国际学生到本国求学，但是其他因素也可能促使国际学生远离某个特定国家③。例如，美国"9·11"恐怖袭击后对国际学生不欢迎的态度被认为是促使国际学生远离美国的一个重要因素④。签证问题也被认为是导致美国国际学生入学率下降的主要原因⑤。白晓煌等认为是否拥有具有卓越研究能力的高等院校，以及是否与处于教育"中心"国家的著名高等院校或研究机构建立合作伙伴关系也是吸引国际学生的主要因素⑥。此外，国际学生流动的影响因素也是随着时代的变化而变化的。OECD 在 2010—2016 年发布的《教育概览》（Education at a Glance）中，强调目的地国高等教育机构的课程质量、教学所使用的语言、留学教育花费以及政府相关移民政策是四大主要影响因素⑦。

除了目的地国的"拉力"因素对国际学生选择留学目的地国具

---

① C. Ziguras, S. Law, "Recruiting International Students as Skilled Migrants: the Global 'Skills Race' as Viewed from Australia and Malaysia", *Globalisation Societies & Education*, Vol. 4, No. 1, 2006, pp. 59 – 76; S. Marginson, "Dynamics of National and Global Competition in Higher Education", *Higher Education*, Vol. 52, No. 1, 2006, pp. 1 – 39.

② M. A. R. Beine, R. Noel, L. Ragot, "The Determinants of International Mobility of Students", *Social Science Electronic Publishing*, Vol. 41, No. 3, 2012.

③ M. Li, M. Bary, "Cross-border Flows of Students for Higher Education: Push-Pull Factors and Motivations of Mainland Chinese Students in Hong Kong and Macau", *Higher Education*, Vol. 53, Issue 6, 2007, pp. 791 – 818.

④ J. J. Lee, C. Rice, "Welcome to America? International Student Perceptions of Discrimination", *Higher Education*, Vol. 53, No. 3, 2007, pp. 381 – 409.

⑤ Council of Graduate Schools, International Graduate Student Admissions Survey (http://www.cgsnet.org).

⑥ 白晓煌、袁本涛、杨晓平：《国际学生流动研究：分析框架、研究主题与影响因素》，《高教探索》2018 年第 10 期。

⑦ 马嵘、程晋宽：《高等教育国际学生流动的新趋势及动因研究——基于国际组织相关数据报告的分析》，《大学教育科学》2018 年第 6 期。

有重要影响外，还有学者认为生源国国内的经济、教育和社会因素也将影响国际学生流动。霍克·H. 李（Kiong H. Lee）和谭吉鹏（Jee P. Tan）通过对发展中国家的"推力"因素的研究，认为发展中国家学生对高等教育的大量需求是发展中国家国际学生向发达国家流动的最重要影响因素之一[①]。

阿加瓦尔·B. 维诺德（Agarwal B. Vinod）和温克勒·R. 唐纳德（Winkler R. Donald）研究了战后 15 个发展中国家学生对美国国际教育的需求。他们发现主要的流动驱动因素是生源国国内的人均收入、教育价格或成本、国内可获得的教育机会以及出国留学的预期效益[②]。江科认为，来源国国内的消极发展包括经济衰退、生活水平低下、缺乏经济发展机会、国内高等教育机会有限等将促使本国学生选择出国接受高等教育[③]。维卡什·奈杜（Vikash Naidoo）分析了 1985—2003 年的相关数据，发现影响国际学生赴英留学的主要因素包括来源国国内教育机会、学费水平以及来源国在全球经济中的参与程度[④]。

通过对不同发展水平国家国际学生流动进行研究，亚萨尔·康达基（Yasar Kondakci）发现，在选择留学目的地国时，东方发展中国家的学生相较于西方经济发达国家的学生，更倾向于选择经济发达的国家和学术更加自由的国家作为留学目的地，而西方发达国家的学生则更加倾向于根据自身的实际情况来选择留学目的地[⑤]。

---

① K. H. Lee, J. P. Tan, "The International Flow of Third Level Lesser Developed Country Students to Developed Countries: Determinants and Implications", *Higher Education*, Vol. 13, No. 6, 1984.

② Agarwal B. V., Winkler R. D., "Foreign Demand for United States Higher Education: A Study of Developing Countries in the Eastern Hemispher", *Economic Development and Cultural Change*, Vol. 33, No. 3, 1985.

③ K. Jiang, "International Student Flows between Asia, Australia, and Russia: A Network Analysis", *Journal of Contemporary East Asia*, No. 1, 2013.

④ V. Naidoo, "Research on the Flow of International Students to UK Universities: Determinants and Implications", *Journal of Research in International Education*, Vol. 6, No. 3, 2007.

⑤ Y. Kondakci, "Student Mobility Reviewed: Attraction and Satisfaction of International Students in Turkey", *Higher Education*, Vol. 62, No. 5, 2011.

魏浩也通过实证研究发现，来自发达国家的学生更加倾向于选择教育发展水平更高的国家作为留学目的地，而来自发展中国家的学生更倾向于选择经济发展水平更高的国家。由此可见，来自不同发展水平国家的国际学生在选择留学目的地国时有巨大差异①。

（三）关于国际学生流动微观影响因素的研究

在"推拉理论"的基础上，有学者对国际学生流动的影响因素做了进一步细分，将"推力"因素和"拉力"因素分为来源国和目的地国的外部宏观（客观）因素以及国际学生个体的内部微观（主观）因素。杰弗里·N. 苏塔（Geoffrey N. Soutar）和茱莉亚·P. 特纳（Julia P. Turner）认为，客观因素和主观因素都将影响国际学生留学目的地国的选择，客观因素包括高等教育机构的文化氛围、学术名誉、学校类型、课程类型、专业设置以及教师质量等，主观因素包括家人的看法、朋友的选择和建议等②。劳森·萨维（Lawson Savery）等认为，除了父母、亲属、朋友的推荐和建议将影响目的地国选择外，社会联系也会产生重要影响，如是否有家人或朋友居住在目的地国家或家人和朋友以前是否曾在那里学习③。陈良勋（Liang H. Chen）将影响因素划分为个体因素和公共因素，其中个体因素包括学生的个体特征和个体选择，如学术研究能力高低、性别、年龄大小、期望大小、动机如何、饮食口味如何以及生活方式和习惯等④。李梅从微观方面进行了深入探究，认为国际学生流动受多种因素影响，它们相互叠加。这些因素不仅包括宏观方面的因素，还包括微观方面的因素。在此基础上她对传统的推拉因

① H. Wei, "An Empirical Study on the Determinants of International Student Mobility: A Global Perspective", *Higher Education*, Vol. 66, No. 1, 2013.

② G. N. Soutar, J. P. Turner, "Students' Preferences for University: A Conjoint Analysis", *International Journal of Educational Management*, No. 1, 2016.

③ C. Ziguras, Lawson S., "Recruiting International Students as Skilled Migrants: the Global 'Skills Race' as Viewed from Australia and Malaysia", *Globalisation Societies & Education*, Vol. 4, No. 1, 2006.

④ L. H. Chen, "Attracting East Asian Students to Canadian Graduate Schools", *Canadian Journal of Higher Education*, Vol. 36, No. 2, 2006.

素模型进行了拓展与修订,将"推拉理论"的理论框架扩展为内外因相互作用的"推拉模型",并强调内部因素(如学生自身家庭条件、职业发展和需求导向等主观因素)与外部因素(如接收国和来源国的经济、教育、社会文化等客观因素)均是国际学生流动的重要影响因素,二者共同决定了国际学生流动的最终方向①。另外,李秀珍在研究中发现,这些宏微观因素和内外因的"推拉模型"仍缺乏明确归类,尤其是内部因素不仅包括自身因素,还包括家庭因素等,在宏观—微观/内在—外在因素的分类上存在因素重叠等问题。因此,她在此基础上借助心理学内外因观点的支撑引入动机理论,构建了"内外因互动推拉模型",并提出以人为本、与环境互动的观点②。目前,关于"一带一路"沿线国家国际学生流动影响因素的研究还较少。刘进和张露瑶通过建立回归模型分析"一带一路"沿线65个国家的出入境国际学生数量的影响因素,发现国内生产总值和国家人口总数对入境国际学生人数有显著影响,而国家人口总数对出境学生数量有显著影响③。王传毅和陈晨基于对"一带一路"沿线国家来华留学生的宏观数据的分析发现,生源国的经济发展水平、教育机会和教育质量、生源国与中国的经济合作关系、政治关系、学位制度互认关系、地理距离、生源国留学生获得中国政府奖学金均可对来华留学规模产生显著影响④。可见,经济和教育因素是影响国际学生流动的重要因素。综上所述,学者们主要基于"推拉理论"从宏观和微观两个层面讨论国际学生流动的影响因素,形成了一定的研究成果,但是至今还没有达成一致观点,

---

① 李梅:《高等教育国际市场:中国学生的全球流动》,上海教育出版社2008年版,第60—67页。

② 李秀珍:《论推拉理论在国际学生流动领域的重构——基于内外因互动的视角》,《洛阳师范学院学报》2013年第3期。

③ 刘进、张露瑶:《"一带一路"沿线国家学生流动轨迹研究——基于UNESCO(2006—2015)数据》,《教育学术月刊》2018年第9期。

④ 王传毅、陈晨:《"一带一路"沿线国家学生来华读研的影响因素——基于宏观数据的分析》,《高校教育管理》2018年第3期。

关于这些因素对国际学生流动影响程度的相关实证研究也还比较缺乏。大部分研究成果主要探究的是西方发达国家如经合组织国家间的国际学生流动或者经济社会欠发达国家向发达国家的国际学生流动，即"中心"国家向"中心"国家的流动和"边缘"国家向"中心"国家的流动，而较少探究"中心"国家向"边缘"国家和"边缘"国家向"边缘"国家的流动。此外，对于沿线国家尤其是发展中国家的政府和高等教育部门应该从哪些方面制定高等教育公共政策以招收国际学生的相关研究也相对较少。

本书将选取相关代表性因素建立回归模型，深入分析经济、教育和社会文化因素对"一带一路"沿线不同发展水平国家国际学生流动的主要影响，并在此基础上总结主要发达国家和发展中国家招收国际学生的政府策略的侧重点，进而对"一带一路"沿线国家尤其是广大沿线发展中国家政府应该采取何种政策措施来招收国际人才、促进本国高等教育发展以及高等教育国际化提出建议。此外，虽然国际学生流动的相关实证研究在国外已有很多成果，但中国学术界对"一带一路"背景下国际学生流动的研究还处于初级阶段，相关研究较少。本书把视阈框定在"一带一路"沿线国家，梳理沿线国家的国际学生流动和高等教育发展概况，并结合"一带一路"倡议为各国政府制定高等教育发展政策和国际学生流动政策以及实现沿线国家间教育互联互通提供建议。

二　关于国家创新能力的研究

（一）创新与国家创新系统

"创新"（Innovation）一词由熊彼特在 1912 年率先提出，他在《经济发展理论》中解释了"创新"的内涵。创建一个全新的生产函数，运用新思路、方法或技术将生产要素进行重新组合，最为关键的是将其引入生产体系。自熊彼特提出创新概念开始，创新研究逐渐从一种概念发展到系统范式①。创新系统可以有多重定义，根据系统的不同边界，在利益的不同层面可以划分为部门或技术创新系统，在地理或者物理层面则可以划分为特定国家或地区的系统②。

20世纪80年代，英国经济学家弗里曼在对日本的经济发展进行研究之后，提出了国家创新系统（National Innovation System，简称NIS）这一概念③。他认为国家创新系统是在一国之内，国家的公共和私人部门组成了网络，通过在网络内活动的彼此联系，产生、变换、传播、扩大创新技术。经济合作与发展组织（OECD）在1994年发布了《国家创新报告》，该报告将各创新主体划分为政府、高等院校、企业、科研机构，并认为各主体之间的紧密联系和相互影响是创新系统的重要组成要素。伊基科维奇（Etzkowitz）和雷得多夫（Leydesdorff）从三螺旋模型出发，提出大学、产业和政府间密切合作是国家创新的重要模式④。卡斯特拉奇（Castellacci）和内特拉（Natera）认为国家创新系统具有动态性，其动态性由创新能力和吸收能力两个主要维度共同决定，三个创新能力变量包括创新投入、科技产出和技术产出，三个吸收能力因素包括国际贸易、基础设施和人力资本，并提出以不同发展水平为特征的国家体系需要采取各自具体的模式⑤。

随着国家创新驱动发展战略的提出，国内学者将研究聚焦于创

---

① 魏江：《创新系统演进和集群创新系统构建》，《自然辩证法通讯》2004年第1期。

② Bo Carlsson, Staffan Jacobsson, Magnus Holmén, Annika Rickne, "Innovation Systems: Analytical and Methodological Issues-Science Direct", *Research Policy*, Vol. 31, No. 2, 2002.

③ Freeman C., *Technology Policy and Economic Performance: Lessons from Japan*, London: Pinter, 1987, pp. 309 – 310.

④ Henry Etzkowitz, Loet Leydesdorff, "The Dynamics of Innovation: from National Systems and 'Mode 2' to a Triple Helix of University-Industry-Government Relations", *Research Policy*, Vol. 29, No. 2, 2000.

⑤ Fulvio Castellacci, Jose Miguel Natera, "The Dynamics of National Innovation Dystems: A Panel Cointegration Analysis of the Coevolution between Innovative Capability and Absorptive Capacity", *Research Policy*, Vol. 42, No. 3, 2013.

新驱动的国家政策，王海燕与郑秀梅通过文献分析方法对国家创新驱动的特征进行了探索，将内涵概括为三点①：其一，投入创新要素尤其是知识、经济要素，形成溢出效应打破物力、人力等传统生产要素的限制，实现经济的可持续发展；其二，重新组合现有的创新资源激活存量，以新产品、新结构、新市场促进增量；其三，通过优化消费、投资、出口这三个传统经济发展动力重塑优势。总的来说，国家创新系统是一定范围内企业、高校、政府和中介机构等创新主体，通过各种活动参与创新资源的调配，在创新环境中促进各要素的相互作用，产生新设想来创造和应用新产品、技术和服务，发展创新产业，将创新作为国家发展关键动力的一套动态系统。

（二）国家创新能力的效率评估

为了对不同经济体的创新能力进行比较，可以通过建立一套完整的评价体系，调查该经济体的创新发展现状及潜力，全面评估整体创新能力和不同层面的创新能力，从而分析该经济体在国际上的竞争力。一些组织将创新作为关注点来研究国家竞争力的发展，欧盟委员会2011年首次发布"创新型联盟记分牌"（简称IUS），用以评估及比较欧洲各国在创新过程中的实践表现。世界知识产权组织（WIPO）等联合发布全球创新指数，从投入和产出两个方面选择独立指标对全球经济体进行创新排名，更充分地测算各国的创新能力。

在对国家创新能力评估的研究中，学者们主要使用的方法是基于指标体系的直接评价或者以计量分析为主的定量分析。伊涅斯库（Ionescu）等通过层次聚类分析，对欧盟国家进行了分类，在考虑各国的创新能力、创业能力、研发投入、经济资本、人力资本、自然资本、社会资本这7个变量的基础上，将欧盟国家分为四个相关

---

① 王海燕、郑秀梅：《创新驱动发展的理论基础、内涵与评价》，《中国软科学》2017年第1期。

的聚类，从而识别出他们各自创新的共同特征和差异①。赵彦飞等基于国家创新系统将创新环境视为创新活动的重要条件，提出了人才、资金、市场、创业、竞争与合作5个环境维度的国家创新环境评价基本框架②。陈劲等从创新投入、创新人力资源、创新产出三个领域构建评价框架，将中国与美国、日本、欧盟进行比较③。戴君等利用创新得分和创新效率进行聚类，分析各国的创新状况，同时发现创新能力与国家的收入水平密切相关④。漆苏、刘立春基于2013—2017年的GII数据分析中国的创新能力现状，发现中国在国际创新体系中的影响力增强，但是对境外优秀人才的吸引力不足，从而限制了创新能力的提升⑤。

学者们在国家创新系统领域不断探索，开始关注整体系统创新效率的测算和量度，数据包络分析方法也逐渐在创新评价中被广泛使用。白俊红、蒋伏心将专利作为创新投入，将专利授权量和新产品收入作为创新产出测算创新的绩效水平⑥。郭淡泊等基于DEA，从创新投入、创新技术产出、创新经济产出三个方面测算了39个不同发展程度国家的创新体系效率⑦。刘顺忠、官建成运用DEA方法的C2R模型，以研发支出和研发人员作为创新投入评估地区创

---

① Ionescu George H. , Firoiu Daniela, Pîrvu Ramona, Enescu Marian, Rădoi MihaiIonuţ, Cojocaru Teodor Marian, "The Potential for Innovation and Entrepreneurship in EU Countries in the Context of Sustainable Development", *Sustainability*, Vol. 12, No. 18, 2020.

② 赵彦飞、李雨晨、陈凯华：《国家创新环境评价指标体系研究：创新系统视角》，《科研管理》2020年第11期。

③ 陈劲、陈钰芬、王鹏飞：《国家创新能力的测度与比较研究》，《技术经济》2009年第8期。

④ 戴君、李清如、董鹏馥：《世界主要国家和地区创新状况分析》，《技术经济与管理研究》2016年第11期。

⑤ 漆苏、刘立春：《基于全球创新指数的中国创新能力现状及影响因素分析》，《科技进步与对策》2018年第18期。

⑥ 白俊红、蒋伏心：《协同创新、空间关联与区域创新绩效》，《经济研究》2015年第7期。

⑦ 郭淡泊、雷家骕、张俊芳、彭勃：《国家创新体系效率及影响因素研究——基于DEA-Tobit两步法的分析》，《清华大学学报》（哲学社会科学版）2012年第2期。

新产出能力，根据创新绩效提出区域创新政策①。可以看出，随着国家创新系统研究的深入，衡量国家创新能力的方法也逐步深化，形成了从指标评价到 DEA 效率评估的动态演变过程。

（三）国家创新能力的影响因素

关于国家创新能力的研究主要在国家创新系统的概念中进行。在国家创新影响因素方面，有学者研究表明创新能力的影响因素包括创新环境、投入和产出等多个方面。如博斯马（Boschma）认为地理位置影响创新，提出了从认知、组织、社会、制度和地理邻近五个邻近维度以及相关机制解决问题，促进互动学习和创新②。张美云、宋宇选取研发支出、技术人员、经济发展水平、人力资本、物质资本、基础设施、金融、贸易、制度作为解释变量，采用GMM 一步法比较中国与三类高收入国家创新的影响因素③。张杨等认为，应该从制度、创新文化、知识存量、知识溢出、信息技术等五个维度来探讨影响金砖国家创新能力的因素④。

学者通常运用因子分析、回归模型、空间计量等方法对各国创新能力的影响因素进行综合评价分析。成全等利用创新文化、人际环境、政治环境、政策制度、机构环境、科研条件和人才成长环境这七类指标，对国家的原始创新活动进行了探索性和验证性因子分析⑤。吴翌琳、高腾从创新主体发展、产业辐射两个维度运用分位回归模型对 19 个"一带一路"沿线亚洲国家的协同创新核心能力

---

① 刘顺忠、官建成：《区域创新系统创新绩效的评价》，《中国管理科学》2002 年第 1 期。

② Ron Boschma，"Proximity and Innovation：A Critical Assessment"，*Regional Studies*，Vol. 39，No. 1，2010.

③ 张美云、宋宇：《中国与高收入国家（地区）技术创新能力的影响因素比较》，《宏观经济研究》2017 年第 9 期。

④ 张杨、汤凌冰、金培振：《金砖国家创新能力测度与影响因素研究》，《中国软科学》2015 年第 6 期。

⑤ 成全、杨碧丽、许华斌、刘登福：《原始性创新环境影响因素研究——基于 BP-DEMA-TEL 模型的实证》，《科学学研究》2016 年第 4 期。

要素进行了探索①。以"2016 年全球创新指数"为样本数据，李富强、张志娟通过对报告中的 21 项指标数据进行因子分析发现，知识吸收、研发创造能力、知识创新水平、政府制度（政治、监管）对国家创新能力有着至关重要的作用②。考虑到国家创新系统中各要素并非独立存在，而是一个相互联系的统一整体，中文（Khedhaouria）和撒瑞可（Thurik）指出，单一路径不能产生高水平的国家创新能力，不同的因素条件组合能让国家达到高水平创新能力，不同的国家需要不同的创新要素配置③。克瑞斯博（Crespo）等采用模糊集定性比较分析（fsQCA），定义了高收入和低收入两个国家的子样本，从全球创新指数的五个创新促成因素（适当的机构、人力资本和研究、基础设施、商业条件、市场条件）分析了国家创新高绩效的影响因素组合④。

国家创新系统的文献往往关注特定国家或地区内各创新主体以及内部各要素的影响，不强调国际知识和创新交流与合作的影响。而在全球化时代，随着各国之间的国际合作研究增多，知识流动的途径、方向也更加多元化，一国的创新能力增长和经济发展不再只依赖于国内要素，更与世界范围内的创新要素紧密联系，因此国家创新系统之间的知识流动受到广泛关注。彼得罗贝利（Pietrobelli）和拉贝洛蒂（Rabellotti）从全球价值链的角度指出在发展中国家，最重要的是吸收其他地方生产的技术和知识并逐步产生创新能力⑤。

---

① 吴翌琳、高腾：《亚洲国家创新系统的国际比较研究——基于"一带一路"战略背景下的思考》，《调研世界》2016 年第 12 期。

② 李富强、张志娟：《全球创新指数视角下的创新能力国际比较研究》，《全球科技经济瞭望》2017 年第 10 期。

③ Khedhaouria A，Thurik R.，"Configurational Conditions of National Innovation Capability：A Fuzzy Set Analysis Approach"，*Technological Forecasting and Social Change*，Vol. 120，July 2017，pp. 48 - 58.

④ Nuno Fernandes Crespo，Cátia Fernandes Crespo，"Global Innovation Index：Moving beyond the Absolute Value of Ranking with a Fuzzy-set Analysis"，*Journal of Business Research*，Vol. 69，No. 11，2016.

⑤ Pietrobelli C，Rabellotti R.，"Global Value Chains Meet Innovation Systems：Are There Learning Opportunities for Developing Countries?"，*World Development*，Vol. 39，No. 7，2011.

叶伟巍等指出，创新的本质就是知识的生产、交换、吸收，各创新主体需要强化协同创新，促进知识的流动以提升国家创新能力[①]。邓巍等在"一带一路"背景下，将合著科学论文作为外部国际创新合作要素引入国家创新系统，使用 fsQCA 方法对 54 个沿线国家内外创新要素的交互作用进行了分析[②]。

三　关于来华留学教育的研究

（一）来华留学生教育历史进程的研究

金晓达通过梳理不同历史阶段来华留学生教育发展的特点，把来华留学生教育发展进程界定为四个阶段：创立阶段（1950—1956年）、恢复和整改阶段（1972—1979 年）、改革开放阶段（1980—1989 年）以及新体制阶段（1990—2010 年）。该划分主要以来华留学生教育的不同历史发展阶段和教育体制改革作为划分依据[③]。胡志平以国家对国际学生的管理体制作为标准，将来华留学生教育的发展进程划分为三个时期：一是从 1950 年至 1978 年，这一时期来华留学生教育工作多是出于政治考量的原因，其特征是为友好往来的国家提供人才培养指导和帮助；二是从 1978 年至 20 世纪 80 年代，由于此时国家经济基础较为薄弱，为了减轻中国教育财政压力，政府开始对来华留学生实施收费政策，来华留学生教育工作以奖学金资助和留学生自费为主要特征；三是从 20 世纪 90 年代末至2000 年，高校拥有更多的自主权，来华留学生教育工作的管理主体逐渐由国家转移到高校[④]。哈巍和陈东阳认为来华留学生教育发展进程经历了四个时期：一是 20 世纪 50 年代初至 20 世纪 60 年代的

---

①　叶伟巍、梅亮、李文等：《协同创新的动态机制与激励政策——基于复杂系统理论视角》，《管理世界》2014 年第 6 期。

②　邓巍、梁巧转、王维：《"一带一路"背景下国家创新系统内外部要素对创新能力的构型影响》，《科学学与科学技术管理》2020 年第 10 期。

③　金晓达：《外国留学生教育学概论》，华语教学出版社 1998 年版，第 14—28 页。

④　胡志平：《大力发展来华留学生教育提高中国高校国际交流水平》，《中国高教研究》2000 年第 3 期。

萌芽阶段；二是 1966 年至 1978 年停顿与缓慢恢复阶段；三是改革开放至 21 世纪初的快速恢复阶段；四是进入 21 世纪以后的全面繁荣阶段。该划分的主要依据是中国来华留学生教育工作在各个时期具有不同显著性特征①。20 世纪 80 年代末 90 年代初，高等院校取得了自费来华留学生招生的自主权，来华留学生教育进入一个全新的发展时期，来华留学生教育教学和管理体制由单一封闭逐渐走向开放和多元化发展②。伴随来华留学整体规模的扩大，学界对于来华留学层次结构、日常管理、影响因素、文化适应、服务、人才培养的研究逐渐增加。

（二）来华留学规模和结构研究

关于来华留学规模的研究成果较多，该概念也具有丰富的内涵，本书认为来华留学规模是指一定时期内来华留学生的总量、基本特点与变化趋势。来华留学教育作为中国高等教育的基本内容之一，是中外文化教育交流的有机组成部分，推动着中国高等教育的国际化发展③。来华留学在总体规模以及生源国的分布范围上都呈现"量"的显著增长；但来华留学的生源国、分布地区、教育层次以及专业分布等方面呈现多元化发展趋势，以及教育层次偏低，与教育规模的发展不相符、不均衡的发展趋势④。韩丽丽认为"一带一路"倡议的提出给来华留学教育带来了新的发展机遇，转变了来华留学教育规模增速放缓、学历层次偏低以及驱动因素不足的发展状况⑤。

---

① 哈巍、陈东阳：《挑战与转型：来华留学教育发展模式转变探究》，《中国高教研究》2018 年第 12 期。
② 吉艳艳：《近四十年间来华国际学生教育研究（1973—2013）》，硕士学位论文，华中师范大学，2006 年，第 11 页。
③ 程家福：《新中国来华留学教育结构研究（1950—2007 年）》，博士学位论文，华东师范大学，2009 年，第 4 页。
④ 陈丽萍、田晓苗：《试点高校来华留学生教育"内涵发展"研究——国家教育体制改革试点调研报告》，《中国高教研究》2014 年第 11 期。
⑤ 韩丽丽：《如何提升来华留学教育的竞争力——基于规模总量和学历结构视角的经验分析》，《北京师范大学学报》（社会科学版）2017 年第 5 期。

从留学生的国别来看，郑刚和马乐认为，在"一带一路"倡议下中国与沿线国家的教育合作更为频繁，来自"一带一路"沿线国家的来华留学生占全国来华留学生的比值逐年扩大，沿线国家的学历来华留学生人数进一步扩大，硕士研究生和博士研究生的人数增长幅度显著，获得中国政府奖学金的留学生规模较小①。从学科角度来看，方宝和武毅英提出，汉语言专业长期以来一直是来华留学生的热门专业；但同时来华留学生所学专业也在朝着多样化方向发展，相关专业的留学生规模也在不断扩大，其中以文学、医学、工科和经管专业为代表②。从高校层次来看，安亚伦等认为在"双一流"高校建设的背景下，一流大学建设高校接收的来华留学规模不断扩大，相应的部分普通高校接收的来华留学规模出现了下降的趋势③。刘强和康云菲通过对中国 33 所研究型高校进行统计分析指出，2015 年实施的"双一流"建设推动了高校国际化的发展进程，高校正积极与"一带一路"沿线国家构建教育合作关系，加强与沿线国家的教育合作，这在一定程度上促进了国际人才及来华留学生的流动④。

来华留学生结构较为复杂，来华留学生结构主要包括学历与非学历结构，生源地结构和经费结构等⑤。从国别来看，胡瑞和余赛程提出"一带一路"沿线国家的来华留学生结构在发展水平上出现层级不断分化的特征，在发展动态上也逐渐脱离低水平发展，在发

①　郑刚、马乐：《"一带一路"战略与来华留学生教育：基于 2004—2014 的数据分析》，《教育与经济》2016 年第 4 期。

②　方宝、武毅英：《高等教育来华留学生的变化趋势研究——基于近十五年统计数据的分析》，《高等教育研究》2016 年第 2 期。

③　安亚伦、曾燕萍、段世飞：《"双一流"建设背景下的来华留学教育：意义、问题与对策》，《中国人民大学教育学刊》2020 年第 2 期。

④　刘强、康云菲：《"双一流"背景下中国研究型大学国际化发展特点及建议》，《高校教育管理》2018 年第 5 期。

⑤　程伟华、张海滨、董维春：《"双一流"建设背景下来华留学研究生教育质量研究——基于学生发展理论》，《学位与研究生教育》2019 年第 1 期。

展规律上规模效应越来越显著①。余赛程认为,从横向看,"一带一路"沿线国家学历来华留学生与非学历来华留学生分布不均衡;从纵向看,学历来华留学生与非学历来华留学生的差距正在不断缩小,且来华留学教育结构整体上更加优化②。从高校来看,闫志军分析了86所世界一流大学的留学生教育情况,各大学接收的来华留学生人数差异较大,且各国的留学生教育状况不尽相同,留学生中本科生和研究生的差距突出③。钟玲通过问卷调查的方式以西南两所高校为例,得出两所高校的来华留学生结构的特点是:在学生层次方面,学历生人数不多;来华留学生主要来自亚洲国家;从学科划分来看,汉语言专业与文管类专业留学生较多,理工科专业留学生则较少④。

(三) 来华留学影响因素研究

关于影响留学生来华的因素研究,早期主要是以规范化研究和定性研究为主。陈婷婷(Chen)和巴雷特(Barnett)认为,国家之间的经济、政治、文化差异对国际留学生的流动具有显著影响⑤。马扎罗(Mazzarol)和苏达(Soutar)认为,到目的地国接受更好的教育、移民至目的地国、自身了解目的地国的冲动是影响留学生流动的因素⑥。麦克·马宏(McMahon)认为,输入国吸引留学生数量的多少与输出国和输入国经济一体化程度以及输出国的经济、

---

① 胡瑞、余赛程:《"一带一路"沿线国家来华留学生教育结构评价与发展策略》,《河北师范大学学报》(教育科学版)2018年第5期。

② 余赛程:《"一带一路"倡议下来华留学生教育结构优化研究》,硕士学位论文,华中农业大学,2018年,第22页。

③ 闫志军:《世界一流大学留学生教育规模研究》,《现代教育管理》2013年第12期。

④ 钟玲:《重庆市来华留学生教育现状分析与对策研究》,硕士学位论文,重庆大学,2014年,第12页。

⑤ Tse-Mei Chen, George A. Barnett, "Research on International Student Flows from a Macro Perspective: A Network Analysis of 1985, 1989 and 1995", *Higher Education*, Vol. 39, No. 4, 2000, pp. 435–453.

⑥ Tim Mazzarol, Geoffrey N. Soutar, "'Push-pull' Factors Influencing International Student Destination Choice", *International Journal of Educational Management*, Vol. 16, No. 2, 2002.

教育水平密切相关①。国内早期的研究则主要从来华留学教育的发展过程和与国际教育的比较两个方面来分析中国留学教育的竞争优势。

王金祥认为，影响来华留学规模的主要因素是输入国与输出国之间的经济、政治、文化和对外开放等特征的差异程度②。郑向荣认为，国际学生流动是科技实力、高等教育质量、经济发展动力和潜力以及社会文化接受度这四类因素共同作用的结果，中国政府对留学生工作的重视与支持程度以及高等教育体制的完善程度是推动来华留学事业不断向前发展的重要原因③。刘志民和杨洲指出，影响留学生流动的主要因素是输入国的经济发展程度与国家对留学生工作的政策支持力度④。张磊认为，影响留学生来华的主要因素包括重要因素、深层因素和表层因素，其中重要因素包括输出国经济发展水平、人口规模、高校学费、地理距离、是否提供奖学金；深层因素主要是指输入国经济发展水平；表层因素则包括高等教育发展水平、留学政策宣传力度、语言的难易度、学生间的相互影响等。在这些因素中，输入国的经济水平对来华留学生的影响最大⑤。

以上研究大多通过定性的研究方法来探究来华留学的影响因素，近几年大量的学者开始从定性研究拓展到定量研究，通过结合相关经济理论对影响因素进行研究。

在推拉理论模型中，影响学生出国留学的因素是输出国的"推

---

① Mary E. McMahon，"Higher Education in a World Market. An Historical Look at the Global Context of International Study"，*Higher Education*，Vol. 24，No. 4，1992.

② 王金祥：《论区域经济发展对来华留学生教育的作用》，《辽宁大学学报》（哲学社会科学版）2005 年第 2 期。

③ 郑向荣：《论中国发展来华留学生教育的优势——兼论发展来华留学生教育的意义》，《现代教育论丛》2005 年第 2 期；郑向荣：《建国六十年来华留学生教育的发展及其发展因素分析》，《黑龙江教育学院学报》2010 年第 7 期。

④ 刘志民、杨洲：《2001—2014 年八大留学目的地国位序变化的成因分析与启示》，《黑龙江高教研究》2017 年第 8 期。

⑤ 张磊：《国际服务贸易视角下来华留学教育规模增长因素研究》，硕士学位论文，天津师范大学，2014 年，第 17 页。

力"和输入国的"拉力",输出国的"推力"因素主要包括经济发
展水平、政治环境、对外开放程度、教育质量;输入国的"拉力"
因素主要包括经济发展水平、与输出国的国际贸易往来、政治关
系、教育质量、奖学金资助等[1]。马扎罗运用"推拉理论"得出留
学目标国在本国的宣传度、中间介绍的力度、学费成本等经济问
题、生活环境、地理位置远近等是影响留学生选择目标国的重要
因素[2]。

在经济方面,姚海棠、曲如晓等研究得出中国与输出国之间的
人均 GDP 差距和输出国的经济环境对来华留学有显著的影响[3]。刘
莉认为,留学生将中国作为留学目的地国的主要原因,一是中国有
全世界第二的经济体量,有巨大的经济发展空间;二是中国的对外
开放程度以及与输出国之间的贸易往来关系密切[4]。王金祥指出,
来华留学生人数与中国和输出国之间的双边贸易量密切相关[5]。蔡
文伯和闫佳丽认为,"一带一路"沿线国家的来华留学生人数与双
边国家的贸易投资量具有相互影响的关系,来华留学生人数增加能
促进中国对外直接投资量的增加,对外直接投资量的增加也能反过
来促进来华留学生人数的增加[6]。曲如晓和江铨认为,由于中国不
同地区接收的来华留学生数量差异性较大,通过地区之间的对比分
析,他们发现由于中国东部地区具有经济与教育发展水平更高,开
放程度更高、师生比更高以及人均 GDP 更高等优势,可以吸引到

---

[1] Altbach P G., "Impact and Adjustment: Foreign Students in Comparative Perspective", *Higher Education*, Vol. 21, No. 3, 1991.

[2] Tim Mazzarol, Geoffrey N. Soutar., "'Push-pull' Factors Influencing International Student Destination Choice", *International Journal of Educational Management*, Vol. 16, No. 2, 2002.

[3] 姚海棠、姚想想:《来华留学生影响因素研究》,《现代商业》2013 年第 14 期;曲如晓、江铨:《来华留学生区域选择及其影响因素分析》,《高等教育研究》2011 年第 3 期。

[4] 刘莉:《留学生来华影响因素分析》,硕士学位论文,浙江大学,2014 年,第 30 页。

[5] 王金祥:《论区域经济发展对来华留学生教育的作用》,《辽宁大学学报》(哲学社会科学版) 2005 年第 2 期。

[6] 蔡文伯、闫佳丽:《"一带一路"沿线国家来华留学生与中国对外直接投资关系的实证研究》,《华东师范大学学报》(教育科学版) 2020 年第 4 期。

更多的来华留学生①。程立浩、刘志民通过研究各省份来华留学生与经济发展的动态关系，认为来华留学教育与经济发展可以相互协调，他指出中国"协调关系"地区的个数大于"非协调关系"地区的个数②。

在科技教育方面，玛丽认为输出国的科技发展水平、留学生规模、教育经费、高等教育入学率、输出国留学生获得奖学金的机会和中国高等教育质量对留学生的流动具有显著影响③。乔杜里和德普指出输入国的人均 GDP 与高等教育入学率对国际学生流动具有重要影响。此外，在留学目的地国所需的生活成本也影响着留学生最终的决策④。

在社会文化方面，杨军红认为，中国对外交流的重点目标是发展留学生教育，留学生教育应朝着经济发展和政治影响并重的目标发展。中国文化作为世界文化的重要部分，来华留学生对中国文化的兴趣同样也能促进来华留学规模扩大⑤。

王传毅和陈晨认为，学历互认制度是影响学历留学生来华的重要影响因素，特别是对博士生的数量具有显著影响⑥。从校级层面来看，省级高校能否入选政府资助名录对非学历生中自费留学生来华的促进作用比奖学金留学生更显著⑦。

---

① 曲如晓、江铨：《来华留学生区域选择及其影响因素分析》，《高等教育研究》2011 年第 32 期。

② 程立浩、刘志民：《"一带一路"视域下来华留学教育与经济发展协调关系研究》，《黑龙江高教研究》2020 年第 38 期。

③ Kritz Mary M. , "International Student Mobility and Tertiary Education Capacity in Africa", *International Migration*, Vol. 53, No. 1, 2013.

④ Raychaudhuri A. , De P. , "Barriers to trade in higher education services in the era of globalization", *Economic and Political Weekly*, Vol. 51, No. 60, 2008.

⑤ 杨军红：《来华留学生构成特点及影响因素分析》，《中南民族大学学报》（人文社会科学版）2006 年第 S1 期。

⑥ 王传毅、陈晨：《"一带一路"沿线国家学生来华读研的影响因素——基于宏观数据的分析》，《高校教育管理》2018 年第 3 期。

⑦ 魏浩、王宸、毛日昇：《国际间人才流动及影响因素的实证分析》，《管理世界》2012 年第 1 期。

从个体层面来看，唐静认为留学生的个人选择不仅受留学目的地国经济、教育与社会文化等客观因素的影响，也受态度与行为等主观因素的影响。在主观因素中，行为态度对留学生做出留学决策的影响最大①。从政策层面来看，来华留学生的发展与奖学金政策的引导密切相关。刘进认为，来华留学生奖学金与地区差异密切相关，部分奖学金只对特定的国家和地区发放，这会导致留学生生源质量和国别失衡的问题②。

在奖学金方面，夏青认为，管理秩序混乱是中国政府奖学金的突出问题，为了更快地适应市场经济的发展，应该对中国政府奖学金进行货币化改革，从而更好地满足服务国际学生的需要③。李冰和黄文杰认为，中国政府奖学金对来华留学规模具有促进作用，能引导来华留学生的选择，从而达到调节来华留学结构的作用④。刘慧梳理了不同类别奖学金的发展概况，认为来华留学教育的发展与中国政府奖学金政策的实施现状密切相关，发挥奖学金的影响对留学生的招生规模具有正向的积极作用⑤。刘鑫鑫和钱婷认为在新发展形势下，应将奖学金政策作为扩大留学生规模的重要手段，通过奖学金的资助也能进一步提升中国高校来华留学教育的竞争力⑥。涂新认为，严格规范奖学金评选和发放工作才能更好地发挥奖学金的指引性与导向性作用⑦。为了进一步提升来华留学教育的竞争力，

---

① 唐静：《留学生选择来华学习的行为意向研究——基于计划行为理论的解释框架》，《高教探索》2017 年第 8 期。

② 刘进：《"一带一路"背景下如何提升来华留学生招生质量——奖学金视角》，《高校教育管理》2020 年第 1 期。

③ 夏青：《来华留学生中国政府奖学金制度现状及货币化改革刍议》，《科技通报》2011 年第 3 期。

④ 李冰、黄文杰：《中国政府奖学金生变化趋势研究——基于 1999 ~ 2018 年数据的统计分析》，《云南师范大学学报》（对外汉语教学与研究版）2020 年第 4 期。

⑤ 刘慧：《来华留学生奖学金制度现状分析》，《高校教育管理》2008 年第 4 期。

⑥ 刘鑫鑫、钱婷：《来华留学生奖学金制度设计的困境与突破》，《国家教育行政学院学报》2021 年第 4 期。

⑦ 涂新：《来华留学生奖学金项目管理优化分析——以蒙古国来汉留学生为例》，《教育现代化》2019 年第 31 期。

各学者应用波特钻石理论模型进行定量研究来分析提升中国来华留学质量的影响因素，如韩丽丽分析了要素条件、需求条件等对来华留学生的影响，从经济、教育与社会文化方面提出了提升来华留学的竞争力和来华留学生质量的政策建议[1]。

此外，各学者分析了经济、教育、科技等因素对来华留学生的影响，来华留学生与经济、教育、科技之间的影响关系是双向的。数据显示，留学生能为留学目的地国创造可观的经济收入并增加目的国的工作岗位。2013—2014学年期间，留英的国际学生为英国带来了超过20亿英镑的经济收入，增加了近7万个就业岗位；2015—2016年，在美留学生为美国创造了超过300亿美元的经济收入[2]。穆拉特认为，来英留学生人数的增加对英国进出口贸易具有正向影响效应[3]。胡珍和李刚运用VAR模型探究了来华留学生人数与中国经济之间的关系，认为短期内经济增长能促进来华留学规模扩大，但随着时间的推移，经济增长对扩大来华留学规模的影响则会逐渐减小；虽然来华留学规模的扩张能在一定程度上拉动经济，但表现出后期动力不足的特征[4]。陈东阳和哈巍认为，来华留学生人数的增加对中国进出口贸易具有正向促进作用，其中对出口贸易的影响更为显著[5]。陆晓静发现学历来华留学生对省政府出台资助政策具有显著影响，来华留学生对省政府出台资助政策的影响不显著[6]。魏浩等认为，不同省份的国际人才对中国进出口贸易均具有

　　① 韩丽丽：《如何提升来华留学教育的竞争力——基于规模总量和学历结构视角的经验分析》，《北京师范大学学报》（社会科学版）2017年第5期。

　　② 刘肖港、袁一平：《外国留学生对伦敦经济的贡献》，《现代经济信息》2016年第14期；刘志民、杨洲：《"一带一路"沿线国家来华留学生对中国经济增长的空间溢出效应》，《高校教育管理》2018年第2期。

　　③ Marina Murat, "Out of Sight, Not Out of Mind. Education Networks and International Trade", *World Development*, Vol. 58, No. Complete, 2014.

　　④ 胡珍、李刚：《来华留学规模与中国经济增长互动关系——基于VAR模型的实证分析》，《湖北工业大学学报》2021年第4期。

　　⑤ 陈东阳、哈巍：《来华留学生教育与进出口贸易：基于1999—2017年省级面板数据的实证分析》，《教育与经济》2021年第2期。

　　⑥ 陆晓静：《来华留学生省级政府资助政策动因研究》，《高校教育管理》2021年第5期。

正向影响,但不同地区的不同贸易方式对进出口贸易的影响则存在着差异①。程立浩和刘志民认为,沿线国家来华留学生的输入能促进各省经济的发展,对相邻省份也具有正向影响,来华留学生的输入会对周边来华留学生环境产生空间溢出效应②。袁清发现"一带一路"沿线国家来华留学生教育发展水平与中国和输出国之间的贸易往来具有高度相关性③。

第三节 概念界定与数据来源

一 概念界定

(一)"一带一路"沿线国家

自 2013 年中国提出"一带一路"倡议以来,与中国政府签署"一带一路"合作谅解备忘录的国家越来越多。目前,中国官方并没有对外正式公布参与"一带一路"建设的国家清单,各方对"一带一路"参与国家的概念界定也有所不同④。鉴于"一带一路"在合作空间上是开放的,在未来将会有更多的国家和地区参与进来,因此并没有人为设置边界和明确划定地理界线。本书综合考虑了历史沿革、倡议内涵以及各国政府与中国签署的双边文件后,认为截至 2018 年 5 月,参与"一带一路"建设的沿线国家共有 94 个,加上中国后就是 95 个国家。将"一带一路"95 个国家按照所处地理位置分别对应到五大洲,其中亚洲国家 46 个、欧洲国家 36 个、非洲国家 8 个、拉丁美洲国家 3 个和大洋洲国家 2 个。以联合

---

① 魏浩、陈开军:《国际人才流入对中国出口贸易影响的实证分析》,《中国人口科学》2015 年第 4 期;魏浩、袁然:《国际人才流入与中国进口贸易发展》,《世界经济与政治论坛》2017 年第 1 期。

② 程立浩、刘志民:《"一带一路"视域下来华留学教育与经济发展协调关系研究》,《黑龙江高教研究》2020 年第 8 期。

③ 袁清:《刍议来华留学生教育对中国的影响效应——以"一带一路"沿线国家贸易关系为例》,《浙江社会科学》2019 年第 4 期。

④ 王辉耀、苗绿:《国际人才蓝皮书——中国留学发展报告》,社会科学文献出版社 2017 年版,第 146 页。

国开发计划署公布的人类发展指数（Human Development Index）为衡量标准，将"一带一路"95 个国家划分为发达国家和发展中国家两类群体，其中将人类发展指数数值大于或等于0.8 的划分为发达国家，共计40 个；将小于0.8 的划分为发展中国家，共计55 个[①]（见表2—1）。

表2—1　　"一带一路" 95 个国家不同地区和不同发展水平分类

	发达国家（40 个）	发展中国家（55 个）
非洲（8 个）		埃及、埃塞俄比亚、肯尼亚、毛里求斯、尼日利亚、突尼斯、坦桑尼亚、南非
亚洲（46 个）	巴林、文莱、塞浦路斯、以色列、科威特、卡塔尔、韩国、新加坡、阿联酋、沙特阿拉伯	阿富汗、亚美尼亚、阿塞拜疆、孟加拉国、不丹、柬埔寨、中国、格鲁吉亚、印度、印度尼西亚、伊朗、伊拉克、约旦、哈萨克斯坦、吉尔吉斯斯坦、老挝、黎巴嫩、马来西亚、马尔代夫、蒙古国、缅甸、尼泊尔、阿曼、巴基斯坦、巴勒斯坦、菲律宾、斯里兰卡、叙利亚、塔吉克斯坦、泰国、东帝汶、土耳其、土库曼斯坦、乌兹别克斯坦、越南、也门
欧洲（36 个）	奥地利、比利时、克罗地亚、捷克、爱沙尼亚、芬兰、法国、德国、希腊、匈牙利、冰岛、爱尔兰、意大利、拉脱维亚、立陶宛、卢森堡、马耳他、黑山、荷兰、挪威、波兰、罗马尼亚、俄罗斯、斯洛伐克、斯洛文尼亚、西班牙、瑞士、英国	阿尔巴尼亚、白俄罗斯、波黑、保加利亚、摩尔多瓦、塞尔维亚、马其顿、乌克兰
拉丁美洲（3 个）	阿根廷、智利	巴拿马
大洋洲（2 个）		斐济、汤加

———————————

① UNDP, *Human Development Reports*（http：//hdr. undp. org/en/content/human-develop ment-index-hdi）.

（二）国际学生

随着高等教育国际化和各国经济的发展，越来越多家庭经济富裕的学生选择到海外接受教育。对于这些学生，我们通常称之为"国际学生"（International Student）或者"外国留学生"（Foreign Student）。但是在全球教育系统中，各国对"国际学生"的概念有着不同的界定。

英国把"国际学生"定义为"那些不在英国定居的学生"，这样的界定排除了拥有英国永久性居留权的学生。美国把"国际学生"定义为"在美国高等院校就读的学生，他们不是美国的公民、移民或难民，并且不包括长期或有永久性居留权的学生"。澳大利亚把"国际学生"界定为"持有学生签证，在澳大利亚求学的学生，不包括在澳大利亚获得奖学金或助学金的学生或从事其他临时签证的学生"。加拿大将"国际学生"定义为"经移民官批准在加拿大学习的临时居民"。法国把"国际学生"定义为"为了学习而前往法国的外国公民，或拥有法国中学资格并且可能具有法国居留身份的长期或永久居民"。新西兰把"国际学生"定义为"为了接受教育而前往新西兰的外国人，不包含永久性居住权的学生"。日本把"国际学生"定义为"在日本任何大学、研究生院、大专院校、技术学院、专业培训学院或大学预科课程学习的外国人"。OECD 对"国际学生"的定义是"以学习为目的离开来源国而前往另一个国家的学生"，或者"非留学所在国的永久或常住居民的学生，或是在其他国家接受先前教育的学生"，而事实上在一些欧洲国家中，多达33%的"国际学生"是留学目的地国的长期或永久居民，所以确定欧盟内部的国际学生流动规模往往特别困难。

由于每个国家对"国际学生"的界定是不一样的，为了更加准确全面地了解国际学生流动的趋势，联合国教科文组织 2006 年在《全球教育文摘》（Global Education Digest）中引入了"国际学生"的概念，将其界定为"为了教育目的跨过国家或领土边界，在其原籍国以外国家或地区入学的学生"。其具体内涵包括：一是该学生目前不是其留学目的地国的"公民"；二是该学生目前不是其留学目的地国的"永久性居民"；三是该学生在进入留学目的地国之前是在其他国家或地区获得目前学习的入学资格的。此外，这里界定的"国际学生"不包括那些只在留学目的地国学习一年以下的学生。本书所指的"国际学生"是联合国教科文组织界定的"国际学生"。此外，国际学生主要分为两类，一类是某国输往世界各国的国际学生，称为出境国际学生；另一类是从世界各国输入某国的国际学生，称为入境国际学生。

本书所指的"国际学生"特指高等教育阶段的国际学生。根据联合国教科文组织 2011 年公布的《国际教育标准分类法》（*International Standard Classification of Education*）将教育分为 9 个等级，分别是：0 级早期儿童教育、1 级初等教育、2 级初级中等、3 级高级中等、4 级中等后非高等、5 级短期高等、6 级学士或等同、7 级硕士或等同、8 级博士或等同。其中 5、6、7 和 8 四个等级属于高等教育。本书所涉及的国际学生指与国际教育标准划分的 5—8 级教育阶段对应的国际学生。

（三）来华留学生

随着经济的全球化及各国高等教育发展水平的提升，选择离开本国到国外去接受教育的这部分群体被称为"国际学生"，既包括前往世界各国学习的留学生，也包括输入该国的国外留学生，包含从幼儿教育至高等教育的学习阶段。本书的来华留学生特指高校或科研机构中的留学生。

本书的来华留学生至少满足以下三个条件：一是该外国公民必须持有护照并能独立承担法律责任；二是来华留学前已经取得高中（或同等学力）以上学历；三是在经中国教育部审批的高等院校或者科研机构注册学习。

根据来华留学生求学的目的，将来华留学生划分为学历生和非学历生。学历生的求学目的是接受高等教育（本科、硕士、博士）

并且取得相应的学位。非学历生主要指不以取得学位为目的的进修留学生或短期交流的来华留学生。

（四）中国政府奖学金

20世纪50年代，中国开始实施中国政府奖学金政策，以此吸引更多优秀的海外学子来华深造，这对于促进中国高等教育及来华留学教育的发展具有十分重要的意义。如果留学生得到奖学金的支持，将大大地减轻其来华留学的学习和生活成本。中国政府奖学金的支持力度较大，涉及的类别十分丰富，主要按学生类别和科研类别进行划分。中国政府奖学金为来华留学生提供学费、住宿费、生活费和医疗保险费等资助。

从学生类别来看，一类本科生每年能获得的最高资助金额是59200元，二类本科生是62200元，三类本科生是66200元；本科生每年能够获得的最高资助金额的均值约为62533元；一类硕士研究生能获得的最高资助金额是70200元，二类硕士研究生是74200元，三类硕士研究生是79200元；硕士研究生每年能够获得的最高资助金额的均值是74533元；一类博士研究生能够获得的最高资助金额是87800元，二类博士研究生是92800元，三类博士研究生是99800元；博士研究生每年能够获得的最高资助金额的均值是93467元。从科研项目来看，中国政府奖学金主要包含长城奖学金、中国—AUN奖学金等。奖学金资助的对象、具体形式和资助标准在不同的项目中有不同的体现。

（五）"双一流"大学

中国高校启动"985"工程与"211"工程建设后，开始了"双一流"建设。中国政府提出将建设一批具有世界影响力的高校，建成一批有世界竞争力的一流高校和一流学科。本书的"双一流"大学指教育部公布的世界一流大学建设高校，包括36所A类建设高校和6所B类建设高校。

二 数据来源

很多国际组织和机构会在每年发布世界各国的经济和教育等研

究数据，本书所使用的数据主要来自一些国际组织和机构公布的数据，主要分为国际数据和国内数据两大类。

国际数据包括：联合国教科文组织（UNESCO）统计数据库中的国际学生流动数据、高等教育政府教育支出占 GDP 的比例、高等教育生师比、高等教育毛入学率、购买力平价以及来源国的专利数量数据；世界银行（WB）公布的人均 GDP 和高等教育生均公共支出数据；联合国商品贸易统计数据库（UN COMTRADE）中的商品贸易额数据等。两国之间的地理距离来源于谷歌世界经纬度查询系统和 CEPII 引力数据库。各大学和专业排名以及学费支出使用的是 QS 世界大学排名（QS World University Rankings）网站的数据。"一带一路"沿线国家的创新研究数据来源于《全球创新指数 GII》，该数据主要由康奈尔大学、国际知识产权组织和欧洲工商管理学院联合发布。2020 年，该数据库涵盖全球 131 个经济体、93.5% 的世界人口以及全球 97.4% 的 GDP 总量，内容丰富，指标体系完善，具有较好的公信力。

国内数据包括：中国教育部国际合作与交流司公布的数据、中国学位与研究生教育信息网公布的官方数据、中国教育部公布的世界一流大学建设高校名单数据等。

第三章

"一带一路"沿线国家国际学生流动
影响因素研究

第一节 "一带一路"沿线国家国际学生
流动与高等教育发展概况

推动国际学生流动是各国高等教育政策的一项重要内容和重要目标。由于发达国家主要掌握着先进的知识技术，具有丰富优质的高等教育资源，其在高层次人才培养方面长期占据优势地位，招收了全球绝大部分的国际学生。本章将比较分析"一带一路"沿线不同发展水平国家的国际学生流动趋势以及高等教育发展环境和发展水平，为沿线各国制定高等教育发展政策和国际学生流动政策以及推进高等教育政策互通提供实证依据和决策建议。

一 "一带一路"沿线国家国际学生流动概况

目前，国际学生流动的基本走势是从发展中国家流向发达国家、从发达国家流向发达国家。但随着越来越多家庭经济富裕的学生到海外接受更加优质的高等教育，在国际学生流动规模不断扩大的同时，各国政府基于公共外交、人才储备和经济红利等原因开展对国际学生的争夺，国际学生流动呈现出新的发展趋势和特点①。

(一)"一带一路"沿线国家国际学生流动规模不断扩大

国家经济的不断发展和高等教育国际化进程的加快使学生在全球范围内快速流动。不论是从世界范围还是"一带一路"沿线国家的范围来看,国际学生流动的规模都呈不断扩张的态势(见图3—1)。从世界范围来看,2002 年全球国际学生人数为 246 万人,到2016 年,全球国际学生人数增长到 509 万人,增长了两倍。从"一带一路"沿线国家范围来看,"一带一路"沿线国家 2002 年的出境学生人数为 155 万人,占全球出境学生人数的 62.83%,2016 年的出境学生人数为 364 万,占全球比重的 71.51%。2002 年"一带一路"沿线国家入境学生人数为 108 万,占全球比重的 43.93%;2016 年的入境学生人数为 305 万,占全球比重的 59.95%。可见"一带一路"沿线国家已成为国际学生流动的主体地区。然而"一带一路"沿线国家入境学生人数占全球比例一直低于"一带一路"沿线国家出境学生人数占全球比例,即"一带一路"沿线国家输出国际学生的数量大于输入的国际学生数量。根据经济合作与发展组织的估算,到 2025 年全世界国际学生的数量将达到 800 万人。伴随着全球国际学生规模的迅速扩大,"一带一路"沿线国家出境和入境的国际学生人数都将有巨大的增长潜力。

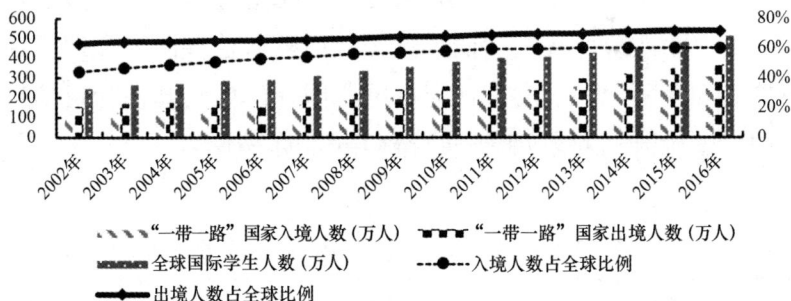

图3—1 "一带一路"沿线国家的国际学生人数及占全球比例

---

① Geddie K., "Policy Mobilities in the Race for Talent: Competitive State Strategies in International Student Mobility", *Transactions of the Institute of British Geographers*, Vol. 40, No. 2, 2015.

(二)"一带一路"沿线国家国际学生流向呈多元化趋势

根据联合国教科文组织提供的数据,可将全球划分为8个地区,分别是阿拉伯地区、撒哈拉以南非洲地区、南亚西亚地区、北美西欧地区、拉美加勒比地区、东亚太平洋地区、中亚地区和中东欧地区。从"一带一路"沿线国家国际学生的流动数据可以看出,流向北美和西欧地区的国际学生占了最大份额,尤其是在2002年,"一带一路"沿线国家有67.86%的国际学生(约100万人)流向了北美和西欧地区(见表3—1)。从绝对数量看,尽管北美和西欧对"一带一路"沿线国家的国际学生仍然极具吸引力,15年间其从沿线国家招收的国际学生数量从约100万涨到了近200万,翻了一倍,但是从各地区招收国际学生数量占比的变化趋势来看,"一带一路"沿线国家国际学生的流向呈多元化趋势。截至2016年,虽然"一带一路"沿线国家赴北美和西欧留学的国际学生仍占一半以上,但其占比不断下降,这反映出这些国家中越来越多的国际学生选择北美、西欧以外的地区作为留学目的地。其中,占比涨幅较快的主要是中东欧、阿拉伯以及东亚太平洋地区,中东欧所占份额从2002年的10.26%上涨到2016年的15.55%;其次是阿拉伯地区,所占份额从2006年的2.96%上涨到2016年的5.86%;东亚和太平洋地区国际学生人数增长也较快。从宏观上看,这些地区所吸引的"一带一路"沿线国家的国际学生人数总量与增长人数虽然无法与北美、西欧等经济发达地区媲美,但随着这些国家和地区在全球影响力和竞争力的扩大,将会有更多国际学生将其作为留学目的地,国际学生流动的多元化趋势将会更加明显。

表3—1   "一带一路"沿线国家出境国际学生流向各地区的人数及占比

流向地区		2002年	2006年	2010年	2014年	2016年
中亚	人数/万人	2.83	4.82	4.26	3.82	4.58
	占比/%	1.94	2.62	1.68	1.19	1.27

续表

流向地区		2002 年	2006 年	2010 年	2014 年	2016 年
中东欧	人数/万人	14.96	17.49	31.40	45.35	56.11
	占比/%	10.26	9.52	12.36	14.09	15.55
撒哈拉以南非洲	人数/万人	1.33	0.01	0.12	3.09	3.28
	占比/%	0.92	0.00	0.05	0.96	0.91
南亚西亚	人数/万人	0.83	1.39	2.42	4.30	5.54
	占比/%	0.57	0.76	0.95	1.34	1.53
拉美加勒比	人数/万人	0.67	1.13	2.00	2.14	2.30
	占比/%	0.46	0.62	0.79	0.67	0.64
东亚太平洋	人数/万人	26.21	36.84	54.03	63.01	69.27
	占比/%	17.99	20.04	21.27	19.57	19.19
北美西欧	人数/万人	98.90	116.66	148.31	181.57	198.73
	占比/%	67.86	63.48	58.38	56.39	55.06
阿拉伯	人数/万人	—	5.45	11.48	18.70	21.14
	占比/%	—	2.96	4.52	5.81	5.86

"一带一路"沿线国家国际学生就近流动趋势凸显。就近流动是沿线国家国际学生流动的重要趋势和特点之一,欧洲国家之间的就近流动趋势和规律尤为明显。根据联合国教科文组织的统计数据,捷克、波兰、奥地利和卢森堡超过80%的国际学生来自欧洲,瑞典、冰岛、罗马尼亚、匈牙利和荷兰超过50%的国际学生来自欧洲,比利时、意大利、立陶宛、德国和西班牙40%左右的国际学生来自欧洲。以西班牙为例,2016年该国来自拉丁美洲的国际学生占比达到45.04%,这主要受历史殖民关系以及相似语言文化背景的影响;来自欧洲的国际学生排名第二,占比为39.36%,其中来自地缘邻近的南欧和西欧地区的国际学生占比最大,分别为18.77%和13.96%。从国家来看,来自邻国意大利和法国的国际学生占比最高,均超过10%,另外,来自亚洲国家的占比为7.36%,来自非洲国家的占比为5.66%,来自北美洲国家的占比为2.19%,来自大洋洲国家的占比为0.11%。在出国留学方面,西班牙有

77.10%的学生选择到距离本国较近的欧洲国家留学，在西欧和中欧地区留学的学生占比分别为40.93%和23%，其中最受西班牙学生青睐的留学目的地国是英国，超过20%的学生将英国作为留学目的地国，法国和德国分别位列第二和第三，招收了超过13%的西班牙学生，另外还有15.52%选择到北美洲国家留学，3.96%到拉丁美洲国家留学，1.76%到大洋洲国家留学，1.42%到亚洲国家留学，不到1%到非洲国家留学。

在亚洲，国际学生就近流动的规律和趋势仍然十分明显。以中亚的哈萨克斯坦为例，2016年该国来自亚洲国家的国际学生占比高达90.06%，来自中亚地区的国际学生占比就达到53.65%，其中乌兹别克斯坦为28.78%，吉尔吉斯斯坦为8.78%，阿富汗为4.14%，塔吉克斯坦为3.97%。来自印度的国际学生占比为13.69%，来自中国的国际学生占比为9.21%。来自欧洲国家的国际学生占比为9.75%，来自非洲、大洋洲和北美洲国家的国际学生占比均低于1%。同时，哈萨克斯坦本国的学生也非常倾向于前往周边教育更发达的国家留学。85.30%的出国学生将欧洲作为留学目的地，其中前往东欧国家留学的学生占比达到78.47%，前往邻国俄罗斯的学生占比高达77.57%。11.74%的学生前往亚洲国家留学，2.71%的学生前往北美洲国家留学，前往非洲和拉丁美洲国家留学的学生均低于1%。

（三）"一带一路"沿线国家国际学生流动不平衡性显著

"一带一路"沿线国家国际学生的流向大体上呈现出从亚洲、非洲和拉丁美洲的欠发达国家或地区向欧洲的发达国家或地区流动的不平衡状态。一个国家或地区国际学生的流动是否处于平衡状态可以用平衡流动指数来衡量，平衡流动指数是入境的国际学生人数与出境的国际学生人数的比率。在判断一国或地区是否处于平衡流动的发展状态时，并不是说平衡流动指数等于1才判定为平衡流动，该意义上的平衡不是绝对的相等。借用乌尔里希·泰希勒等的判断标准，当一国或地区国际学生的平衡流动指数在0.9—1.1之间时，则可认定该国或地区实现了国际学生的平衡流动；当一个国家或地区的平衡流动指数小于 0.9 或大于 1.1 时，则认为该国或地区国际学生的流动处于非平衡状态[①]。平衡流动指数越低，国际学生流出的趋势越显著；平衡流动指数越高，国际学生流入的趋势越显著。

"一带一路"沿线国家根据所处地理位置可划分为 12 个地区，其中平衡流动指数高于 1.1 的有 6 个地区。西欧国家的平衡流动指数远远高于其他地区，达到 4.44，说明西欧地区国际学生流入的趋势非常显著；中欧国家对国际学生的吸引力逊于西欧国家，但是其平衡流动指数也高达 2.09，位列第二，国际学生流入人数远大于流出人数。非洲国家的平衡流动指数较高主要因为使用的是南非和埃及的数据，拉高了"一带一路"沿线非洲国家的均值，而非洲其他国家的平衡流动指数均在 0.3 左右。北欧和东欧国家的平衡流动指数接近 1.1，其国际学生流动处于较为平衡的状态（见图 3—2）。从国家个体来看，出现失衡情况的主要是英国、俄罗斯、法国、德国、荷兰、阿联酋、奥地利、比利时等 26 个经济较为发达的国家，其中英国国际学生输入输出失衡的情况最为严重，其平衡流动指数从 2012 年开始一直高于 12，在 2012 年达到 16.09，远远超过排在其后面的荷兰（5.33）、比利时（4.38）、俄罗斯（4.22）、瑞士（3.94）、捷克（3.40）、法国（2.71）、芬兰（2.31）等欧洲国家。最主要的原因是发达国家本国高等教育容纳力高，出国学生人数较少[②]。总体而言，尽管英国学生的输出呈缓慢上升的趋势，但相较其巨大的学生输入基数，学生输入输出数量仍极不均衡，平衡流动

[①] Teichler U., Ferencz I., Wächter B., *Mapping Mobility in European Higher Education*, Volume II: Case studies, Brussels: Directorate General for Education and Culture (DG EAC) of the European Commission, 2011 (https://www.researchgate.net/publication/281812713_ Mapping_ Mobility _ in_ European_ Higher_ Education_ Overviews_ and_ Trends).

[②] Kritz M. M., "International Student Mobility and Tertiary Education Capacity in Africa", *International Migration*, Vol. 53, No. 1, 2015.

指数远超欧洲其他国家，并呈不断上升趋势①。亚洲除了西亚国家整体上是流入大于流出外，其他地区的平衡流动指数均低于0.9，最低的是南亚国家，仅0.08，东亚三国的均值略高于南亚国家。总体来看，只有北欧和东欧的国际学生流动处于相对平衡状态，"一带一路"沿线其他地区国际学生流动的不平衡性则非常显著。

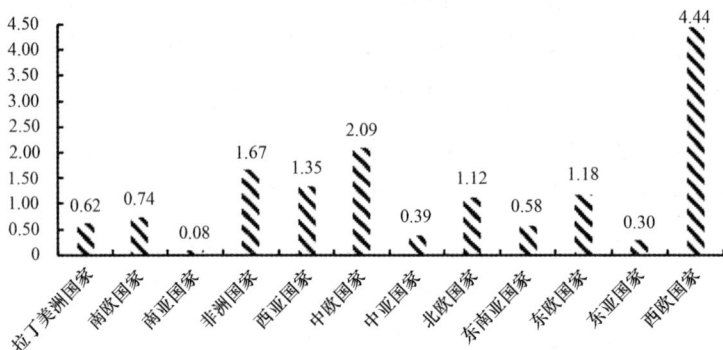

图3—2 "一带一路"沿线各地区国际学生平衡流动指数

（四）"一带一路"沿线多个新兴国家逐渐崛起

全球国际学生流动的基本走势是从经济欠发达国家流向经济发达国家。在"一带一路"沿线国家中，包含处于国际学生留学目的地"中心"的英国、法国、德国等国，这些欧洲国家吸引了全球大部分的国际学生，但是这些国家入境国际学生人数占全球数量的比重近些年来呈减少的趋势。英国2013年以前入境的国际学生人数占全球比重在10%以上，之后一直呈下降趋势；法国2013年以前入境国际学生人数占全球比重在6%以上，最高时超过9%，而2013年之后也呈现下降趋势，目前仅占5%左右。其中一大原因是随着全球流动性迅速增强，越来越多的国家正成为国际学生的重要

① 张惠、冯光能、赵俊娟：《促进学生输出流动：英国高等教育国际化发展趋势研究》，《黑龙江高教研究》2018年第3期。

留学目的地①。传统的"中心—边缘"不平衡结构不断弱化，在"边缘地区"出现"区域中心"，吸引了大批"边缘地区"的国际学生流向"区域中心"②。"区域中心"有新兴工业化发达国家如韩国、新加坡，还有后起之秀如中国、印度、土耳其、马来西亚，尤其是进入 21 世纪以后，这些国家充分挖掘本国高等教育的特色，并通过积极引进发达国家的高等教育资源，带动高校相关专业建设，提升本国在国际高等教育市场上的竞争力，促使大量"边缘地区"的国际学生流向这些国家，甚至吸引了西方发达国家的国际学生③。

一方面，中国 2006 年入境国际学生人数为 3.6 万人，到 2016 年，入境国际学生人数为 13.75 万人，十年间增长了 10 万余人，成为入境国际学生增长最快的国家之一，并且随着中国"一带一路"建设的不断推进，中国在国际学生市场中的竞争力也越来越强。土耳其入境国际学生人数从 2002 年的 1.6 万人到 2016 年的 8.8 万余人，增长了 7 万余人。韩国 2002 年入境国际学生人数约 0.5 万人，到 2016 年，其入境国际学生人数超过 6 万人。沙特阿拉伯 2002 年入境学生人数为 1.7 万人，到 2016 年已接近 8 万人。地处东南亚的马来西亚是一个尤为特殊的国家，其国际学生入境和出境的流量在 2009 年开始相互抵消，而在此之前马来西亚的净流量很大④，特别是 20 世纪末东亚货币危机前，马来西亚是英国国际学生的头号输入国⑤，但是到 2016 年，其招收了 12.41 万余名国际学生，而出境学生人数仅 6.5 万人（见表 3—2）。这 9 个国家吸引的

① Novak R., Slatinšek A., Devetak G., "Importance of Motivating Factors for International Mobility of Students", *Organizacija*, Vol. 46, No. 6, 2013.

② 蒋凯：《来华留学生教育的战略定位：基于多因素的分析》，《中国高教研究》2010 年第 5 期。

③ 吕吉：《国际留学生流动趋向及中国 2020 年展望》，《高教探索》2011 年第 4 期。

④ 净流量：输入的国际学生人数与输出的国际学生人数的差值。

⑤ Council B., "The Shape of Things to Come: Higher Education Global Trends and Emerging Opportunities to 2020: Global Edition", *British Council*, 2012 (6175): 702 (https://www. british-council. org/education/ihe/knowledge-centre/global-landscape/report-shape-of-things-to-come – 1.).

国际学生人数在 2002 年占世界份额的 4.76%，到 2016 年占比已经上涨到 12.55%，表明它们对国际学生的吸引力和竞争力越来越大。但另一方面，我们也看到这些新兴国家的国际学生人数虽然增加明显，但基本来自经济欠发达的国家或者更加弱势的国家，比如印度的国际学生大多来自南亚和非洲，马来西亚的国际学生大都来自中东政治动荡的国家和东南亚国家。可见，这些新兴国家对欧美等发达国家的国际学生吸引力仍较差。

表 3—2　　　　　　　　　新兴竞争国家入境国际学生人数　　　　　　　　（万人）

	2002 年	2004 年	2006 年	2008 年	2010 年	2012 年	2014 年	2016 年
中国	—	0.89	3.64	5.10	7.17	8.90	10.82	13.75
印度	0.81	0.76	1.24	1.84	2.45	2.83	3.90	4.48
马来西亚	2.77	2.34	2.44	4.13	6.47	5.62	9.96	12.41
韩国	0.50	1.08	2.23	4.03	5.92	5.95	5.25	6.19
新加坡	3.87	4.09	4.30	4.04	4.79	4.89	5.10	5.31
土耳其	1.63	1.53	1.91	2.02	2.58	3.86	4.82	8.79
泰国	0.41	0.42	0.56	1.09	1.91	2.03	2.59	3.16
也门	0.02	0.27	0.52	0.77	1.02	1.26	1.51	1.76
沙特	1.68	1.22	1.37	1.87	2.69	4.66	7.18	7.99
占比	4.76%	4.67%	6.25%	7.50%	9.27%	9.86%	11.37%	12.55%

二　"一带一路"沿线国家高等教育发展环境与水平分析

一国的高等教育发展环境将影响高等教育发展水平，而高等教育发展水平是影响国际学生选择留学目的地国的重要因素。本节对"一带一路"沿线国家高等教育的发展环境和发展水平做简要分析。

（一）"一带一路"沿线国家高等教育发展环境分析

人均 GDP 和人均 GDP 增长率是最重要的宏观经济指标，可分别衡量一个国家（地区）的经济发展水平和经济发展速度，而经济发展水平和经济发展速度对一国的高等教育发展将产生重要影响。"一带一路"沿线国家在 2002—2016 年的人均 GDP 总体上呈上升

趋势，只在 2008 年之后有小幅度下降，并在波动中保持相对平稳
（见图 3—3），主要是由于 2008 年国际金融危机，世界经济增长格
局变化的不确定性增强，与全球经济持续低速增长有关。"一带一
路"沿线发展中国家人均 GDP 的增长率一直高于沿线发达国家，
甚至在 2009 年，当发达国家人均 GDP 出现负增长时，发展中国家
仍保持正增长（见图 3—4）。但不可否认的是，尽管"一带一路"
沿线发展中国家的人均 GDP 增长率除 2015 年外一直高于发达国家，
但它们与"一带一路"沿线发达国家人均 GDP 的差距仍较大，2002
年"一带一路"沿线发达国家的人均 GDP 是发展中国家的 12 倍，
2016 年这一数值是 7 倍。从经济发展总体水平来看，"一带一路"沿
线发达国家的高等教育发展环境远优于发展中国家的高等教育发展
环境。

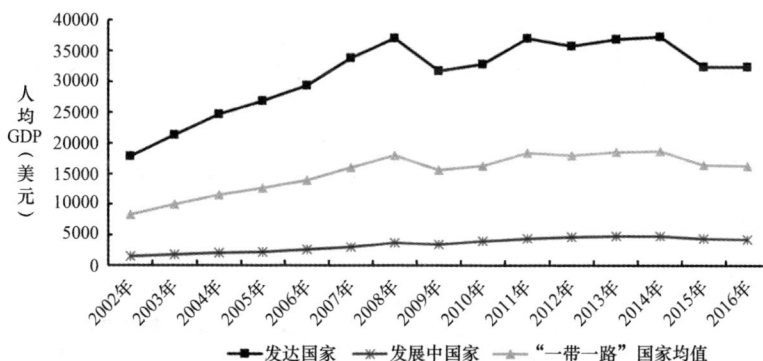

图 3—3　"一带一路"不同发展水平国家人均 GDP

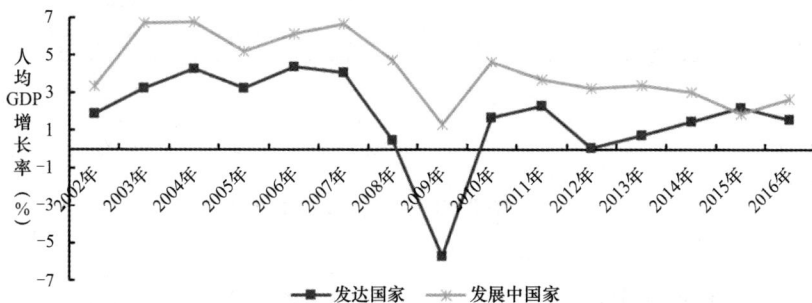

图 3—4　"一带一路"不同发展水平国家人均 GDP 增长率

一国的经济发展水平将影响一国的财政收入，而财政收入水平又将影响一国政府对高等教育的财政投入。从高等教育支出占 GDP 的比例来看，"一带一路"沿线发达国家政府高等教育财政支出占 GDP 的比例稳中有升，一直保持在1%以上，而发展中国家政府高等教育财政支出占 GDP 的比例一直保持在1%以下，与沿线发达国家的政府高等教育财政支出占 GDP 比例的差距大且呈差距不断扩大趋势（见图3—5）。

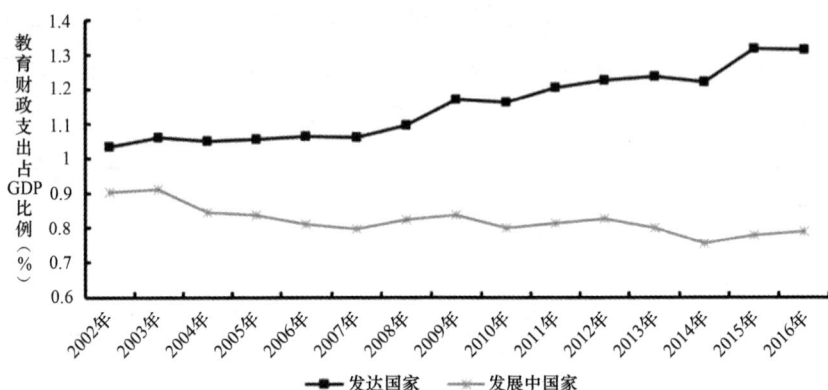

图3—5　"一带一路"不同发展水平国家高等教育
财政支出占 GDP 的比例

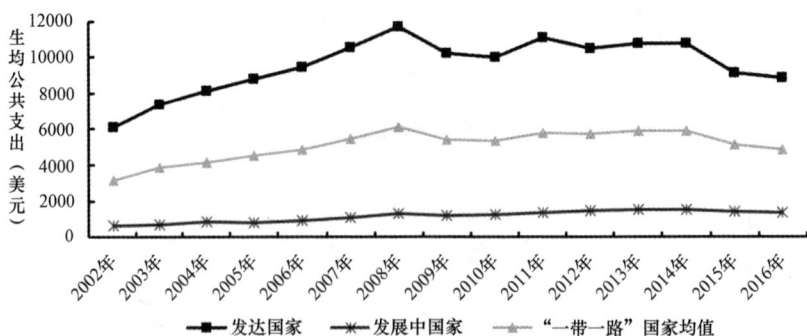

图3—6　"一带一路"沿线国家高等教育生均公共支出

从高等教育生均公共支出来看，"一带一路"沿线发达国家高等教育生均公共支出水平远高于发展中国家高等教育生均公共支出水平。"一带一路"沿线发达国家的高等教育生均公共支出在进入 21 世纪后迅猛增长，而在 2008 年后，波动幅度较大。相比之下，沿线发展中国家的高等教育生均公共支出呈缓慢增长的态势（见图 3—6）。

（二）"一带一路"沿线国家高等教育发展水平分析

高等教育的发展水平可以通过高等教育规模和高等教育质量来衡量，而高等教育毛入学率可以用来体现高等教育规模，高等教育生师比可以用来衡量高等教育质量。本小节选取高等教育毛入学率和高等教育生师比两个指标对"一带一路"沿线国家的高等教育发展水平进行分析。

高等教育毛入学率是指高等教育在学人数与 18—24 岁年龄段适龄人数之比。对"一带一路"沿线不同发展水平国家 2002—2016 年的高等教育发展规模进行分析发现，不论是发达国家还是发展中国家，其高等教育毛入学率均呈不断上升趋势（见图 3—7）。基于马丁·特罗高等教育三阶段发展理论的衡量标准①，"一带一路"沿线 95 个国家总体上仍处于高等教育大众化阶段，但是沿线发达国家在 2004 年的高等教育毛入学率就已经超过 50%，进入普

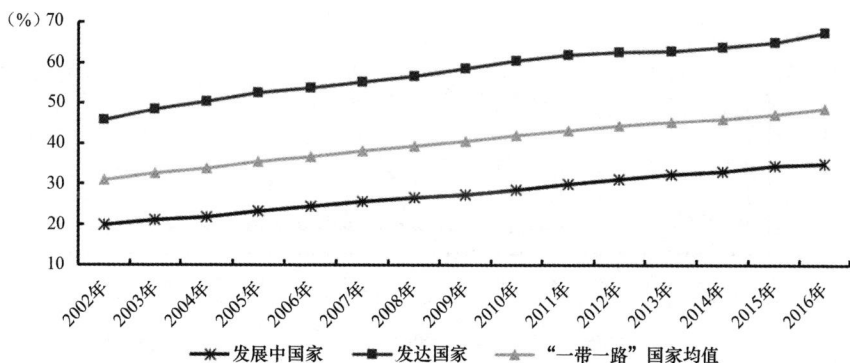

图 3—7 "一带一路"沿线不同发展水平国家高等教育毛入学率

---

① R. Novak, A. Slatinšek, G. Devetak, "Importance of Motivating Factors for International Mobility of Students: Empirical Findings on Selected Higher Education Institutions in Europe", *Organizacija*, Vol. 46, No. 46, 2013.

及化阶段,沿线发展中国家到 2016 年高等教育毛入学率的平均水平只有35.06%,仍处于大众化阶段。可见,"一带一路"沿线国家高等教育的发展水平差异明显。

高等教育生师比是指高等教育教学机构中学生人数与教师人数之比,反映了社会资源利用率与办学质量的一般关系。在高等教育资源一定的条件下,生师比越低,教学质量越有保障,因为一个教师的能力和精力是有限的,老师带的学生越少,意味着老师分摊给每个学生的精力越多,教育效果更明显。在高等教育大发展的今天,较低的生师比通常意味着较高的教育质量,因而全球重要的大学排行榜都将生师比作为衡量高等教育发展水平的关键性指标之一①。"一带一路"沿线国家的高等教育生师比一直保持18∶1的水平,其中,发展中国家的高等教育生师比明显高于发达国家,发达国家的高等教育生师比一直保持在 15∶1 的水平,发展中国家的高等教育生师比常年保持在 20∶1 的水平(见图3—8)。在"一带一路"沿线国家中,生师比最高的是叙利亚,2015 年达到 64.41∶1,最低国家是亚美尼亚,常年保持7∶1 的水平上下。可见,发展中国家高等教育的教师资源还比较缺乏,教育质量差异明显。

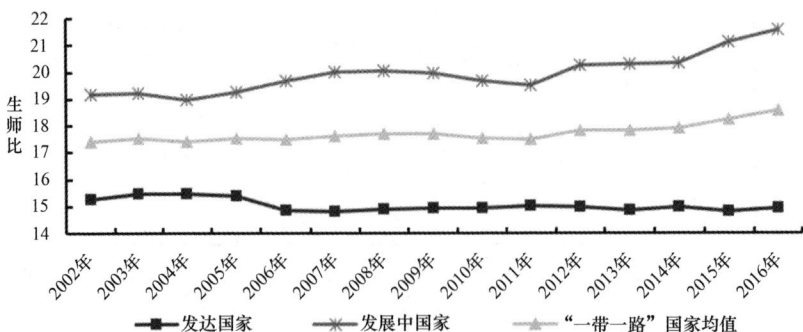

图3—8 "一带一路"沿线不同发展水平国家高等教育生师比

---

① 陈泽、胡弼成:《生师比:人才培养质量的重要指示器》,《大学教育科学》2013 年第3 期。

三 中国国际学生流动概况

在中国，国际学生分为两类，一类是中国输出到世界各国的国际学生，另一类是世界各国输入中国的国际学生，可称为来华国际学生。中国是世界最大的国际学生输出国，也是亚洲最大的留学目的地国。近年来，中国的国际学生流动呈现出显著的趋势和特点。

（一）中国国际学生数量持续攀升

一方面，随着中国经济社会的发展，越来越多有条件的中国学生选择到海外寻求更优质的高等教育资源。2002—2016 年，中国输出的国际学生从 2002 年的 23 万余人，占全球国际学生总量的 9.37%，持续增长到 2016 年的 86 万余人，占全球国际学生总量的 17.03%，输出的国际学生人数全球第一。另一方面，中国也吸引了许多国际学生来华留学，2006 年全球来华国际学生人数为 3.6 万余人，到 2016 年已接近 14 万人，占世界国际学生市场的份额从 1.25% 稳定增长到 2.70%（见图 3—9）。总体而言，无论是从中国输出到世界各国的学生人数还是世界各国输入中国的国际学生人数，都呈持续增长态势。

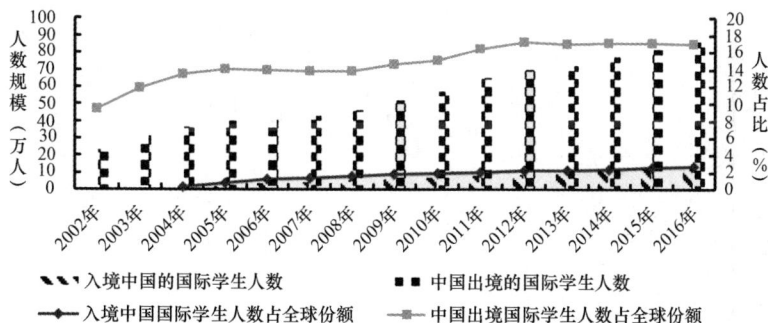

图3—9　中国国际学生人数及占全球比例

（二）中国国际学生流入流出失衡

从绝对数量来看，从中国输出的学生人数和输入中国的学生人数的差距正在逐渐扩大，中国国际学生的流出人数远远大于流入人数。2006 年中国输出的学生数量超过 40 万人，来华国际学生为3.64 万人，净流量为 -36 万人；到 2016 年，中国输出的国际学生超过 86 万人，来华国际学生为 13.75 万人，净流量为 -71 万人，留学赤字现象突出。从平衡流动指数来看，中国国际学生的平衡流动指数从 2006 年的 0.09 上升到 2016 年的 0.16（见图 3—10），虽然平衡流动指数正在缓慢增长，中国国际学生的流动逐渐向平衡状态趋近。但不可否认的是，中国国际学生的输出数量与来华国际学生输入数量之间的不平衡现象还非常显著。随着中国"一带一路"倡议影响的扩大，将会有更多学生走出国门，而来华国际学生人数也将快速增加。例如，2005 年来华国际学生人数较 2004 年增长了118.73%，虽然这一增长速度在后期下降明显，但基本保持 10% 以上的增长速度。相反，中国出境的国际学生人数增速相对较缓，2006 年增速最慢，仅比上一年度增长了 1.69%（见图 3—11）。中国国际学生的流动将从国际学生输出为主的单一模式，慢慢向国际学生输出与吸纳国际学生并重的模式转变。

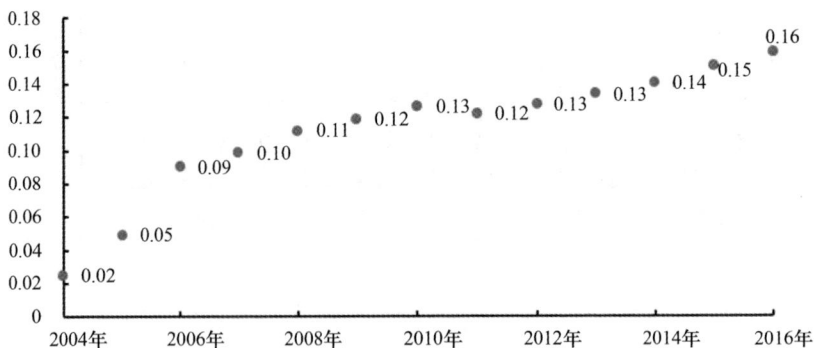

图 3—10 中国国际学生的平衡流动指数

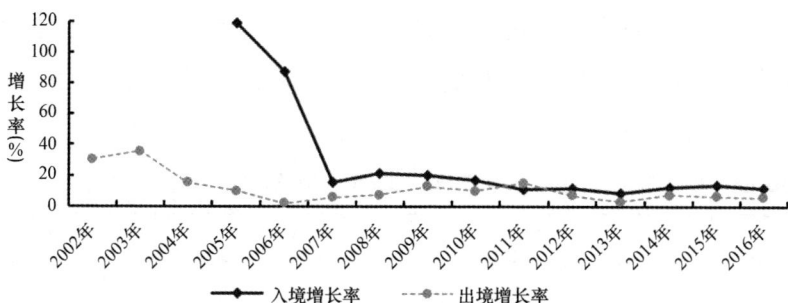

图3—11 中国出境国际学生和来华国际学生增长率

（三）中国学生留学目的地国以欧美国家为主

中国学生的留学目的地国以欧美发达国家为主，近八成的国际学生赴英语国家学习①。2016 年，美国、澳大利亚、英国、加拿大、德国和法国六个国家在中国留学生市场中占据绝对优势，共吸引了 71.52% 的中国国际学生。美国占比最大，吸纳了 30 万名中国学生；澳大利亚次之，招收了 11 万名中国学生，所占份额为 12.97%。随着中国与"一带一路"沿线国家政治、经济、教育、文化等交流的增多，中国前往"一带一路"沿线国家的国际学生人数也将逐渐增加。

（四）来华国际学生主要来源于地缘邻近国家

由于邻近的地缘关系和相似的文化传统，周边国家的国际学生构成了来华国际学生中的主力军。由于联合国教科文组织统计数据库中从世界各国入境到中国的国际学生数据缺失，此处使用中国教育部国际合作与交流司公布的来华留学生权威官方数据，统计口径与联合国教科文组织略有差异。以 2016 年各国来华国际学生中的学历生为例，以下 21 个邻近国家来华国际学生人数占全球来华国际学生总人数的比例已超过一半，达到 65.97%，其中来华国际学

① 李强、孙亚梅：《对于中国大学生出国留学四个趋势的认识与思考》，《北京行政学院学报》2018 年第 5 期。

生人数超过一万人的国家有 4 个，分别是韩国、巴基斯坦、印度和泰国（见表 3—3），表明来华国际学生主要来源于地邻近国家，也反映出中国对欧美等发达国家的国际学生还缺乏吸引力。

表 3—3 　　　　　　　主要国家来华国际学生人数及占比

来源国	人数/万人	占比/%	来源国	人数/万人	占比/%	来源国	人数/万人	占比/%
韩国	2.36	11.24	越南	0.66	3.16	日本	0.29	1.39
巴基斯坦	1.69	8.04	蒙古国	0.64	3.06	缅甸	0.22	1.03
印度	1.68	8.00	老挝	0.58	2.74	吉尔吉斯斯坦	0.17	0.82
泰国	1.09	5.20	孟加拉国	0.42	1.99	乌兹别克斯坦	0.17	0.79
哈萨克斯坦	0.80	3.80	马来西亚	0.41	1.94	新加坡	0.16	0.75
俄罗斯	0.73	3.46	尼泊尔	0.40	1.92	土库曼斯坦	0.14	0.68
印度尼西亚	0.72	3.45	尼日利亚	0.39	1.84	柬埔寨	0.14	0.67

第二节 "一带一路"沿线国家国际学生流动的影响因素

从"推拉理论"和有关国际学生流动影响因素的研究来看，影响国际学生流动的因素多种多样，但都涉及来源国和目的地国的经济因素和教育因素，只是这两种因素的影响程度有所不同。基于此，本节重点探讨经济和教育两方面的相关因素对不同发展水平国家国际学生流动的影响，并适当考虑其他宏观因素的影响。在研读魏浩等学者的相关研究之后，本书参考借鉴其指标的选择以及研究视角来探讨分析"一带一路"沿线国家的国际学生流动影响因素。

一　变量选择

（一）经济因素变量

经济因素是影响国际学生选择留学目的地国的最重要因素之

一，本书从一国与世界的经济联系紧密程度和一国的经济发展水平两个维度来进行分析。

第一，经济联系紧密程度。一般来说，一国与世界各国的经济联系越紧密，国际学生了解到世界其他国家的信息也就越多，可以用"一国与世界的商品贸易额"来反映。"一国与世界的商品贸易额"即一国的商品出口额与商品进口额之和。两个国家之间的经济联系紧密程度可以用"两国之间的商品贸易额"来反映，即一国进口商品额与出口商品额之和。

第二，经济发展水平。国际上通常采用"人均GDP"指标来衡量一个国家或地区的经济发展水平，本书遵循这一国际使用惯例，并使用"两国之间人均GDP的比率"这一指标来衡量两国之间的经济发展差距，"两国之间人均GDP的比率"是目的地国人均GDP与来源国人均GDP之比。

（二）教育因素变量

目的地国高等教育所具有的优势是国际学生前往该国留学的重要拉力。这些优势可以用政府对高等教育的投入、高等教育规模和高等教育质量来反映。

第一，政府对高等教育的投入。一国政府对高等教育投入的多少可以在一定程度上反映出政府对本国高等教育的重视程度。政府对高等教育的投入越多，表明该国政府越重视本国高等教育的发展。同时，根据投入产出理论，政府对高等教育的投入越高，产出越多，回报也越多，本国高等教育的发展环境、科研条件等也会更优，高等教育发展水平也会更高，教育质量就越能得到保证。本书选取"政府高等教育支出占GDP的比例"这一指标来反映政府对高等教育的支持和重视程度。

第二，高等教育规模。高等教育规模可以反映一国的高等教育发展水平。高等教育发展水平越高，对国际学生的吸引力可能越大。而"高等教育毛入学率"可以很好地反映一国的高等教育发展规模和发展水平。

第三，高等教育质量。国际学生选择出国留学主要是为了寻求更加优质的教育资源。在高等教育机构中，教师作为与学生密切交往的主体之一，对人才培养起着相当大的作用，学生数量与教师数量之比可以看作人才培养质量的一个重要指示器。本书选取"高等教育生师比"这一指标来反映一国的高等教育质量。高等教育机构中的教师资源越丰富，该国的教育质量则相对较高；而一国的教师资源越缺乏，则该国的教育质量和教育水平有待考量。

（三）社会和文化因素变量

第一，相关费用支出。一般来说，在其他条件相同的情况下，在留学目的地国的教育费用、生活费用和住宿费用等支出增高，国际学生选择该国作为留学目的地国的意愿会减少，从而影响入境到该国的国际学生数量。由于国际学生在目的地国的相关费用支出不容易量化和获得，而"购买力平价"这一指标可以在一定程度上反映不同国家商品的价格比率，因此选择它来反映留学目的地国的相关费用支出。

第二，就业机会。留学目的地国就业机会的多少可以在一定程度上影响国际学生的选择。该国对人才的需求量越大，其政府就越有可能制定相关的就业政策来留住国际学生在本国就业。就业机会的多少也难以量化，因此选取"人均 GDP 的增长率"这一指标来反映就业机会和对人才的需求程度。

第三，学生获得的留学信息量。如果学生获得相应的留学信息更容易，那么就可以更加方便地了解国外高等教育机构和相应的留学信息，从而在某种程度上促进该国学生到国外去留学。没有现成的指标来反映这一影响因素，因此选取"来源国的专利数量"这一指标来反映来源国的信息发展程度。

第四，文化背景和流动成本。国际学生在选择留学目的地国时，如果两国之间有相似的社会文化背景、语言背景或历史联系，则可减少学生在他国学习的跨文化适应成本，国际学生就更有可能选择到该国留学。相反，两国之间的地理距离越远，学生对该国的了解程度可能就越低，生活习惯和文化背景等差距可能越大，国际学生选择前往该国的可能性就越小。此外，两国之间的地理距离越近，还可以减少国际学生交通方面的流动成本。因此选取"两国之间的地理距离"来反映文化背景和流动成本。由于近年来区域间的流动性显著增强，"两国之间的地理距离"更能体现区域内的国际学生流动现象。需要特别说明的是，"两国之间的地理距离"为两国首都之间的直线距离，单位为千米。数据来源于谷歌世界经纬度查询系统。

二 模型设定

面板数据（Panel Data）是截面数据和时间序列数据的结合。面板数据建立的模型通常有三种：混合回归模型、随机效应回归模型、固定效应回归模型。本书使用 EVIEWS9.0 统计分析软件。首先，由于混合回归模型与一般的回归分析模型并无不同，其估计方法较为简单，在估计结果上遗漏了众多个体的异质性信息，因此不采用混合回归模型。其次，样本数据中含有距离固定值，因此不采用固定效应回归模型而采用随机效应回归模型。对各解释变量和被解释变量进行单位根检验，发现只有发展中国家的"购买力平价"这一原始变量存在不平稳性，对其进行一阶差分之后，该变量趋于平稳。考虑到各影响因素之间可能存在相关性而影响回归分析结果，进行实证分析时首先选取最基本的经济因素进入回归方程，继而增加教育因素，接着在经济因素和教育因素的基础上，再分别加入社会文化因素进入回归方程并得出相应的结果，最后将所有的解释变量进入回归方程得出最终结果。

本书构建的"一带一路"沿线国家经济、教育和社会文化对国际学生流动影响因素的计量回归方程是：$Y_{it} = C + C_1 X_{1it} + C_2 X_{2it} + C_3 X_{3it} + C_4 X_{4it} + C_5 X_{5it} + C_6 X_{6it} + C_7 X_{7it} + \varepsilon$。其中 Y 表示一国所吸引的全球国际学生人数，X_1 表示一国与世界的商品贸易额，X_2 表示人均 GDP，单位为美元，X_3 表示目的地国政府高等教育支出占 GDP 的比例，X_4 表示目的地国高等教育生师比，X_5 表示目的地国高等教育毛入学率，X_6 表示目的地国购买力平价，X_7 表示目的地国人均 GDP 的增长率，其中 Y、X_1、X_2 取对数值。

在对不同发展水平国家国际学生选择留学目的地国影响因素进行回归分析时，构建的计量回归方程是：$Y_{it} = C + C_1 X_{1it} + C_2 X_{2it} + C_3 X_{3it} + C_4 X_{4it} + C_5 X_{5it} + C_6 X_{6it} + C_7 X_{7it} + C_8 X_{8it} + \varepsilon$。$Y$ 表示一国所吸收的某一国国际学生的数量，X_1 表示两国之间的商品贸易额，X_2 表示两国人均 GDP 的比率，X_3 表示目的地国政府高等教育支出占 GDP 的比例，X_4 表示目的地国高等教育生师比，X_5 表示目的地国高等教育毛入学率，X_6 表示目的地国购买力平价，X_7 表示来源国的专利数量，X_8 表示两国之间的地理距离，其中 Y、X_1、X_7、X_8 取对数值。考虑到各项数据的完整性以及目的地国招收来源国生源数量较少等问题，分别选取吸引国际学生最多的"一带一路"沿线前 12 个发达国家和 12 个发展中国家作为样本目的地国家进行探讨分析，样本仍然具有一定的代表性。对于每一个目的地国都分别确定了 12 个不同的来源国，这 12 个主要来源国国际学生的数量构成了该目的地国家主要的国际学生。因此，在对不同发展水平国家进行分析时，因变量和自变量指标的选取与"一带一路"沿线国家的总体样本分析选择不完全一样。所选取的自变量指标不仅包含目的地国的相关因素，还包含所对应的来源国的相关因素，以反映两国之间的差距。

三　实证分析

本书主要从五个视角探究"一带一路"沿线国家国际学生流动的影响因素，分别是"一带一路"沿线国家吸引国际学生的影响因素的总体分析、发达国家的国际学生流向发达国家、发展中国家的国际学生流向发达国家、发达国家的国际学生流向发展中国家以及发展中国家的国际学生流向发展中国家的影响因素的分析。

（一）"一带一路"沿线国家国际学生流动的影响因素分析

本部分主要探讨"一带一路"沿线国家吸引国际学生到本国留学的主要影响因素，具体回归结果如表3—4所示。在只考虑经济因素的情况下，一国与世界的经济联系紧密程度和本国的经济发展水平均对招收国际学生有积极影响。"一国与世界的商品贸易额"每增加一个自然对数单位，该国吸引国际学生的数量则增加0.792个对数单位的百分点；"人均GDP"的影响虽然不显著，但从系数符号可以看出其每增加一个对数单位，该国入境的国际学生人数则增加0.017个对数单位的百分点。从加入所有变量后的回归结果来看，一国与世界的经济联系紧密程度和经济发展水平均有利于增强本国高等教育在国际学生市场上的竞争力。

表3—4   "一带一路"沿线国家吸引国际学生的影响因素

	模型一	模型二	模型三	模型四	模型五
C	−11.336	−7.4703	−7.608	−7.570	−7.713
一国与世界的商品贸易额	0.792 ***	0.666 ***	0.671 ***	0.682 ***	0.690 ***
人均GDP	0.017	0.149	0.144	0.177 *	0.180 *
政府高等教育支出占GDP的比例	—	0.150	0.168 *	0.138	0.155
高等教育生师比	—	−0.025 ***	−0.024 ***	−0.024 ***	−0.024 ***
高等教育毛入学率	—	0.021 ***	0.020 ***	0.021 ***	0.019 ***
购买力平价	—	—	0.0001 *	—	0.0001 **
人均GDP的增长率	—	—	—	−0.007	−0.008 *
调整后的 R2	0.345	0.447	0.452	0.448	0.453

注："＊＊＊""＊＊""＊"分别表示在0.1%、1%和5%水平上显著。

加入教育因素后，除模型三，"政府高等教育支出占GDP的比例"对本国吸引国际学生均未产生显著影响。"高等教育毛入学率"对本国吸引国际学生产生积极且显著的影响，且均在0.1%的水平上显著。一国的高等教育毛入学率越高，在一定程度上可以说明该国的高等教育越成熟，教育质量更高。"高等教育生师比"与入境国际学生人数呈显著负相关关系，说明"一带一路"沿线国家高等教育教师资源越丰富的国家，其入境的国际学生人数越多。

分别引入目的地国的"购买力平价"和"人均GDP的增长率"两个变量后，目的地国的"购买力平价"对一国吸引国际学生的数量呈显著且积极的影响关系，而"人均GDP的增长率"则呈负向影响关系。这可能是因为"一带一路"沿线国家中发展中国家占绝大多数，并且根据前文的分析，"一带一路"沿线国家间的国际学生流动以发展中国家流向发达国家为主，即便发达国家的相关费用水平较高，也有很多国际学生流向这些国家。发展中国家近些年来经济发展迅速，"人均GDP的增长率"高，但是相对于发达国家来说，其吸引的国际学生数量还较少。

（二）"一带一路"发达国家间国际学生流动的影响因素分析

"一带一路"沿线发达国家中，接收国际学生最多的12个发达国家分别是欧洲的英国、法国、德国、俄罗斯、意大利、荷兰、奥地利、比利时和西班牙以及亚洲的阿拉伯联合酋长国、沙特阿拉伯和韩国，再分别选取这12个国家所对应的国际学生人数最多的前12个发达国家来源国（见表3—5）。这12个发达国家主要招收的是来自欧洲国家的国际学生，少部分是来自西亚地区沙特阿拉伯、以色列、科威特和卡塔尔的国际学生。"一带一路"沿线发达国家中接收国际学生人数最多的是英国，输入英国的国际学生人数最多的是德国，以2016年为例，德国前往英国的国际学生人数超过1.3万人，是排名十二位的波兰输入英国国际学生人数的2.6倍。

表3—5 "一带一路"沿线发达国家及其对应的发达国家来源国

目的地国	第1位	第2位	第3位	第4位	第5位	第6位	第7位	第8位	第9位	第10位	第11位	第12位
英国	德国	法国	爱尔兰	意大利	希腊	塞浦路斯	沙特	新加坡	西班牙	罗马尼亚	挪威	波兰
法国	意大利	德国	西班牙	俄罗斯	罗马尼亚	比利时	希腊	韩国	英国	波兰	卢森堡	瑞士
德国	俄罗斯	奥地利	法国	意大利	波兰	西班牙	韩国	卢森堡	希腊	瑞士	罗马尼亚	英国
俄罗斯	拉脱维亚	爱沙尼亚	韩国	立陶宛	以色列	西班牙	罗马尼亚	意大利	法国	西班牙	波兰	捷克
意大利	罗马尼亚	希腊	俄罗斯	德国	波兰	以色列	法国	克罗地亚	西班牙	瑞士	韩国	英国
荷兰	德国	比利时	意大利	希腊	英国	西班牙	罗马尼亚	法国	波兰	立陶宛	俄罗斯	匈牙利
阿联酋	沙特	科威特	英国	巴林	俄罗斯	卡塔尔	法国	德国	爱尔兰	韩国	西班牙	意大利
沙特	科威特	巴林	俄罗斯	法国	英国	卡塔尔	荷兰	阿联酋	德国	比利时	新加坡	瑞士
奥地利	德国	意大利	匈牙利	罗马尼亚	俄罗斯	斯洛伐克	克罗地亚	卢森堡	波兰	瑞士	英国	斯洛文尼亚
比利时	法国	荷兰	卢森堡	意大利	德国	西班牙	罗马尼亚	希腊	英国	波兰	俄罗斯	瑞士
西班牙	意大利	法国	德国	智利	阿根廷	罗马尼亚	英国	俄罗斯	波兰	比利时	瑞士	荷兰
韩国	沙特	俄罗斯	法国	德国	英国	新加坡	波兰	罗马尼亚	阿联酋	西班牙	荷兰	芬兰

发达国家的国际学生在选择发达国家作为留学目的地国时，经济因素中"两国之间的商品贸易额"和"两国之间人均 GDP 的比率"是显著且积极的影响因素。"两国之间的商品贸易额"在所有模型中均在 0.1% 的水平上显著为正，影响系数在所有模型中最高可达 0.924；而"两国之间人均 GDP 的比率"在模型一和模型三中在 5% 水平上呈显著正相关，在其他模型中均在 1% 水平上呈显著正相关（见表 3—6）。可以看出，经济因素对发达国家间国际学生流动的影响大。两国之间的经贸往来越多，越有利于吸引该国的国际学生到本国留学。同时，从"两国之间人均 GDP 的比率"变量的系数符号为正可以发现，发达国家的国际学生更加倾向于前往较本国经济更加发达的国家留学。

表 3—6   "一带一路"沿线发达国家国际学生流向发达国家影响因素

	模型一	模型二	模型三	模型四	模型五	模型六
C	−15.385	−9.923	−9.011	−10.204	−6.639	−8.685
两国之间的商品贸易额	0.924***	0.584***	0.548***	0.620***	0.549***	0.568***
两国之间人均 GDP 的比率	0.061*	0.071**	0.066*	0.076**	0.068**	0.069**
目的地国政府高等教育支出占 GDP 的比例	—	1.823***	1.743***	1.819***	1.716***	1.725***
目的地国高等教育生师比	—	−0.009	−0.012	−0.008	−0.010	−0.012
目的地国高等教育毛入学率	—	0.009**	0.013***	0.009**	0.011**	0.013***
目的地国购买力平价	—	—	−0.002***	—	—	−0.002***
来源国专利数量	—	—	—	−0.071	—	−0.049
两国之间的地理距离	—	—	—	—	−0.346**	−0.058
调整后的 R2	0.142	0.181	0.189	0.182	0.184	0.189

注："***""**""*"分别表示在 0.1%、1% 和 5% 水平上显著。

模型二在经济因素的基础上加入了教育因素，发现发达国家"政府高等教育支出占 GDP 的比例"每增加 1 个百分点，其吸引的发达国家国际学生人数就增加 1.823 个对数单位的百分点，增长弹性大于 1，可见发达国家政府高等教育支出占 GDP 的比例或者说政府对高等教育的支持重视程度相对于其他因素而言，对发达国家国际学生的吸引力更强。发达国家的"高等教育毛入学率"每增加 1 个百分点，发达国家的国际学生人数就增加 0.009 个对数单位的百分点。相反，发达国家的"高等教育生师比"对其吸引发达国家国际学生没有显著影响，但从其系数符号为负可以判断，发达国家的"高等教育生师比"每增加 1 个百分点，其吸引的发达国家的国际学生人数就相应地减少 0.009 个对数单位的百分点。此外，加入社会因素后，发达国家"政府高等教育支出占 GDP 的比例"和"高等教育毛入学率"依然对其入境国际学生人数呈正向的显著影响，"高等教育生师比"依然对入境国际学生人数呈负向影响（见表3—6）。

模型三加入了"目的地国购买力平价"这一解释变量，其在 1% 水平上显著为负，表明发达国家国际学生在选择发达国家作为留学目的地国时，对相关费用的考虑比较多。在模型四中，加入了"来源国专利数量"这一解释变量，其对入境学生人数影响不显著，但是从其符号系数可以看出，来源国专利数量越多，该国前往发达国家国际留学生人数越少，来源国的专利数量每增加 1 个对数单位的百分点，前往发达国家留学生数量就减少 0.071 个对数单位的百分点。这可能是因为一国的专利数量越多，可以从侧面反映该国的科技发展水平越高，那么学生更愿意留在本国求学，因而呈负相关。在模型五中，加入解释变量"两国之间的地理距离"，在 1% 水平上呈显著负相关，即两个发达国家之间的地理距离越远，那么流动的国际学生人数越少，两国之间的地理距离每增加 1 个对数单位，国际学生人数则减少 0.346 个对数单位百分点（见表3—6）。

（三）"一带一路"沿线发展中国家国际学生流向发达国家的影响因素分析

"一带一路"沿线发达国家中，接收国际学生最多的 12 个发达国家分别是欧洲的英国、法国、德国、俄罗斯、意大利、荷兰、奥地利、比利时和西班牙以及亚洲的阿拉伯联合酋长国、沙特阿拉伯和韩国，分别选取这 12 个国家所对应的国际学生人数最多的前 12 个发展中国家来源国（见表 3—7）。发达国家招收的发展中国家的国际学生主要来自亚洲，包含东亚的中国，南亚的印度、印度尼西亚，东南亚的越南、孟加拉国和泰国等。2016 年，"一带一路"沿线发达国家中接收国际学生人数最多的是英国，输入英国国际学生人数最多的发展中国家是中国，中国到英国求学的国际学生达到 9 万余人，是第十二大输入国伊拉克输入英国国际学生人数的 35 倍。排第 12 位的韩国招收的中国国际学生也达到 3.4 万余人，可以说中国是诸多发达国家国际学生的主要生源国。

发展中国家的国际学生在选择发达国家作为留学目的地国时，非常看重发达国家与本国的经济贸易联系。但在所有的模型中，"两国之间人均 GDP 的比率"与发达国家吸引发展中国家的国际学生数量存在反向变动关系，发达国家的人均 GDP 与发展中国家人均 GDP 之比每增加 1 个百分点，入境到发达国家的国际学生人数就相应地减少 0.018 个对数单位的百分点（见表 3—8）。可见，发展中国家的国际学生在选择发达国家作为留学目的地国时，更倾向于选择经济发展水平不是太高的发达国家。

在所有模型中，"目的地国政府高等教育支出占 GDP 的比例"对其入境国际学生人数影响虽不显著但仍然为同向变动关系。"目的地国高等教育生师比"对发展中国家国际学生流向发达国家的影响均在 0.1% 水平上显著为负，目的地国高等教育生师比每增加 1 个百分点，来自发展中国家的国际学生流向发达国家的数量就减少 0.079 个对数单位百分点。目的地国的高等教育规模也在 0.1%

表3—7 "一带一路"沿线发达国家及其对应的发展中国家来源国

目的地国	第1位	第2位	第3位	第4位	第5位	第6位	第7位	第8位	第9位	第10位	第11位	第12位
英国	中国	印度	尼日利亚	马来西亚	保加利亚	泰国	巴基斯坦	越南	孟加拉国	土耳其	印度尼西亚	伊拉克
法国	中国	突尼斯	越南	黎巴嫩	印度	土耳其	埃及	伊朗	保加利亚	叙利亚	毛里求斯	乌克兰
德国	中国	印度	保加利亚	乌克兰	土耳其	伊朗	突尼斯	巴基斯坦	孟加拉国	印度尼西亚	叙利亚	格鲁吉亚
俄罗斯	哈萨克斯坦	乌克兰	白俄罗斯	土库曼斯坦	乌兹别克斯坦	阿塞拜疆	塔吉克斯坦	中国	摩尔多瓦	亚美尼亚	吉尔吉斯斯坦	印度
意大利	中国	阿尔巴尼亚	伊朗	摩尔多瓦	摩尔多瓦	印度	土耳其	巴基斯坦	保加利亚	塞尔维亚	突尼斯	埃及
荷兰	中国	保加利亚	印度	印度尼西亚	伊朗	土耳其	乌克兰	越南	尼日利亚	巴基斯坦	泰国	南非
阿联酋	印度	叙利亚	阿曼	约旦	埃及	巴基斯坦	巴勒斯坦	伊拉克	也门	伊朗	尼日利亚	黎巴嫩
沙特	也门	叙利亚	埃及	巴勒斯坦	巴基斯坦	约旦	尼日利亚	印度	印度尼西亚	阿富汗	黎巴嫩	中国
奥地利	土耳其	波黑	塞尔维亚	保加利亚	伊朗	乌克兰	中国	印度	阿尔巴尼亚	埃及	马其顿	格鲁吉亚
比利时	中国	印度	伊朗	越南	土耳其	突尼斯	保加利亚	黎巴嫩	埃塞俄比亚	乌克兰	埃及	南非
西班牙	中国	印度	乌克兰	保加利亚	巴拿马	土耳其	伊朗	埃及	黎巴嫩	巴基斯坦	菲律宾	塞尔维亚
韩国	中国	越南	蒙古	印度尼西亚	巴基斯坦	印度	乌兹别克斯坦	马来西亚	尼泊尔	孟加拉国	菲律宾	哈萨克斯坦

的水平上呈显著积极的影响，发达国家高等教育毛入学率每增加1个单位的百分点，其来自发展中国家的国际学生人数就增加约0.22对数单位的百分点（见表3—8）。

表3—8　　"一带一路"沿线发展中国家国际学生流向发达国家的影响因素

	模型一	模型二	模型三	模型四	模型五	模型六
C	−7.207	−6.539	−6.563	−6.483	−3.131	−2.744
两国之间的商品贸易额	0.660***	0.585***	0.587***	0.559***	0.609***	0.584***
两国之间人均GDP的比率	−0.018***	−0.010***	−0.010***	−0.009***	−0.009***	−0.008***
目的地国政府高等教育支出占GDP的比例	—	0.272	0.261	0.279	0.299	0.293
目的地国高等教育生师比	—	−0.079***	−0.079***	−0.078***	−0.075***	−0.074***
目的地国高等教育毛入学率	—	0.022***	0.022***	0.022***	0.021***	0.021***
目的地国购买力平价	—	—	0.0003	—	—	0.0003
来源国专利数量	—	—	—	0.070*	—	0.077*
两国之间的地理距离	—	—	—	—	−0.488**	−0.536**
调整后的R2	0.214	0.269	0.269	0.267	0.271	0.270

注："***""**""*"分别表示在0.1%、1%和5%水平上显著。

加入"目的地国购买力平价"解释变量之后，发现发达国家的相关费用水平对发展中国家国际学生选择留学目的地国具有积极正向的影响，这与95国总体样本的回归结果一致，只是发达国家购买力平价对发展中国家国际学生的选择影响不显著，影响力有限。模型四加入"来源国专利数量"这一解释变量后，发现来源国的专利数量越多，到发达国家留学的人数越多。因为发展中国家的专利越多，表明该国信息化程度越高，国际学生获得留学信息也更加容易，能有效促进该国学生赴境外发达国家求学。模型五加入"两国之间的地理距离"变量后，结果显示在1%水平上显著负相关，即"两国之间的地理"越远，国际学生的流动性越差，表明发展中国家和发达国家的国际学生一样，都倾向于选择前往离本国较近的发达国家留学（见表3—8）。

（四）"一带一路"沿线发达国家国际学生流向发展中国家的影响因素分析

"一带一路"沿线发展中国家中，接收国际学生最多的12个发展中国家分别是亚洲的马来西亚、土耳其、印度、约旦、泰国、伊朗、哈萨克斯坦，欧洲的乌克兰、白俄罗斯、保加利亚，以及非洲的埃及和南非，再分别选取这12个国家所对应的国际学生人数最多的前12个发达国家来源国（见表3—9）。这12个国际学生接收国主要接收的是来自欧洲各国的国际学生，还有一部分是来自亚洲的韩国、文莱和新加坡的国际学生。2016年，在"一带一路"沿线发展中国家中，接收国际学生人数最多的是中国，共接收国际学生13.76万余人。联合国教科文组织的统计数据中各国输入到中国的国际学生人数缺失严重，中国教育部国际合作与交流司公布的来华留学人数与联合国教科文组织的统计口径不一致，因此在回归模型中不考虑输入到中国的国际学生。接收国际学生人数次之的是马来西亚，入境国际学生为12.41万余人，发达国家向马来西亚输入的国际学生人数总量较少，输入人数最多的发达国家是韩国，其赴马来西亚的国际学生人数仅1107人。

发达国家的国际学生在选择发展中国家作为留学目的地国时，在所有模型的经济因素中，"两国之间的商品贸易额"是显著积极影响因素，在0.1%的水平上显著。而"两国之间人均GDP的比率"除了在只考虑经济因素的情况下在1%水平上显著外，在加入其他变量后均无显著影响。但从其系数符号可以看出，发展中国家人均GDP越高，对发达国家的国际学生吸引力越大（见表3—10）。

表3—9 "一带一路"沿线发展中国家及其对应的发达国家来源国

目的地国	第1位	第2位	第3位	第4位	第5位	第6位	第7位	第8位	第9位	第10位	第11位	第12位
马来西亚	韩国	沙特	新加坡	文莱	巴林	英国	科威特	德国	俄罗斯	阿联酋	法国	荷兰
土耳其	希腊	俄罗斯	德国	韩国	沙特	黑山	法国	英国	罗马尼亚	荷兰	意大利	奥地利
乌克兰	俄罗斯	以色列	波兰	德国	科威特	立陶宛	英国	韩国	阿根廷	希腊	巴林	芬兰
埃及	科威特	新加坡	俄罗斯	文莱	沙特	巴林	英国	法国	卡塔尔	德国	西班牙	荷兰
南非	德国	英国	法国	荷兰	韩国	挪威	比利时	意大利	瑞士	爱尔兰	奥地利	西班牙
印度	阿联酋	沙特	科威特	卡塔尔	巴林	韩国	新加坡	法国	英国	俄罗斯	德国	意大利
约旦	科威特	沙特	巴林	卡塔尔	新加坡	阿联酋	俄罗斯	英国	德国	西班牙	文莱	法国
泰国	韩国	德国	俄罗斯	法国	芬兰	荷兰	英国	新加坡	瑞士	意大利	挪威	沙特
白俄罗斯	俄罗斯	立陶宛	以色列	拉脱维亚	爱沙尼亚	德国	波兰	法国	意大利	希腊	挪威	韩国
保加利亚	希腊	德国	英国	塞浦路斯	俄罗斯	意大利	以色列	西班牙	法国	挪威	爱尔兰	波兰
伊朗	巴林	英国	法国	韩国	沙特	科威特	德国	俄罗斯	阿联酋	卡塔尔	冰岛	新加坡
哈萨克斯坦	俄罗斯	韩国	德国	以色列	罗马尼亚	智利	法国	希腊	匈牙利	意大利	阿联酋	英国

表3—10　　　"一带一路"沿线发达国家国际学生流向发展中国家影响因素

	模型一	模型二	模型三	模型四	模型五	模型六
C	−4. 123	−2. 867	−2. 532	−2. 908	−3. 500	−4. 315
两国之间的商品贸易额	0. 343＊＊＊	0. 284＊＊＊	0. 268＊＊＊	0. 298＊＊＊	0. 291＊＊＊	0. 304＊＊＊
两国之间人均GDP的比率	0. 909＊＊	0. 283	0. 258	0. 166	0. 302	0. 187
目的地国政府高等教育支出占GDP的比例	—	−0. 792＊＊＊	−0. 797＊＊＊	−0. 676＊＊＊	−0. 787＊＊＊	−0. 673＊＊＊
目的地国高等教育生师比	—	−0. 053＊＊＊	−0. 059＊＊＊	−0. 053＊＊＊	−0. 050＊＊＊	−0. 055＊＊＊
目的地国高等教育毛入学率	—	0. 037＊＊＊	0. 040＊＊＊	0. 037＊＊＊	0. 036＊＊＊	0. 038＊＊＊
目的地国购买力平价	—	—	0. 0005＊＊＊	—	—	−0. 0004＊＊
来源国专利数量	—	—	—	−0. 048	—	−0. 074
两国之间的地理距离	—	—	—	—	0. 059	0. 184
调整后的 R2	0. 048	0. 217	0. 217	0. 208	0. 211	0. 202

注："＊＊＊""＊＊""＊"分别表示在0.1%、1%和5%水平上显著。

模型二加入教育因素变量之后，两国之间的经贸联系仍然对其产生显著影响。"目的地国的政府高等教育支出占 GDP 的比例"对入境国际学生人数在0.1%水平上显著为负，目的地国"政府高等教育的支出占 GDP 的比例"每增加1个百分点，其来自发达国家的国际学生数量减少0.792个对数单位的百分点。这与常理相反，可能是一些发展中国家的政府对高等教育的投入占 GDP 的比例虽然较高，但是其吸引的国际学生却较少造成的，比如乌克兰政府对高等教育的投入占 GDP 的比例常年保持在1.5%以上，2008—2013年该比例甚至超过2%，这个比例已经超过绝大部分发达国家政府的投入水平，但是由于乌克兰国内政局动荡，其对发达国家的国际学生吸引力依然不足，仅俄罗斯等邻近的少数几个国家向其输出国际学生。约旦政府对高等教育的投入占 GDP 的比例较低，常年保持在 0.8% 水平上，但相对周边国家来说，约旦政治经济和文化生活等方面稳定，人民生活较为富裕，加之旅游业等的快速发展，故能招收较多来自科威特、沙特阿拉伯等国的国际学生。发展中国家的"高等教育毛入学率"与来自发达国家国际学生数量呈同向变动关系，"高等教育生师比"与其吸引的发达国家的国际学生人数呈反向变动关系，这表明发达国家的国际学生更倾向于选择前往高等教育规模更大和质量更高的发展中国家留学（见表 3—10）。

在只考虑经济因素和教育因素的情况下，发展中国家"购买力平价"的一阶差分变化量与其吸引的发达国家的国际学生人数呈显著正相关。引入"来源国的专利数量"和"两国之间的地理距离"变量之后，发展中国家"购买力平价"的一阶差分变化量与其吸引的发达国家的国际学生人数呈显著负相关。虽然"来源国的专利数量"与发展中国家吸引的国际学生人数影响不显著，但从其系数符号可以看出，发达国家的专利数量与其输入发展中国家的国际学生数量呈反向变动关系。"两国之间的地理距离"在模型中的影响不显著，但是影响为正，这可能是因为发达国家国际学生的家庭经济大多较富裕，可以支持其支付更多的交通费用等流动成本（见表 3—10）。

（五）"一带一路"发展中国家间国际学生流动的影响因素分析

"一带一路"沿线发展中国家中，接收国际学生最多的 12 个发展中国家分别是亚洲的马来西亚、土耳其、印度、约旦、泰国、伊朗、哈萨克斯坦，欧洲的乌克兰、白俄罗斯、保加利亚，以及非洲的埃及和南非，分别选取这 12 个国家所对应的国际学生人数最多的前 12 个发展中国家来源国（见表 3—11）。这 12 个国际学生接收国主要接收的是来自东亚、中亚、南亚、东南亚以及非洲的国际学生。2016 年，"一带一路"沿线发展中国家中，接收国际学生人

表3—11 "一带一路"沿线发展中国家及其对应的发展中国家来源国

目的地国	第1位	第2位	第3位	第4位	第5位	第6位	第7位	第8位	第9位	第10位	第11位	第12位
马来西亚	孟加拉国	尼日利亚	中国	印度尼西亚	也门	巴基斯坦	伊朗	伊拉克	印度	哈萨克斯坦	泰国	斯里兰卡
土耳其	阿塞拜疆	土库曼斯坦	叙利亚	伊朗	阿富汗	伊拉克	吉尔吉斯斯坦	哈萨克斯坦	尼日利亚	巴基斯坦	中国	保加利亚
乌克兰	土库曼斯坦	阿塞拜疆	印度	尼日利亚	伊拉克	乌兹别克斯坦	约旦	中国	土耳其	格鲁吉亚	摩尔多瓦	叙利亚
埃及	马来西亚	印度尼西亚	泰国	叙利亚	尼日利亚	巴勒斯坦	土耳其	中国	塔吉克斯坦	菲律宾	印度	吉尔吉斯斯坦
南非	尼日利亚	肯尼亚	毛里求斯	坦桑尼亚	印度	中国	埃塞俄比亚	伊朗	巴基斯坦	土耳其	孟加拉国	埃及
印度	尼泊尔	阿富汗	不丹	尼日利亚	马来西亚	斯里兰卡	伊朗	伊拉克	孟加拉国	也门	坦桑尼亚	埃塞俄比亚
约旦	巴勒斯坦	叙利亚	伊拉克	马来西亚	阿曼	也门	埃及	泰国	中国	菲律宾	尼日利亚	黎巴嫩
泰国	中国	缅甸	柬埔寨	老挝	越南	印度	不丹	孟加拉国	印度尼西亚	尼泊尔	菲律宾	尼日利亚
白俄罗斯	土库曼斯坦	中国	尼日利亚	阿塞拜疆	伊朗	乌克兰	哈萨克斯坦	塔吉克斯坦	斯里兰卡	黎巴嫩	伊拉克	土耳其

续表

目的地国	第 1 位	第 2 位	第 3 位	第 4 位	第 5 位	第 6 位	第 7 位	第 8 位	第 9 位	第 10 位	第 11 位	第 12 位
保加利亚	土耳其	马其顿	乌克兰	塞尔维亚	摩尔多瓦	阿尔巴尼亚	叙利亚	哈萨克斯坦	尼日利亚	印度	越南	亚美尼亚
伊朗	阿富汗	伊拉克	叙利亚	黎巴嫩	巴基斯坦	印度	阿塞拜疆	塔吉克斯坦	也门	埃及	土耳其	巴勒斯坦
哈萨克斯坦	乌兹别克斯坦	吉尔吉斯斯坦	土库曼斯坦	印度	中国	蒙古	塔吉克斯坦	阿富汗	土耳其	阿塞拜疆	乌克兰	亚美尼亚

注:"***""**""*"分别表示在 0.1%、1% 和 5% 水平上显著。

数最多的是马来西亚，孟加拉国、尼日利亚和中国输入马来西亚的国际学生人数均超过 1 万人，尤其是孟加拉国的输入人数已达到 3.4 万余人，并呈不断增长的态势。

　　发展中国家的国际学生在选择发展中国家作为留学目的地国时，在所有的模型中经济因素均具有重要影响，"两国之间的商品贸易额"在所有的模型中均在 0.1% 水平上呈显著正相关，"两国之间人均 GDP 的比率"在所有模型中分别表现为在 1%—5% 水平上呈显著负相关（见表3—12）。可见，发展中国家的国际学生偏向于选择那些与本国经济发展水平差距不是太大，但又与本国经贸往来较密切的发展中国家作为留学目的地国。

表3—12　　"一带一路"沿线发展中国家国际学生流向发展中国家影响因素

	模型一	模型二	模型三	模型四	模型五	模型六
C	−1.941	−0.924	−0.813	0.276	0.130	−0.945
两国之间的商品贸易额	0.410***	0.335***	0.330***	0.318***	0.337***	0.338***
两国之间人均 GDP 的比率	−0.191***	−0.061*	−0.056*	−0.076**	−0.058*	−0.066*
目的地国政府高等教育支出占 GDP 的比例	—	−0.871***	−0.881***	−0.713***	−0.856***	−0.707***
目的地国高等教育生师比	—	−0.044***	−0.050***	−0.050***	−0.043***	−0.053***
目的地国高等教育毛入学率	—	0.038***	0.041***	0.037***	0.037***	0.039***
目的地国购买力平价	—	—	−0.001***	—	—	−0.001***
来源国专利数量	—	—	—	−0.155***	—	−0.165***
两国之间的地理距离	—	—	—	—	−0.148	0.112
调整后的 R2	0.134	0.240	0.242	0.221	0.238	0.217

　　注："***""**""*"分别表示在0.1%、1%和5%水平上显著。

　　加入教育因素相关变量之后，所有模型中不论是"目的地国政府高等教育支出占 GDP 的比例"和"目的地国高等教育生师比"，还是"目的地国高等教育毛入学率"，均在 0.1% 水平上显著。所不同的是，前两者为显著负相关，后者为显著正相关。以模型二结果为例，在仅考虑经济和教育因素的情况下，发展中国家"政府高等教育支出占 GDP 的比例"每增加 1 个百分点，从发展中国家流向发展中国家的国际学生人数就相应地减少 0.871 个对数单位的百分点。发展中国家"高等教育生师比"每增加 1 个百分点，从发展中国家流向发展中国家的国际学生人数就相应地减少 0.044 个对数单位的百分点。发展中国家"高等教育毛入学率"每增加 1 个百分点，从发展中国家流向发展中国家的国际学生人数就相应地增加 0.038 个对数单位的百分点，增长弹性小于 1（见表 3—12）。可见发展中国家的国际学生仍然倾向于选择高等教育规模大、质量高的发展中国家作为留学目的地。

　　引入社会文化因素后，如模型六所示，"目的地国购买力平价"的一阶差分变化量在 0.1% 水平上呈显著负相关，一阶差分变化量每增加 1 个单位的百分点，对应的发展中国家的国际学生人数就减少 0.001 个对数单位的百分点。"来源国的专利数量"每增加 1 个对数单位的百分点，其对应的发展中国家的国际学生则相应地减少 0.165 个百分点。同时"两国之间的地理距离"则不是显著的影响因素。但从其系数符号可以发现，当控制了所有的经济、教育和社会因素变量后，"两国之间的地理距离"与其吸引的发展中国家的国际学生人数呈正向影响关系，地理距离不再是影响发展中国家招收发展中国家国际学生的负面因素（见表3—12）。

第三节 "一带一路"沿线不同发展水平国家招收国际学生政府策略

在可预见的未来，国际学生的流动数量将继续在全球范围内增长①。众多发达国家和发展中国家的政策制定者意识到国际学生流动所带来的巨大政治、经济和文化效益，因而国际学生市场中的竞争愈加激烈。各国政府为了应对激烈的国际竞争和吸引更多的国际学生，纷纷出台高等教育发展政策和国际学生流动政策，并采取积极措施，这些政策和措施具有普遍的相似性②。本节主要对"一带一路"沿线不同发展水平国家在吸引国际学生方面制定的有效政府策略、措施进行归纳总结，进而为"一带一路"沿线国家增强本国高等教育的吸引力以及加强国际教育交流与合作提供政策建议。

一 主要发达国家招收国际学生的政府策略

英国文化教育协会的最新研究报告指出，高等教育部门不能仅依赖高等教育质量的提高来招募和留住国际学生，在竞争日益激烈的市场中，各国政府需采用更加多样化的战略来保持本国高等教育的竞争力③。主要发达国家纷纷在提升高等教育质量、开展品牌营销活动、提供资助项目、改革签证政策、学历学位互认、提供专业服务以及放宽就业与居留限制等方面采取措施。

（一）制定国家层面的高等教育发展战略

发达国家纷纷制定国家层面的高等教育发展战略，保障全国的国际学生教育在大的政府政策框架下顺利进行。

---

① Woodfield, Steve, *Key Trends and Emerging Issues in International Student Mobility*, U. K: London, 2010, pp. 109 – 123.

② K. Geddie, "Policy Mobilities in the Race for Talent: Competitive State Strategies in International Student Mobility", *Transactions of the Institute of British Geographers*, Vol. 40, No. 2, 2015.

③ British Council, "International Student Mobility to Grow More Slowly to 2027" (https://www. britishcouncil. org/organisation/press/international-student-mobility-grow-more-slowly – 2027).

英国是仅次于美国的世界第二大留学目的地国。进入 21 世纪后，英国面对美国、加拿大、澳大利亚等强大的竞争对手，同时德国、法国、加拿大、新西兰等国也开始威胁到英国在国际教育市场上的地位，印度、中国、韩国、日本等亚洲新兴国家的实力不可小觑。为了保持高等教育在国际教育市场中的领先地位，英国政府分别于 1999 年和 2006 年颁布了为期五年的国际学生教育国家政策"首相倡议计划"（the Prime Minister's Initiative）和"国际教育首相倡议计划"（the Prime Minister's Initiative for International Education），两期计划的政府预算投入总经费达到 6200 万英镑，在招收国际学生方面的经费预算投入占比超过一半。在该计划下，英国政府大力支持打造"教育英国"（Education UK）的品牌活动；确定优先关注国家和地区①；鼓励高等教育机构、政府和非政府组织间的合作；通过开展国家间的政策对话和资助，发展战略伙伴关系和联盟等②。其间，英国政府还发布了《高等教育的未来》（*The Future of Higher Education*）和《推动全球进入世界一流教育》（*Putting the World into World-Class Education*）文件，提出要积极采取措施推销英国教育，增加来英国际学生数量③。实施了两个阶段的"首相倡议计划"后，2013 年 7 月，英国政府颁布了《国际教育：全球增长与繁荣》（*International Education：Global Growth and Prosperity*）的国际教育政策。该政策奠定了 2013 年至今英国国际教育政策的基本价值取向，明确将国际教育纳入国家产业战略，提出加强高等教育国际化，并把增强国际教育能力建设作为今后一段时期英国政府的工作重点。同时提出"英国要建立一个在全球具有竞争力和可持续性的国际教育体系"的发展目标，实现输入英国的国际学生人数在

---

① Woodfield, Steve, *Key Trends and Emerging Issues in International Student Mobility*, U. K：London, 2010, pp. 109 – 123.

② Woodfield, Steve, *Key Trends and Emerging Issues in International Student Mobility*, U. K：London, 2010, pp. 109 – 123.

③ Woodfield, Steve, *Key Trends and Emerging Issues in International Student Mobility*, U. K：London, 2010, pp. 109 – 123.

五年内，即到 2018 年增长 15%—20%。为此，该文件提出了今后政府政策框架，通过提供有竞争力的签证制度、加强对赴英国际学生的保护、实施政府奖学金计划、支持跨国教育以及与新兴国家建立新的合作伙伴关系并实现资格相互认可等措施欢迎来自全球各地的国际学生[①]。

为塑造一个"全球教育领导者"形象，基于本身在世界教育版图中的影响力，以及本国高等教育的既有优势，爱尔兰政府于 2010 年从国家层面颁布了促进教育国际化的战略规划《投资全球关系：爱尔兰国际教育战略（2010—2015）》（*Investing in Global Relationships：Ireland's International Education Strategy 2010 – 2015*），提出了数十项战略行动以提高爱尔兰在国际教育中的表现，宣称在 5 年内将爱尔兰发展成为国际公认的拥有高质量国际教育的全球领导者[②]。紧接着在 2016 年，爱尔兰政府回顾总结了上一阶段的战略规划实施情况和效果后，结合当时的国际形势，制定了第二个战略规划《爱尔兰国际教育战略（2016—2020）》（*Ireland's International Education Strategy 2016 – 2020*）。该计划由爱尔兰教育与技能部部长理查德·布鲁顿（Richard Bruton TD）发起，旨在通过建立国际化的教育体系，以及借助在国际人才招募中的比较优势，支持爱尔兰在全球公民培养和发展方面获得国际认可[③]。为实现这一目标，爱尔兰政府构建了国际教育支持性国家行动框架。在这一框架下，爱尔兰明确了国家相关机构、政府部门作为责任机构在各个国际教育战略部署阶段中的责任以及各项目的实施进度，以确保各项行动

---

① Woodfield, Steve, *Key Trends and Emerging Issues in International Student Mobility*, U. K：London, 2010, pp. 109 – 123.

② Woodfield, Steve, *Key Trends and Emerging Issues in International Student Mobility*, U. K：London, 2010, pp. 109 – 123.

③ Woodfield, Steve, *Key Trends and Emerging Issues in International Student Mobility*, U. K：London, 2010, pp. 109 – 123.

方案内在的衔接性，最后形成一个教育国际化的国家战略共同体①。
例如，规定到 2016 年年底，教育技能部和司法公正部作为责任方，
完成修订现行国际学生居留许可的任务。又如，高端教育机构和教
育局在 2020 年要实现国际学生中长期发展目标，将每年输入到爱
尔兰的国际学生数量增加至 4.4 万名。在该战略规划下，政府资金
将主要用于目标市场的宣传和营销活动。目标市场包括美国、中
国、印度、巴西、马来西亚和海湾地区，同时将更加关注具有巨大
市场潜力的加拿大、韩国、越南、印度尼西亚、墨西哥、智利、阿
根廷和尼日利亚。

北欧高等教育强国芬兰在 20 世纪末就将国际化作为高等教育
政策的主要目标之一，并不断加强与欧洲各国在高等教育领域的交
流与合作。21 世纪初，芬兰将国际交流合作的视角从欧洲延伸到
美洲和亚洲，希望通过广泛的国际合作来确保国家教育系统在全球
的发展优势，提高本国高等教育的质量和吸引力。2005 年，芬兰政
府颁布《大学法》(*Universities Act*)，规定芬兰国内高等教育机构都
必须顺应国家高等教育国际化发展战略，并引入欧洲学分体系和调
整学位结构。2009 年，芬兰将高等教育国际化上升为国家意志并作
为国家项目。芬兰高等教育和科学政策司颁布了《芬兰高等教育机
构国际化发展战略 (2009—2015)》(*Strategy for the Internationalisa-
tion of Higher Education Institutions in Finland 2009 - 2015*)，该战略
包含在芬兰前总理马蒂·万哈宁 (Matti Vanhanen) 的第二个内阁
政府计划中，将高等教育国际化作为芬兰高等教育发展的核心和优
先战略，从国家层面确定了在 2015 年之前芬兰高等教育国际化的
五大战略目标以及实现这些战略目标需要采取的 33 项改革措施。
这五大战略目标是：打造一个真正的高等教育国际化共同体、促进
高等教育专业知识的输出、支持多元文化社会的发展、提高芬兰高

---

① Woodfield, Steve, *Key Trends and Emerging Issues in International Student Mobility*, U. K: London, 2010, pp. 109 - 123.

等教育机构的质量和吸引力以及强化高等教育机构的全球责任意识①。在随后的 4 年中,芬兰政府每年颁布最新的《加强高等教育机构国际化发展战略》(*Strenghtening the Internationalisation of Higher Education Institutions*),不断拓展芬兰高等教育国际化范围,并将中国、印度、俄罗斯、巴西四大金砖国家列为优先和重点合作国家。该政策指出,要为金砖国家国际学生提供丰富的奖学金等资助项目;加强与亚洲、非洲和美洲等国家的合作,强调在世界范围内开设更多的芬兰语课程以及提出建立世界一流大学的构想②。可见,芬兰政府通过一系列政策推行和布局,将高等教育国际化上升为国家意志,以实现高等教育国际化的战略目标。

在沿线发达国家中,新加坡政府于 2002 年颁布"环球校园计划"(Global Schoolhouse Project),希望通过引入海外知名高等教育机构到新加坡合作办学或开设分校,树立新加坡的高等教育品牌,将新加坡打造成为一个具有国际影响力的"环球校园",实现到 2015 年吸引 15 万名付费国际学生到新加坡留学,以赚取国际高等教育市场中 2.2 万亿美元利润的目标③。韩国政府在 2004 年和 2013 年连续推出了两期"留学韩国计划"(Study Korea Project),旨在通过支持国际学生在韩定居、保障国家财政对奖学金项目的支持、更加系统有效的宣传方式、增加国内高等教育机构英语授课比重以及建设研究型大学等措施来招收更多的国际学生,预计到 2020 年将吸引 20 万名国际学生赴韩留学④。爱沙尼亚政府于 2006 年颁布的《爱沙尼亚高等教育战略 (2006—2015)》 (*Estonian Higher Educa-*

---

① Woodfield, Steve, *Key Trends and Emerging Issues in International Student Mobility*, U. K: London, 2010, pp. 109 – 123.

② Woodfield, Steve, *Key Trends and Emerging Issues in International Student Mobility*, U. K: London, 2010, pp. 109 – 123.

③ 李一、曲铁华:《新加坡"环球校园"计划政策评析》,《高等教育研究》2017 年第5 期。

④ Korean Association of International Educators : Study Korea 2020 Project 2013 – 2020 (http://www. jafsa. org/uploads/20131127KAIE-JAFSA1. pdf).

tion Strategy2006 - 2015 ）规定了未来十年爱沙尼亚高等教育战略发展领域，它被作为爱沙尼亚发展高等教育的基础文件，文件中提出了四项基本活动：将高等教育与劳动力市场需求紧密联系、将高等教育与研发活动和创新体系紧密联系、提高高等教育的质量、构建并完善高等教育资助体系①。俄罗斯政府在 2008 年和 2009 年先后颁布的《俄罗斯 2020 年前社会与经济长期发展纲要》和《俄罗斯联邦教育服务出口构想》政策文件中，将招收国际学生列为俄罗斯高等教育国际化战略的最重要举措，强调政府要通过增设奖学金、完善现代化基础设施等举措来吸引更多的国际学生。预计到 2020 年前，国际学生占俄罗斯高校学生总数的 5%②。马耳他政府在 2009 年颁布的《2020 年延续及高等教育战略》（Further and Higher Education Strategy 2020 ）中明确指出，将吸引付费国际学生作为优先发展事项，到 2020 年将吸引 5000 名付费国际学生，并特别强调加强与非洲、亚洲以及中东地区国家的教育交流合作③。西班牙政府于 2014 年出台《西班牙高等教育国际化战略（2015—2020）》（Strategy for the Internationalization of Spanish Universities 2015 - 2020 ），希望通过巩固稳健的大学体系提升西班牙高等教育的国际影响力和竞争力④。波兰政府 2015 年出台《高等教育国际化计划》（Higher Education Internationalisation Program），指出了当时波兰高等教育国际化进程中存在的问题，并对责任机制、招生资助以及课程方案等提出了相应的改革措施⑤。

---

① Ministry of Education and Research, "Estonian: Higher Education Strategy 2006 - 2015" (https://www. hm. ee/sites/default/files/higher_ education_ strategy. pdf).

② 刘淑华：《21 世纪以来俄罗斯高等教育国际化战略：动因、举措和特征》，《中国高教研究》2018 年第 3 期。

③ National Commission for Higher Education, "Further and Higher Education Strategy 2020" (https: //ncfhe. gov. mt/en/resources/Documents/Strategy% 20Documents/Further_ and_ Higher_ EducationStrategy_ 2020_ 1. pdf).

④ 谭铖：《西班牙高等教育国际化战略及其启示》，《新疆师范大学学报》（自然科学版）2016 年第 3 期。

⑤ 李玲：《波兰高等教育国际化发展探析》，《教育文化论坛》2017 年第 3 期。

（二）支持专门机构向海外传播文化

发达国家政府积极支持各大相关机构向海外市场宣传本国文化和教育，以提升国家高等教育的吸引力和竞争力。

英国政府在 2005 年宣布，额外增加 200 万英镑用于英国教育在国际市场的营销推广。成立于 1934 年的英国文化教育协会是宣传推广机构之一，它在全球 100 多个国家设有办事处，是英国提供教育机会和促进文化交流的国际机构，通过积极推动高等教育机构和组织之间的对话以及国际伙伴关系的建立，为希望拥有国外留学经历的学生提供帮助，同时负责英国国际教育整体战略与品牌的运营工作。2017 年，英国文化教育协会与全球 100 多个国家开展了合作，为他国学生提供体验英国教育和文化的机会，特别是在 7 个优先关注国家和地区开展活动，以建立对英国高等教育的青睐。合作内容涉及英国的文化艺术、英语语言、社会发展等方面，全年有超过 6500 万人进行面对面交流，超过 7.31 亿人通过电视广播、网络和出版物与该机构互动。不仅如此，英国文化教育协会发布的《留学英国指南》《旅英指南》等出版物定期更新内容，提供包括对英国教育体系的介绍、课程种类、如何申请赴英学习、抵达英国及在英国生活的各个方面大量的实用信息。英国文化教育协会每年都会携英国展团参加各国的国际教育展，分享英国最新教育信息。可见，英国文化教育协会在英国与世界各国建立教育等多方面的长期合作伙伴关系中发挥着重要作用。

英国的竞争对手德国也不甘落后，非常重视海外招生宣传工作。由德国政府直接进行资助的德意志学术交流中心（Deutscher Akademischer Austauschdienst）成立于 1925 年，是一个由 238 个高校会员和 107 个大学生团体会员组成的独立协会，在全球设有多个办事处和信息中心，每年为超过 10 万名的国际学生和研究人员提供支持，是目前全球最大的资助类型的交流机构①。它的主要职责

---

① 李玲：《波兰高等教育国际化发展探析》，《教育文化论坛》2017 年第 3 期。

包括颁发奖学金、促进德国高等教育机构和研究组织的国际化活动、加强德国在国外的文化和语言研究、帮助发展中国家建立富有成效的高等教育机构，以及就文化、教育和发展政策向决策者提供建议。在促进海外招生方面，德意志学术交流中心采取了诸多积极措施在全球范围内帮助本国高等教育机构进行宣传。如在官方网站上为本国高等教育机构招收国际学生提供关于海外宣传的基础知识技能，就如何建设国际化的高校网站举办信息和经验交流会，为本国高等教育机构提升海外宣传能力开展培训工作坊和研讨会，在世界各国举办德国高校展会，以及在就业工作、居留政策、留学支持服务等方面为国际学生提供便利。此外，受德国政府支持的专门从事文化活动的文化机构还有歌德学院（Goethe Institute）。它的主要工作是积极参与和从事德国文化艺术在世界范围内的介绍和宣传，促进国外的德语语言教学并开展国际文化交流合作，通过介绍德国文化艺术、社会和政治生活等方面的信息，多方位呈现一个丰富多彩的德国形象。多年来，歌德学院借助歌德学院、歌德中心、语言学习和考试中心、文化机构、阅览室等构成的网络，成为众多国际学生第一次接触德国的平台①。可见，歌德学院在海外招生宣传中发挥着重要作用。

　　欧洲另一国际学生接收大国法国也在积极开拓海外市场。法国于1883年创建法语联盟（Alliance française），至今已有130多年的历史。法语联盟致力于在世界各个角落推广法国语言和传播法语文化，是全球最大的法语语言和法国文化传播机构，目前有850多所法语联盟分布于全球136个国家和地区，在中国就有17所法语联盟，每年举办350多场官方考试。法语联盟每年接收超过50万名学员学习法语，在教授语言的同时，以法语为媒介传播法国文化。法语联盟每年吸引超过600万人参与和法国文化相关的活动，并通过举办各种活动来展现法国独特的文化魅力，如演唱会、音乐会、

---

① Goethe Institute，"About Us"（https：//www.goethe.de/en/uun.html）.

戏剧等各种形式的艺术表演，电影、展览、讲座等应有尽有，这些活动向公众免费开放。此外，每年也会参加交流展演或法语文化区国际周活动，促进法国文化在全球范围内的推广。

还有众多国家支持专门机构向海外传播本国文化，如北欧芬兰政府支持成立的芬兰国际流动中心（the Centre for International Mobility），是一个提供跨文化交流服务和专业指导的机构，其成立目的是开展多元文化活动和项目，促使其在推动芬兰高等教育和培训机构的国际化过程中发挥重要作用，主要工作业务包括奖学金的管理，国内欧盟教育、培训、文化和青年项目的执行，提供信息和咨询服务以及出版相关刊物，组织和推动国际学生交换项目以及组织国际学生参加芬兰语和芬兰文化的教学课程，建立"学习在芬兰"（Study in Finland）网站为国际学生提供教育服务，在国外大学推广芬兰语和芬兰文化的教学。此外，意大利的但丁学院（Istituto Dante Alighieri）、西班牙的塞万提斯学院（Instituto Cervantes）以及韩国的世宗学堂（King Sejong Institute）等机构，都在政府的大力支持下向世界各国传播本国文化、推广本国教育。截至2016年12月，韩国的世宗学堂共174所，遍布全球58个国家①。

（三）提供丰富的国际学生资助项目

近年来，发达国家的大学学费不断上涨，奖学金和助学金成为国际学生选择留学目的地国时考虑的一个重要因素。为吸引更多的国际人才，西方发达国家政府制定留学资助政策，为优秀的国际学生提供丰富的资助项目。

英国大学学费除了低于美国的私立大学之外，比其他国家要高很多，但英国仍然是全球最热门的留学目的地国之一，每年吸引着大量国际学生赴英国学习。其中主要原因是英国政府及高等教育机构每年都会为国际学生提供大量的奖学金、助学金等资助项目，大

①　崔林：《新世纪以来韩国高等教育国际化进程中的留学现状》，《世界教育信息》2017年第23期。

部分奖学金面向所有国际学生，国际学生可以根据自身情况和选择的课程，申请不同种类的奖学金。英国政府在第二期"国际教育首相倡议计划"经费预算中有 7.4% 约 259 万英镑投入对国际学生的资助中，包括英国政府资助的志奋领奖学金（the Chevening Scholarship）、英联邦奖学金（the Commonwealth Scholarship）、马歇尔奖学金（the Marshall Scholarship）等。提供给国际学生的非政府奖学金如英国 Euraxess 奖学金、智慧城堡奖学金（Castle Smart Scholarship）。此外，英国各高等教育机构也向来自不同国家或地区的国际学生提供不同种类的奖学金，以满足不同国际学生群体的需求。以伯明翰大学为例，它为来自印度、巴基斯坦、阿富汗等国的国际学生提供阿迦汗奖学金（Aga Khan Scholarship），为来自埃及的国际学生提供埃及伯明翰—全球研究英国杰出成就奖学金（Egypt Birmingham-Global Study UK Outstanding Achievement），为来自加拿大的国际学生提供加拿大伯明翰本科生奖学金（Canada Birmingham Undergraduate Scholarship），为来自阿塞拜疆的国际学生提供阿塞拜疆国家石油公司奖学金（Azerbaijan SOCAR Scholarship），为来自中国香港的国际学生提供香港伯明翰杰出成就奖学金（Hong Kong Birmingham Outstanding Achievement Scholarship）。此外，英国政府还和一些新兴国家协同开展留英奖学金计划，作为吸引国际学生的另一有效手段。如与巴西政府协作推行"无边界科学"（Science without Borders）计划，与印度尼西亚政府协作推行"英国—印度尼西亚博士学位"（Dikti）计划等。

相比英国高昂的学费，德国的公立高等教育机构几乎不收取学费，每学期只需要支付约 500 欧元的课时费[①]。不仅如此，德国还向国际学生提供多元化的资助服务。提供奖学金信息是德意志学术交流中心的"核心业务"，在其官方网站有一个奖学金数据库，明确列出 219 种奖学金供国际本科生、硕士生、博士生等各类人员查

---

① Goethe Institute，"About Us"（https：//www.goethe.de/en/uun.html）.

阅。2014 年超过 12 万德国学生和国际学生获得资助，预计到 2020 年将吸引 35 万名国际学生到德国留学①。以中国学生到德国攻读硕士为例，分别设有进修课程奖学金、硕士短期奖学金和艺术家奖学金。其中，进修课程奖学金资助时间为 12—36 个月，资助金额为 750—1000 欧元/月，并同时负担国际学生的医疗保险、意外险和赔偿责任险以及国际差旅费；短期奖学金资助时间为 1—3 个月，资助金额为 750 欧元/月，并同时负担医疗保险、意外险和赔偿责任险以及国际差旅费；艺术家奖学金为学习绘画、设计、电影、音乐、建筑和表演艺术等专业的申请人提供到德国艺术院校进行深造或攻读学位的资助，资助时间为 10—24 个月，资助金额为 750 欧元/月，并同时负担医疗保险、意外险和赔偿责任险、国际差旅费以及视情况而定的其他补助。在博士和博士后阶段，提供更加多元的资助措施，包括短期研究奖学金、中科院（CAS）—DAAD 联合奖学金、德国宇航中心（DLR）—DAAD 联合奖学金、中德（CSC—DAAD）博士后奖学金项目、莱布尼茨（Leibniz）—DAAD 研究奖学金、洪堡科研基金等。此外，由于德国是欧盟成员国，到德国留学也可以申请欧盟的资助，如"伊拉斯谟＋"（Erasmus＋）项目资助。

在亚洲，韩国与新加坡、日本、中国等国也在激烈地争抢国际学生生源。为鼓励国际学生来韩留学，增强韩国国内高等教育机构在全球的影响力和竞争力，韩国政府投入了大量经费到国际学生奖学金计划之中，为国际学生提供多种奖学金。如全球韩国奖学金邀请项目（Global Korea Scholarship Invitation Program），每年资助 120 名本科生和 580 名研究生，涵盖机票、定居费用、生活费用、医疗保险费用、语言研修、学费、论文印刷费、回国准备金等费用。各高等教育机构的奖学金分为两类，即首尔地区就读奖学金项目和非首尔地区就读奖学金项目，为国际学生提供占学费 30%—100% 不

---

① Goethe Institute，"About Us"（https：//www. goethe. de/en/uun. html）.

等的资助。政府还积极倡导各大企业和财团为各类国际学生提供奖学金，如韩国国立艺术大学提供的亚洲艺术专业奖学金，资助对象为亚洲 19 个国家具有优秀艺术天赋的本科生和研究生，资助内容包含学费、生活费、机票、医疗保险和韩国语研修。青岩财团为本科毕业后继续深造的亚洲国际学生提供在韩学习 2 年的学费和生活费。韩国国际交流财团为来自全球 30 多个国家的硕士生和博士生提供为期一年的研究生学习奖学金。此外，还有釜山国际交流基金会（Busan Foundation for International Cooperation）、三星奖学金基金会（Samsung Scholarship Foundation）、铅笔奖学金基金会（Pencil Scholarship Foundation）、韩世 Yes24 基金会（Hansae Yes24 Foundation）等提供的企业奖学金①。

其他发达国家的政府、高等教育机构和企业也推出了众多资助项目，用以吸引优秀国际学生来本国学习。如芬兰的政府奖学金（Finnish Government Sholarship）、国际流动中心奖学金（CIMO Fellowship）以及国家特殊奖学金（Country-Specific Scholarship）；法国的埃菲尔卓越助学金（Eiffel Excellence Grant）；荷兰的国家奖学金项目、橙色郁金香奖学金（Orange Tulip Scholarship）；挪威的QUOTA 奖学金；马耳他的政府奖学金（Malta Government Scholarship）、策略性教育路径奖学金（Strategic Educational Pathways Scholarships）；新加坡国立大学和南洋理工大学的东盟奖学金等。这些资助项目大多包含学费和生活费，每年吸引众多优秀国际学生申请。

（四）重视国际学生留学体验的质量

英国政府于 1999 年推出的为期 5 年"首相倡议计划"的重心主要放在增加在英国留学的国际学生人数上，在一定程度上忽视了国际学生教育的质量和体验。2004 年英国相关部门发布的调查报告《拓宽我们的视野：国际学生在英国》（*Broadening Our Horizons：*

---

① "Study in Korea"（http：//www. studyinkorea. go. kr/cn/sub/gks/allnew_ invite. do）.

International Students in UK Universities and Colleges）显示，英国国际学生流动相关政策对国际学生在社会融入和就业方面的关注不足：59%的国际学生人际关系局限于同族或其他国家国际学生，与英国本土学生少有交流；5%的国际学生在就业时遭受雇主歧视，非欧盟学生比欧盟学生更难找到工作①。2006年，英国启动为期5年的"国际教育首相倡议计划"，在追求国际学生数量增长的同时，更加注重国际学生教育质量和国际学生留学服务的提升，指出要显著提升国际学生的满意度，使来英国际学生的观念感知发生明显的变化。该政策将国际学生的留学体验和就业服务纳入优先工作事项，仅在国际学生经历项目和就业项目中政府对其经费预算投入占比为7.9%约262万英镑，强调将国际学生作为顾客看待②。为确保国际学生留学体验的质量，时任首相布莱尔于2006年发表演讲《为什么我们要从海外吸引更多的学生》（"Why We Must Attract More Student from Overseas"），承诺将额外投资700万英镑专门用于帮助高等教育机构改善和提升国际学生的留学体验③。2014年和2015年英国政府又分别发布了《确保在英国的国际学生的留学质量：英国高等教育机构指南》（Assuring Quality for International Students Studying in the UK：A Guide for UK Higher Education Providers）和《支持和增强在英国际学生的体验》（Supporting and Enhancing the Experience of International Students in the UK），旨在为英国高等教育机构提供提升国际学生的学习质量和改善留学体验的政策支持。这些计划和政策的具体措施主要有：为国际学生提供更加专业化的服务和支持，创造包容性的环境，开发专门网站提供衣食住行等信

---

① The Council for International Education, *Broadening Our Horizons：International Students in UK Universities and Colleges*, London：UKCOSA, 2004（https：//www. ukcisa. org. uk/Research—Policy/Resource-bank/resources/90/Broadening-Our-Horizons-Survey – 2004）.

② Shi J. J. , Sewell P. J. , "In Search of the Entrepreneurial Spirit in China", *Journal of Chinese Entrepreneurship*, Vol. 3, No. 1, 2011.

③ T. Blair, "Why We Must Attract More Students from Overseas?"（https：//www. amren. com/news/ 2006/04/why_ we_ must_ att/）.

息；实施新的签证制度，即"记点积分制"（Points-Based System），在保持一定入门标准的条件下，扩展国际学生签证路径，简化签证的办理手续和缩短留学签证时间；建立关于教学和学习的研究，并根据国际学生生命周期确定关于学生学习的信息和指导，为国际学生提供丰富的学习资源；提供体验和参与英国文化的机会，促进国际学生融入大学生活；为经济困难的国际学生提供一定的资助；开展丰富多彩的社区志愿者服务等活动，为其颁发证书；放宽国际学生的兼职政策和毕业后的就业政策，增加国际学生在英的就业机会，加强国际学生权益保护，专门资助接近 300 个国际学生求职咨询网站，为国际学生提供就业服务和求职信息等。这些措施希望通过从整体上提高国际学生的留学体验，通过增加国际学生的留学满意度来吸引更多的国际学生到英国留学①。随后，政府还委托相关机构对国际学生的留学体验进行调查。《学生体验满意度（2006—2011）》（*Student Experience Achievements 2006 - 2011*）调查报告显示，经过 5 年的不懈努力，英国国际学生的总体满意度达到 81%，就业方面的满意度从 71% 上升到 78%，对多元文化的满意度从 82% 上升到 89%，签证满意度从 74% 上升到 81%。可见，来英国际学生的满意度得到显著改善②。2017 年，《英国的竞争优势》（*The UK's Competitive Advantage*）报告显示，与其他竞争国家相比，英国留学的国际学生总体满意度最高，91% 的国际学生对其在英国

---

① The Quality Assurance Agency for Higher Education, "Assuring Quality for International Students Studying in the UK: A Guide for UK Higher Education Providers. Draft for consultation" (https://dera. ioe. ac. uk/21790/1/Assuring-Quality-for-International-Students-studying-in-the-UK. pdf Draft for consultation); The Quality Assurance Agency for Higher Education, "Supporting and Enhancing the Experience of International Students in the UK. A Guide for UK Higher Education Providers" (https://www. qaa. ac. uk/docs/qaa/international/international-students-guide15. pdf? sfvrsn = 7375f781 _ 4, 2015).

② UK Council for International Student Affairs, *PMI Student Experience Achievements 2006 - 2011*, UKCISA, London, 2011 (https://ukcisa. org. uk/Research—Policy/Resource-bank/resources/28/PMI-Student-Experience-Achievements - 2006 - 2011).

的留学体验感到满意①。

德国政府也意识到国际学生在留学目的地国的日常生活是影响其选择目的地国和就读满意度的一个重要因素。德国积极为来自世界各国的国际学生提供全方位的学生支持服务和打造更加舒适的留学环境，如设立"促进国际学生融入计划"，促使国际学生更好地融入社会，以保障其学业成就和良好的生活环境，切实提高国际学生的生活服务水准②。在国际学生的衣、食、住、行方面，设立德国大学生服务中心，为国际学生提供涵盖食宿、心理咨询、保险、签证、勤工助学、求职咨询、交通出行等方面的专业服务。在国际学生就业方面，专门出台《移民法》和《居留法》，以规范和放宽国际学生兼职就业，提升国际学生就业满意度。可以说，德国为国际学生提供了从签证、学习、生活到就业的全方位服务③。

二 主要发展中国家招收国际学生的政府策略

高等教育国际化进程中的"中心—边缘"二分现象无疑给教育欠发达国家带来了巨大的挑战，特别是亚洲、非洲和拉丁美洲的发展中国家④。但随着发展中国家打破经济和教育发展局限，努力发掘自身优势，其高等教育得到了快速发展，成为国际高等教育市场中的新兴竞争者，如亚洲的马来西亚、印度、中国、泰国等。

(一) 打造优质的区域高等教育中心

建立区域教育中心 (Regional Education Hub) 是跨境高等教育

---

① Universities UK International，"The UK's Competitive Advantage" (https://www. universitiesuk. ac. uk/policy-and-analysis/reports/Documents/International/UUKi-Competitive-advantage – 2017. pdf).

② Deutscher Akademischer，"Austauschdienst German Academic Exchange Service"，*Annual Report of the German Academic Exchange Service* (https://www. daad. de/medien/der-daad/medien-publikationen/publikationen-pdfs/daad-annual-report – 2012 – english. pdf).

③ 杨洲、刘志民：《德国高等教育国际化的特点、路径及挑战》，《高等教育研究》2018 年第 8 期。

④ UK Council for International Student Affairs，*PMI Student Experience Achievements 2006 – 2011*，UKCISA，London，2011 (https://ukcisa. org. uk/Research—Policy/Resource-bank/resources/28/PMI-Student-Experience-Achievements – 2006 – 2011).

的最新发展动态。区域教育中心是某国为使自己成为区域内或区域外的高等教育和研究中心，而为教育界或知识界人士采取的一种兼具协调性和计划性的战略性尝试，使其能在新的教育市场发挥更大的影响力。打造区域教育中心不仅是发达国家或地区的战略选择，发展中国家也在积极发挥比较优势加强区域教育合作，力争成为地区领导者。

地处东南亚的马来西亚是"亚洲新四小龙"之一，经过多年的发展成为较为成熟的工业化国家。根据联合国教科文组织的数据，马来西亚已成为世界上第 11 个最受欢迎的留学目的地，并且其入境学生人数远远超过出境学生人数。以 2015 年为例，马来西亚高等教育阶段出境学生 6.5 万人，而入境国际学生达到 11.14 万余人。入境国际学生主要来自亚洲，规模达到 8.39 万余人；其次是非洲，规模为 2.58 万余人，来自世界其他地区的国际学生人数较少。从国家看，马来西亚的国际学生主要来自孟加拉国，人数超过3 万人，随后是尼日利亚 1.24 万余人、中国 0.95 万余人、印度尼西亚 0.77 万余人。还有约 2 万名国际学生来自西亚地区。总体来看，马来西亚吸引了许多来自东亚、南亚、西亚和非洲的发展中国家的国际学生，这主要得益于马来西亚的国家政策促使了高等教育的快速发展。马来西亚 1999 年在《愿景 2020》（*Vision 2020*）中提出了"把马来西亚建成 21 世纪亚太地区优质教育中心"的发展计划。为实现成为区域优质教育中心这一宏伟目标，马来西亚高等教育部分别在 2007 年和 2011 年启动了第一阶段和第二阶段的"国家高等教育战略计划"（National Higher Education Strategic Plan），将高等教育国际化列为马来西亚高等教育转型的重点[①]。该计划包含 23 个"关键议程项目"（Critical Agenda Projects），在加速高等

① M. I. Aziz, D. Abdullah, "Finding the Next 'Wave' in Internationalisation of Higher Education: Focus on Malaysia", *Asia Pacific Education Review*, Vol. 15, No. 3, 2014; M. B. Sirat, "Strategic Planning Directions of Malaysia's Higher Education: University Autonomy in the Midst of Political Uncertainties", *Higher Education*, Vol. 59, No. 4, 2010.

教育国际化进程方面的措施主要是：鼓励本国和外国高等教育机构之间开展国际合作、签署谅解备忘录和协议、开设双学位课程、开展学生交流项目、组织国际会议和研讨会、提供全球化课程内容、加强海外营销活动①。马来西亚还建立依斯干达教育城（Iskandar City）和吉隆坡教育城（Kuala Lumpur Education City），瞄准东亚、东南亚、南亚和阿拉伯地区的国际教育市场，加大在印度、中国和印度尼西亚等国国际学生群体中的招生宣传力度，以便更多地进入区域教育市场。2010 年，马来西亚又启动了"经济转型计划"（the Economic Transformation Program）和"政府转型计划"（the Government Transformation Plan），改善高等教育发展环境，促进国内学术和高等教育机构卓越发展，以确保马来西亚作为区域和全球教育中心的地位②。目前来看，马来西亚政府采取的系列措施取得了良好的效果，国内高等教育得到了跨越式的发展。最新的 QS 世界各国高等教育系统实力排名显示，马来西亚的高等教育系统在世界位列第 25，有 6 所马来西亚大学进入世界前 500 名，其高等教育发展水平、国际化水平及其竞争力和影响力在东南亚地区仅次于新加坡③。2015 年，时任马来西亚总理纳吉布指出，到 2020 年，马来西亚将吸引 20 万名国际学生，为国家带来 150 亿令吉的经济收益。到 2025 年国际学生人数有望增加到 25 万人，成为全球第六大教育提供者④。可见，马来西亚对本国高等教育的发展以及在国际市场上的竞争力充满信心。

除马来西亚外，南亚的印度和东南亚的泰国虽未被视为真正的

---

① M. I. A. Aziz, M. Ibrahim, A. Latiff, et. al., *Internationaisation Policy for Higher Education Malaysia 2011*, Ministry of Higher Education Malaysia, 2011.

② F. A. Hasan, I. Komoo, M. N. Mohd, et. al., "Transformation of Universities and the Nationalblue Ocean Strage: A Case Study of Universiti Malaysia Terengganu", *Journal of Sustainability Science and Management*, No. 12, 2017.

③ QS, "System Strengh Rankings"（https://www.topuniversities.com/system-strength-rankings/, 2018）.

④ 中国新闻网：大马外国留学生将达 11 万人，年平均消费近 7 万元（http://www.chinanews.com/hr/2015/09 – 23/7539787.shtml, 2015.09.23）。

区域教育中心，但也有极大的兴趣将特定的城市建设为教育或知识中心。印度依靠其在南南合作、南北合作中的枢纽地位以及在南亚地区的比较优势，成为一个正在崛起的区域教育中心①。从联合国教科文组织的统计数据来看，印度的国际学生来自全球200余个国家，但主要来源于周边地缘邻近或者文化相似的国家，大部分是亚洲和非洲国家，尤其是东南亚国家。其中来自尼泊尔的国际学生占比最高，达到20.37%，随后是阿富汗8.87%、不丹5.89%、尼日利亚4.64%、马来西亚4.57%、斯里兰卡3.84%、伊朗3.68%、伊拉克3.30%、阿联酋3.06%和孟加拉国2.26%，这十个国家的国际学生占印度国际学生总数的60.48%。近年来，印度通过加入南亚区域合作联盟和东南亚国家联盟等区域研究中心，促进国内的跨学科跨文化研究，以吸引更多的国际学生参加到硕士研究生和博士研究生项目中，还积极利用信息和通信技术与周边国家的国际学生加强联系，极力促进区域教育关系的发展②。并且印度多所高等教育机构与国外知名院校合作，走上国际化发展道路，助推印度成为正在崛起的区域高等教育中心。有印度"硅谷"之称的班加罗尔是印度有名的教育中心和信息科技中心，其依靠IT教育和科研产业优势吸引了一批又一批国际学生慕名而来。泰国利用其地缘优势和多个具有影响力的国际组织的总部设立在本国的区位优势，确立了包括柬埔寨、越南、老挝、缅甸、泰国和中国云南省在内的大湄公河次区域教育中心地位，吸引了众多周边国家和地区的国际学生。其次，泰国充分发挥首都曼谷在亚太地区的突出地位和中心辐射作用，加大对亚洲地区尤其是对东南亚地区的高等教育资源输

---

① 段世飞:《欧盟和亚洲国家的高等教育国际化模式述析》,《世界教育信息》2017年第18期。

② M. Khare, "India's Emergence as a Regional Education Hub", *International Higher Education*, No. 83, Special Issue 2015, 2015.

出，逐渐成为东南亚地区重要的区域教育中心①。

此外，横跨亚非大陆以及地处亚、非、欧三洲交通要道的埃及的高等教育在非洲和中东地区保持相对领先的地位，逐渐成为该地区的区域高等教育中心。埃及政府通过积极实施开放的高等教育政策，与欧美发达国家开展多方交流，大力引进西方教育模式，使得埃及的高等教育在整个阿拉伯国家中最为西化，因而其高等教育国际化程度相较于阿拉伯世界及非洲国家而言是比较高的。鉴于埃及目前的经济实力，埃及政府主要将重心放在非洲和中东地区的国际教育市场上，稳步提高国内高等教育机构对该地区国际学生的吸引力和竞争力②。

（二）推动高等教育的特色课程建设

马来西亚首创的独具特色的"双联课程"吸引了众多国际学生前往马来西亚留学。所谓"双联课程"（Twinning Program），是马来西亚推动高等教育国际化的独特形式，即国内高等教育机构通过与国外高等教育机构签订协约和开展合作，让在马来西亚的国际学生先在国内的高等教育机构学习一段时间，合格之后再转移到国外合作院校学习，继续完成学业并获得国外学位。"双联课程"有"1+2""2+1""3+0""4+0""2+2"多种模式，学制较短，学生可以方便地转入美国、英国、澳大利亚、新西兰、法国或德国等第三国学习，特别是在"3+0"和"4+0"的模式下，学生在马来西亚的高等教育机构完成学业，不需要出国和无须支付海外学习的全部费用就可以获得国外知名大学的学位③。目前，澳大利亚

---

① 段世飞：《欧盟和亚洲国家的高等教育国际化模式述析》，《世界教育信息》2017 年第 18 期；郑佳：《泰国高校国际学生流动的原因、路径及特点》，《比较教育研究》2014 年第 11 期。

② 马青、卓泽林：《埃及高等教育国际化：原因、路径及特点》，《中国人民大学教育学刊》2015 年第 3 期。

③ M. B. Sirat, "Strategic Planning Directions of Malaysia's Higher Education: University Autonomy in the Midst of Political Uncertainties", *Higher Education*, Vol. 59, No. 4, 2010. W. I. Yussof, "Public and Private Provision of Higher Education in Malaysia: A Comparative Analysis", *Higher Education*, Vol. 50, No. 3, 2005.

的维多利亚大学（Victoria University）、美国的约翰斯·霍普金斯大学（Johns Hopkins University）等多所世界一流大学已经与马来西亚的私立高等教育机构建立了合作关系。由于"双联课程"与欧美高等教育机构的教学水准基本保持一致，教学计划、教学大纲、测试标准等均由国外合作院校制定，所以学生通过"双联课程"最终获得的学历文凭和学位证书为国际公认。此外，马来西亚政府营造友好环境，邀请更多世界名校到马来西亚建立分校，已经建立分校的如澳大利亚的莫纳什大学（Monash University）、科廷大学（Curtin University）和斯威本科技大学（Swinburne University of Technology），以及英国的诺丁汉大学（University of Nottingham）、纽卡斯尔大学（Newcastle University）和南安普顿大学（University of Southampton）等①，使马来西亚的高等教育在短时间内得到了极大的提升，不仅受到马来西亚国内学生的欢迎，也提高了对国际学生的吸引力，尤其是英语授课的跨国项目吸引了众多东南亚国家和地区的国际学生前往马来西亚学习。除了与国外知名大学建立合作关系外，马来西亚政府还积极倡导国内高等教育机构加大优势课程建设，如在 QS 排名第 87 位的马来亚大学（University of Malaya），其工程类和信息管理类学科跻身世界前 50 强；排名第 184 位的马来西亚国民大学（Universiti Kebangsaan Malaysia）在教育、政治、工程、法律和数学等领域拥有特别强大的学科项目；排名第 202 位的马来西亚博特拉大学（Universiti Putra Malaya）的农林、化工专业表现相当突出；排名第 207 位的马来西亚理科大学（Universiti Sains Malaysia）的采矿工程类学科位列全球学科排名第 28 位。

（三）加强与各国政府的交流合作

2015 年，马来西亚高等教育国际学生的内向流动率为

---

① Study Malaysia, "The Malaysian Higher Education System: An Overview" (https://studymalaysia.com/education/higher-education-in-malaysia/the-malaysian-higher-education-system-an-overview).

8.56%①,外向流动率为4.97%②,国际学生输入人数大于输出人数,除东南亚、东亚向马来西亚输入大量国际学生外,中东地区的阿拉伯国家也是马来西亚的重要生源国。马来西亚广泛开展与各国政府的交流合作以及与各国际组织的交流合作,通过官方合作促进学生交流项目开展。如与阿拉伯国家建立双边友好关系,使穆斯林文化在马来西亚得到充分尊重;积极加入伊斯兰合作组织,向成员国的国际学生提供从本科、硕士到博士多个层次的高等教育服务,成为伊斯兰高等教育领域发展的积极参与者③。另外,由于中东地区学生在申请美国高等教育方面存在困难,以及在"9·11"事件后两个地区之间日益紧张的局势,马来西亚成为中东国家国际学生更安全、更实惠的留学目的地国。此外,马来西亚致力于与东盟国家开展高等教育合作,积极参与东南亚教育部长组织高等教育与发展区域中心各种各样的国际学生交流项目,其中最具代表性的就是东盟国际学生流动项目(the ASEAN International Mobility for Students)。该项目起源于一个在2009年由马来西亚、泰国与印度尼西亚三国政府支持构建的多边M-I-T学生交流试验项目(Malaysia-Indonesia-Thailand Student Mobility Program),2013年该项目的成员国又增加了越南、菲律宾、文莱和日本。可见,马来西亚政府致力于与东南亚各国政府积极促成建立东南亚高等教育"共同空间",以实现国家间国际学生流动等方面的国际交流与合作④。

印度政府也与众多发展中的亚洲国家和非洲国家建立起越来越多的国际交流与合作关系。截至2015年年底,印度政府已与51个国家签署了多份教育交流计划和谅解备忘录,其内容涵盖学生交流、学历学位互认、学分转移、国际会议等,覆盖22个亚洲国家、

---

① 内向流动率:输入到该国的国际学生人数占该国高等教育招生总人数的百分比。

② 外向流动率:该国输出的国际学生人数占该国高等教育招生总人数的百分比。

③ 王焕芝:《马来西亚高校国际学生流动态势研究》,《比较教育研究》2016年第10期。

④ 王焕芝:《马来西亚高校国际学生流动态势研究》,《比较教育研究》2016年第10期;陈武元、薄云:《马来西亚私立高等教育国际化论析》,《外国教育研究》2007年第2期。

10 个欧洲国家、9 个美洲国家、8 个非洲国家以及 2 个大洋洲国家①。印度还积极支持和促进加强教育关系的共同承诺，如全民教育九大国累西腓宣言；与东南亚国家联盟、联合国教科文组织、联合国儿童基金会、联合国人口基金会以及世界银行等国际组织加强教育交流与合作②。

作为"一带一路"倡议的提出者，中国政府积极与沿线国家开展教育交流与合作。教育部的相关数据显示，截至 2016 年年底，中国已与 47 个国家和地区签订了学位学历互认协议，包括"一带一路"沿线的拉脱维亚、波兰、罗马尼亚、爱沙尼亚、匈牙利、捷克、俄罗斯、白俄罗斯、哈萨克斯坦、蒙古国、马来西亚、印度尼西亚、泰国等。在学历学位认证标准联通方面，中国政府积极推动实施联合国教科文组织的《亚太地区承认高等教育资历公约》（*The Convention on the Recognition of Higher Education Qualifications in Asia and the Pacific*）等。此外，中国与世界 188 个国家或地区建立了教育合作与交流关系，与 46 个重要的国际组织开展教育合作与交流，建立和完善双边多边教育部长会议机制，加强次区域教育合作交流，如"金砖国家大学联盟""中国—阿拉伯大学校长论坛""中国—东盟教育交流周""中非 20＋20""中国—拉美教育交流平台"，等等③。中国在教育合作范围上由部分国家向所有国家转变，在双边和多边教育交流与合作的基础上积极参与全球教育治理，有效推动中国教育对外开放，从而为吸引更多的国际学生奠定了坚实的基础。

（四）收取相对较低的教育费用

留学费用是每一个国际学生都非常关心的问题，目前留学费用

---

① 刘婷：《印度高等教育国际化历史、现状及特点》，《世界教育信息》2016 年第 18 期。

② M. Khare, "India's Emergence as a Regional Education Hub", *International Higher Education*, No. 83, Special Issue 2015, 2015.

③ 教育部：《这 5 年教育开放筑新局》，中国教育报（http://www.moe.gov.cn/jyb_ xwfb /s5147/201803/t20180320_ 330665. html. ）。

最高的当属英、美等国家。QS 最新统计数据显示，全球学费最贵的前 10 所高等教育机构除一所在瑞典，5 所在美国，4 所在英国。以英国为例，其高等教育机构对欧盟以外的国际学生收取的学费视课程而定，每年收取 7000—35000 英镑（约合 9400—46800 美元）不等的学费；在生活住宿费用方面，每年则至少花费 12000 英镑（约 16050 美元）。相比之下，前往亚洲或欧洲的发展中国家留学的学费和生活费用较便宜。

马来西亚是出国留学最便宜的国家之一。根据 QS 最佳留学城市排名（Best Student City），在负担能力这一项上，马来西亚首都吉隆坡 2017 年和 2018 年连续两年排名全球第二，被评价为学习和生活的理想地点，仅次于匈牙利首都布达佩斯。每年平均花费只需要 3400 美元左右，住宿费用平均花费在 335.57—557.82 美元。马来西亚有许多国际大学设立的分校，这些分校虽然比马来西亚本土的高等教育机构收费更高，但仍然比去该高等教育机构本部接受教育便宜得多，比如英国的诺丁汉大学、澳大利亚的莫纳什大学，国际学生花费较低的费用就可以拥有获得世界知名大学文凭的机会。

印度是世界四大文明古国之一，也是世界上发展最快的国家之一。印度是全球软件、金融等服务业最重要的出口国。印度全国现有 300 多所综合性大学，全球 Top500 大学中，印度有 9 所，如著名的印度理工学院（Indian Institute of Technology）、德里大学（University of Delhi）等。在印度留学的学费相对较低，生活非常经济实惠，虽然在印度留学的学费将取决于国际学生的学习等级，并且各个高等教育机构的收费不一致，但一年的学费通常不会高于 7300 美元，使用公共交通工具单程的费用仅为 25 美分，5000 美元可以在印度舒适地生活一年。

菲律宾首都马尼拉在 2018 年 QS 最能负担得起的城市中排名第九，最佳留学城市整体排名第 95 位。马尼拉的圣托马斯大学（University of Santo Tomas）、德拉萨大学（De La Salle University）、

雅典耀大学 (Ateneo de Manila University) 和菲律宾大学 (University of the Philippines) 对国际学生收取的平际学费也很低,每年约4000—6200 美元,每月的生活费用等预计约为511.35 美元。

波兰的高等教育对本国公民免费,国际学生如果与本国学生参加一样的入学考试,并且参加波兰语授课的课程,就可以在波兰免费留学。同时,波兰的高等教育机构也提供了很多英语语言的授课课程,公立高等教育机构的学费大约是2300—4530 美元一年,私立大学的费用稍高,最高达6800 美元一年。在波兰的生活成本也相对偏低,平均来看每月的生活成本大约为350—670 美元,住宿费大约在110—160 美元。同时,波兰的首都华沙在2018 年QS 最佳留学城市整体排名中居第12 位,在最能负担得起的城市排名中居第77 位。

第四节　研究结论与政策建议

一　研究结论

本章详细论述了"一带一路"沿线国家的国际学生流动概况以及高等教育发展环境和发展水平,探究了经济、教育和社会文化因素对沿线不同发展水平国家吸引国际学生的影响差异,并归纳总结了发达国家和发展中国家招收国际学生的政府策略,主要得出以下结论。

对"一带一路"沿线国家国际学生流动概况进行分析发现,伴随着国际学生流动数量的不断增加,流动规模的不断扩大,发达国家对世界各国的国际学生吸引力依旧强劲,国际学生主要流向北美和西欧国家。相比之下,沿线发展中国家总体上对国际学生的吸引力和竞争力不足,国际学生流动不平衡性显著。但同时,随着亚洲新兴国家的经济和教育等实力不断增强,这些国家纷纷加入了国际教育市场的竞争行列,开始招收大量的国际学生,国际学生的流向也因此呈多元化趋势。对"一带一路"沿线国家高等教育发展环境和发展水平分析发现，发达国家高等教育发展环境远远优于发展中国家，沿线国家间教育不发达差异明显。对中国的国际学生流动概况进行分析，发现中国国际学生数量不断攀升，中国主要向欧美发达国家输出国际学生，而地缘邻近的亚洲国家向中国输入大量国际学生，中国流入流出失衡问题突出。

对不同发展水平国家经济、教育和社会文化因素对国际学生选择留学目的地国的影响进行探究，发现与先前相关研究结论一致的是，一国与世界的商品贸易额对该国吸引世界各国国际学生具有显著的积极影响，国家之间商品贸易量越大，经济合作越紧密，越能促进两国之间国际学生的流动。但不同的是，发展中国家的国际学生对目的地国的高等教育质量和规模考虑较多，更倾向于选择前往经济发展水平不是太高但教育发展水平高的国家留学。当选择发展中国家作为留学目的地国时，目的地国的高等教育政府支持程度、高等教育质量、高等教育发展规模以及物价水平均是重要的影响因素；当选择发达国家作为留学目的地国时，目的地国的高等教育质量、高等教育规模和两国之间的地理距离是重要影响因素；发达国家的国际学生在选择发展中国家作为留学目的地国时，重点考虑目的地国的高等教育发展环境和发展水平因素，经济发展水平以及两国之间的地理距离并不是重要影响因素；而在选择发达国家作为留学目的地国时，目的地国的经济发展水平是重要的影响因素，也就是说发达国家的国际学生更倾向于选择比本国经济更加发达的国家留学，同时目的地国的高等教育质量不产生显著影响。

通过对"一带一路"沿线的主要发达国家和发展中国家招收国际学生的政府有效策略进行总结归纳，发现不论是发达国家还是发展中国家，都积极推进和发展国际化的高等教育。发达国家在提高本国高等教育质量的过程中，更加重视提升国际学生留学体验的质量，以及通过提供多元化的国际学生资助项目吸引更多的国际学生；其在全球范围内招收国际学生的同时确定优先关注国家或地区，并积极支持专门的机构在全球传播本国文化。发展中国家主要通过打造优质的区域高等教育中心、提供特色课程以及加强政府间的交流合作吸引国际学生，其招生政策更加倾向于关注地缘邻近和文化相似国家。

本书认为在国际学生流动呈多元化发展趋势的今天，越来越多的国际学生将发展中国家作为留学目的地国，"一带一路"的广大发展中国家应抓住这一发展机遇，借鉴他国有效的政府策略和措施，并将影响国际学生流动的诸多因素考虑在内，积极发展本国经济和教育，制定和优化国家高等教育发展政策和国际学生流动政策以吸引更多的国际人才。

二 "一带一路"沿线国家招收国际学生的政策选择

如何利用好国际学生流动的影响因素招收国际人才，是各国政府高等教育政策出台必须予以考虑的问题。根据"推拉理论"和前述分析结果，一国能否吸引到优秀的国际人才到本国留学，主要受该国的经济、教育、社会文化、地缘以及国家政策措施等影响。同时，根据"人力资本理论"，国家（政府）是教育的投资主体之一，投资教育具有更大的经济价值。基于此，"一带一路"沿线各国政府应积极制定高等教育发展政策和国际学生流动政策，在宏观层面加以引导。应该加强政府间贸易政策沟通，畅通经贸联系，发挥经济发展的根本促进作用；加大政府财政投入，优化高等教育发展环境，努力提高国内高等教育质量；通过国家教育政策支持、引导和政府间合作，加强区域教育合作；实施高等教育国际化政策，加快国家高等教育能力建设。同时，"一带一路"倡议为中国首先提出，中国政府应积极发挥在"一带一路"教育行动中的重要作用，推动世界各国在不同领域的合作更加畅通，最终促进"一带一路"教育共同繁荣。

（一）深化政府间经贸合作，发挥经济的根本促进作用

第一，加强政府间贸易政策沟通，促进贸易和投资自由化便利

化。"政策沟通"是"一带一路"建设的重要保障，推进"贸易畅通"是"一带一路"建设的重点内容。如前所述，一国与世界经贸联系的紧密程度对吸引国际学生可以产生显著且积极的影响，所以加强与世界各国的经贸联系是扩大国际学生规模的有效措施。目前"一带一路"沿线国家贸易畅通非常便利的国家很少，大部分是贸易畅通"潜力型"或贸易不便利的国家，沿线还包括 11 个联合国界定的最不发达国家①，这些国家贸易潜力巨大，但关税和非关税壁垒普遍较高，贸易便利化水平很低②。贸易畅通的关键在于各国政府贸易制度的相互对接，而贸易制度以各国政治经济发展状况为基石，在短时间内难以有根本性的改变。因此在当前阶段，各国应更加注重贸易规则建设，加强政府间的贸易政策沟通和政府间的磋商谈判，从对接具体的贸易政策和措施入手，在贸易和投资自由化、便利化方面加强合作与创新，从而打破贸易保护主义，促进沿线国家或区域贸易的快速发展。可采取的措施有：一是消除投资和贸易壁垒，构建国家间或区域内良好的营商环境，积极同沿线国家或地区共商共建自由贸易区；二是在海关合作方面加强信息互换、监管和检验检疫互认等，降低通关成本；三是对进出口商品的限制政策进行调整，拓宽贸易领域，挖掘贸易新增长点；四是签订双边、多边贸易保护协定，避免双重征税，制定相关政策保护外国投资者的合法权益。同时，由于地区之间的贸易潜力大于同一地区国家之间的贸易潜力，沿线各国政府尤其是发展中国家和最不发达国家政府应当协同推进多边、双边、区域、次区域开放合作的经贸关系，在实现国家间贸易合作的同时加强区域间的合作联系，最终通过经贸合作，达到密切两国交流的目的，从而增强国家间和区域间

---

① 联合国界定的 49 个最不发达国家，在"一带一路"沿线国家中，有 11 个，分别是：阿富汗、孟加拉国、不丹、柬埔寨、埃塞俄比亚、老挝、缅甸、尼泊尔、东帝汶、坦桑尼亚和也门。

② 黄立群：《"一带一路"贸易畅通策略研究》，《国际贸易》2016 年第 8 期；孔庆峰、董虹蔚：《"一带一路"沿线国家的贸易便利化水平测算与贸易潜力研究》，《国际贸易问题》2015 年第 12 期。

国际学生的相互流动。

第二，大力发展经济，持续提高国家经济发展水平。研究表明，经济和教育发展水平对国际学生流动具有重要影响。经济和教育是互相促进的，经济发展对教育的发展具有带动作用，而教育的发展又反过来会促进经济的发展①。"一带一路"沿线主要是发展中国家，尤其是在亚洲和非洲，这些发展中国家主要是输出国际学生，招收的国际学生人数远远低于输出人数，导致流入流出不均衡，人才流失严重，反过来又间接影响社会经济的发展。"一带一路"沿线国家要使本国高等教育在国际教育市场中具有竞争力，就要充分发挥经济的基础性作用和根本性作用，以经济建设为中心，提升国家经济实力和综合国力。此外，一国经济的发展对本国与世界的商品贸易额增长有显著的促进作用②。"一带一路"倡议是促进中国与沿线国家经济合作与经济繁荣的构想，因此，沿线国家可以借助"一带一路"倡议，通过加强"五通"与中国和世界其他国家实现经济要素有序自由流动、资源高效配置和市场深度融合，助推本国经济的发展，以增强国家高等教育在国际教育市场中的吸引力和竞争力。如在设施联通方面，基础设施互联互通是"一带一路"建设的优先合作领域，是促进沿线国家经济发展的重要依托，可采取的政策措施有：加强基础设施建设规划、技术标准体系的对接，共同推进国际骨干通道建设；推进建立统一的全程运输协调机制，初步形成兼容规范的运输规则；拓展建立交通领域全面合作的平台和机制。又如在资金融通方面，可深化与沿线国家在金融领域的合作；扩大与沿线国家双边本币互换；推动债券市场开放发展；推动建立高效金融监管协调机制；推动共建金砖国家开发银行（BRICS Development Bank）、亚洲基础设施投资银行（Asian Infra-

---

① J. Benhabib, M. M. Spiegel, "The Role of Human Capital in Economic Development Evidence from Aggregate Cross-Country Data", *Journal of Monetary Economic*, No. 34, Issue 2, 1994.

② 廖泽芳、李婷、程云洁：《中国与"一带一路"沿线国家贸易畅通障碍及潜力分析》，《上海经济研究》2017年第1期。

structure Investment Bank）等。

（二）加大政府高等教育投入，提升高等教育质量和水平

第一，把教育放在优先发展位置，加大政府在高等教育领域的投入。如前所述，一国"政府高等教育支出占 GDP 的比例""高等教育发展毛入学率"和"高等教育生师比"等反映高等教育发展水平和发展质量的关键性指标，是影响国际学生选择留学目的地国的重要因素。然而在"一带一路"沿线国家中，除少数几个欧洲国家和以色列等国的高等教育表现优秀之外，沿线多数国家高等教育的发展状况不均，普遍存在规模偏小、质量偏低的现象。特别是沿线发展中国家不论是政府高等教育支出占 GDP 的比例，还是高等教育生均公共支出，总体而言都远远低于沿线发达国家。另外，政府各项高等教育发展政策和推动国际学生流动政策的有效实施需要充足的教育经费予以保障，投入越多，高等教育机构的科研条件、教学水平、师资力量、奖助学金、生活服务等配套设施也就越好，进而有利于招收更多的国际学生；反之，经费投入不足，高等教育发展滞后，高等教育在国际市场的竞争力不足，则不利于招收国际学生。因此，沿线各国政府要想扩大本国高等教育影响力，招收更多的国际人才，除了在经济领域大有作为外，还要在教育领域下足决心，把教育作为国家财政支出重点领域予以优先保障，加大政府高等教育投入，提升政府高等教育支出占 GDP 的比例。另外，在保证政府高等教育投入的前提下，各国政府还应加强政策引领，引导和鼓励更多社会资本进入教育领域进行教育投资，以拓宽教育经费的来源渠道。沿线落后国家政府可积极争取国际援助，最大限度地保证本国高等教育经费投入，提升高等教育发展水平，最终以高等教育的快速发展反哺经济发展。

第二，提升高等教育发展质量和发展水平。在保障国家高等教育经费投入的前提条件下，加大对人的投资力度。在高等教育机构中，教师是一种软性的教育资源，其数量和素质是影响高等教育质量的重要因素，教师资源缺乏将制约高等教育质量的提升，而提高

质量是高等教育发展的核心任务。前文回归结果显示，"高等教育生师比"反映的是高等教育质量对国际学生的流动具有负向影响，生师比越高，越不利于本国在国际教育市场中的竞争。世界 Top100 高等教育机构的生师比大多控制在 5∶1 至 11∶1 之间，这一比例也是世界各著名高校最青睐的生师比[①]。而"一带一路"沿线国家生师比一直保持在 18∶1 的水平，远远高于世界 Top100 高校最受青睐的生师比水平，尤其是沿线发展中国家的高等教育生师比常年保持 20∶1 的水平，教师资源更加缺乏。因此沿线各国政府应注重师资建设方面的经费投入，政府应积极鼓励各高等教育机构通过内培外引，缓解本国师资不足的突出矛盾。同时，各高等教育机构要将高等教育生师比控制在一个合理的范围内，在保证教学质量的前提下尽可能寻找生师比的平衡点。在经费充足的条件下还可以鼓励各高等教育机构引进国外在线课程，形成网络学习和传统学习相结合的混合学习新模式，以提高教育质量，推动教育发展，从而为招收更多的国际学生奠定基础。

（三）充分利用地缘文化的影响，强化区域教育合作

充分利用"自然地理"和"地缘文化"因素的影响，加强与周边地缘邻近或文化相似国家政府间的教育交流合作。"一带一路"横贯整个欧亚大陆，经过东亚、东南亚、南亚、中亚、西亚、北非、东欧、中欧、南欧、西欧和北欧等多个区域，每个区域都有自己独特的文化交流圈。比如，中国、韩国、越南等国属于东亚文化圈，深受儒家思想和汉字文化的影响；印度、斯里兰卡、尼泊尔、孟加拉国、缅甸、柬埔寨、老挝等国属于南亚文化圈，深受印度教和佛教文化的影响；埃及、沙特阿拉伯、伊朗、巴基斯坦等国属于阿拉伯文化圈，深受伊斯兰文化的影响；俄罗斯和希腊、土耳其、塞尔维亚、罗马尼亚等巴尔干半岛国家属于东欧文化圈，深受东正

---

① 范晔：《大众化进程中的生师比与大学质量关系——世界一流大学生师比研究的启示》，《教育发展研究》2012 年第 23 期。

教文化影响；英美等国属于西方文化圈，深受天主教文化影响。文化圈内的发达国家不仅对共同文化圈内国家的国际学生具有强大的吸引力，且更有能力面向全球进行招生。相比之下，沿线发展中国家高等教育缺乏足够与发达国家抗衡的竞争力。鉴于此，沿线发展中国家可从以下三个方面采取措施。

一是充分依靠"自然地理"因素和"地缘文化"意识形态因素的无形吸引力，发挥在该地区的比较优势，通过建设区域教育中心，同时辅之以针对性的留学教育政策，推行优先关注策略，重点吸引与本国地理位置较近、语言相通或有历史联系、文化传承国家的国际学生到本国留学，推动区域内的国际学生流动。

二是在周边国家采取积极的营销策略。有条件的国家可以学习发达国家设立类似歌德学院、世宗学堂等专门的机构，或通过举办留学教育展向周边国家传播本国教育和文化，创建专门留学网站提供丰富的留学信息。条件较差的国家可以通过在海外的使馆和海外侨胞，加大对本国文化和教育的宣传力度。在宣传的同时，应更加注重突出国家的特点和比较优势，如注重宣传社会文化的包容性、稳定的社会政治环境、教育费用和生活成本低等。同时，由于影响国际学生流动的因素是不同的，各国政府应该针对不同国家的国际学生，甚至是不同种类的国际人才，制定差异化的人才政策，各机构在招收国际人才时也应采取差异化的宣传措施。

三是开展区域教育合作，共享优势资源。竞争与合作并存，开展合作是应对全球高等教育市场竞争加剧的重要方式。区域内政府应积极建立双边、多边合作交流与协调机制，打造面向该文化圈的教育核心区；同一文化圈国家还可以建立战略联盟关系或区域性组织，在加强教育合作关系、增强区域内学生互动和交流的同时，以开放、包容、合作的方式加强教育资源流动，通过优势资源共享和互补等途径提升彼此的高等教育水平，提升区域高等教育的竞争力，实现互利共赢。

（四）制定高等教育国际化政策，加速国家教育能力建设

招收更多的国际人才，除了国家大力发展经济和加大政府教育经费投入外，还需要国家教育政策来保驾护航。通过对沿线主要国家招收国际学生有效的政府策略进行归纳总结之后，发现高等教育国际化得到世界各国的普遍认同和高度重视，成为沿线各国政府高等教育政策的重点，甚至还有不少国家将高等教育国际化超越国家政策层面上升为国家发展战略。但全球高等教育国际化程度高的主要是发达国家，它们凭借在高等教育领域内的优势，开展高等教育国际化的内容广泛，活动形式多样。相比之下，"一带一路"沿线大多数为发展中国家，高等教育国际化水平参差不齐。因此，在发达国家均以各种方式和措施积极推动本国高等教育国际化向更高层次迈进时，沿线广大发展中国家应把高等教育国际化放在促进国家发展的突出位置，积极制定国家层面的高等教育国际化政策，加速国家教育能力建设，最终增强本国高等教育的国际影响力和综合竞争力。高等教育国际化包含诸多内容，"一带一路"沿线国家尤其是广大发展中国家可基于本国实际情况主要从以下五方面采取措施。

一是加强高等教育国际化的顶层设计，从国家层面推动高等教育国际化。沿线各国政府应借鉴西方发达国家的经验，将高等教育国际化上升为国家意志和国家发展战略，对国际教育战略进行长远规划，宏观上对本国高等教育向国际化发展进行统筹规划和引导，保证国家高等教育在大的政府政策框架下顺利进行，形成国家层面的国际教育目标、国际教育管理和国际教育资助等一系列政策体系。同时，国家高等教育战略还要注意与经济政策、贸易政策、文化发展政策、移民政策、签证政策等相互协调配合。

二是加强政府间政策沟通，扩大政府间学位学历互认互授范围。高等教育走向国际化的重要前提之一，是建立一套与世界教育制度兼容的高等教育体制。国家间学位学历互认互授是高等教育国

际化过程中的关键因素，有利于推动国际学生流动甚至平衡国际学生流动。沿线各国政府可以借鉴西方发达国家的学位制度，参考联合国教科文组织、世界贸易组织和经合组织等国际组织制定的相关高等教育学位学历互授公约、规则和指南，明确本国学位学历互认互授的指标体系、转换规则以及认证办法等，借助"一带一路"倡议，密切沿线各国政府间沟通，与沿线国家达成共识，签订学历学位互认协议或谅解备忘录，以提高本国高等教育学历和学位的国际认可度。

三是推进国际化课程建设，构建与国际接轨的课程体系。这需要政府支持与高等教育机构的密切配合。首先，将国际化理念纳入国家高等教育总体发展纲要和人才培养目标，大力支持各高等教育机构为国际学生提供国际性、通用性、多层次和多形式的课程，构建和优化国际化课程体系，增加对国际学生的吸引力。其次，支持高校扩大外语教学覆盖范围或实行双语教学，开设多种语言课程。例如，开设特色课程，打造优势学科和一流学科；将国际上先进的知识纳入日常教学中；使用优质的原版教材；开设国际政治、世界经济和世界文化等具有国际特色的相关课程。再次，充分运用互联网、AI、5G 等高新技术，探索"互联网＋学习"的新途径、新方法，依托"一带一路"沿线的多边组织，开发建设国际标准、共同认可的在线开放课程[①]。最后，采用国际评价质量标准，将国际化发展内容作为高等教育机构课程评级的重要指标。

四是开展合作办学或建立海外分校，实施"走出去"与"请进来"相结合的政府战略政策。建议沿线各国政府加强与沿线发达国家的战略合作，实施"请进来"的政府策略，大力引进海外优质的教师资源、课程资源和科研内容等，为教育投资者提供宽松的政策环境，从而推动本国高等教育机构办学质量和办学层次的提升；

---

① 教育部、印顺委员：《打造"一带一路"教育共同体》（https：//www. yidaiyilu. gov. cn/xwzx/roll/81590. htm. ）。

有条件的国家不仅局限于引进海外优质资源，建议实施"请进来"与"走出去"相结合的策略，与海外名校结对，联合开展项目，通过海外合作办学或者设立海外分支机构，增加外国学生对本国的了解与认同感，进一步推动国家间的国际学生流动。

五是提升留学教育服务水平，提升满意度。教育质量无疑在国际学生满意度中起着重要作用，是政府和高校的首要关注点。但是国际学生的需求和满足不仅局限于学术需求，不同国家的国际学生有不同的文化背景和不同的需求，他们在适应不同的经济和文化环境以及不同的学习风格和教学风格方面都可能面临各种困难[①]。英、德等发达国家相当重视国际学生的留学体验，在国际学生满意度方面采取各项措施，并委托相关机构对国际学生的留学体验进行调查以进行后期优化。"一带一路"沿线国家特别是条件允许的发展中国家可以借鉴英、德的做法，以提升本国留学教育服务水平。具体关注的服务领域可包括：国际学生的学习计划、国际学生的学术表现、教师的教学方法和行政人员的教学服务、住宿服务、图书馆服务、国际学生的人际关系、文化活动、现代化的基础设施、治安、交通出行服务、就业指导、签证等方面[②]。相关机构可从这些方面着手，为国际学生提供专业化、个性化的服务，提升留学满意度，从而扩大国际学生规模。

---

① F. T. Mavondo, Y. Tsarenko, M. Gabbott, "International and Local Student Satisfaction: Resources and Capabilities Perspective", *Journal of Marketing for Higher Education*, Vol. 14, No. 1, 2004; O. W. Deshields, A. Kara, E. Kaynak, "Determinants of Business Student Satisfaction and Retention in Higher Education: Applying Herzberg's Two-Factor Theory", *International Journal of Educational Management*, Vol. 19, No. 2, 2005.

② J. Douglas, R. Mcclelland, J. Davies, "The Development of a Conceptual Model of Student Satisfaction with Their Eexperience in Higher Education", *Quality Assurance in Education*, Vol. 16, No. 1, 2008; R. Arambewela, J. Hall, "The Role of Personal Values in Enhancing Student Experience and Satisfaction Among International Postgraduate Students: an Exploratory Study", *Procedia-Social and Behavioral Sciences*, Vol. 29, No. 11, 2011; C. Bianchi, J. Drennan, "Drivers of Satisfaction and Dissatisfaction for Overseas Service Customers: A Critical Incident Technique Approach", *Australasian Marketing Journal*, Vol. 20, No. 1, 2012; C. P. Yee, "Internationalisation of Higher Education: International Students' Satisfaction Research", *Bulletin of Higher Education*, No. 22, 2013.

（五）中国积极发挥在"一带一路"教育行动中的重要作用

中国是"一带一路"倡议的提出国，也是"一带一路"建设的主要动力来源国，中国政府应在力所能及的范围内承担更多的责任义务，这就需要中国先搞好自身建设，率先垂范并积极行动，聚力共建"一带一路"。

1. 对内要做强自身，中央政府、省级政府和高校三方形成合力，共建高等教育强国

首先，在国家层面，中央政府要发挥宏观统筹和协调推动的作用。通过对高等教育发展进行顶层设计，扎实、有序地推动国家高等教育发展政策的不断完善，规划好中国高等教育在"一带一路"建设中的战略布局和行动策略；协调推动国内各部门和各地方的工作，完善中国教育体系的治理机制和规章制度，并辅之以综合性的教育改革来提升中国高等教育的发展质量和发展水平。

其次，省级政府要发挥重点推进的主体作用。通过对接国家总体建设布局，依据本省的经济实力及资源优势等，制订与国家教育对外开放战略携手而行的本地高等教育"走出去"行动计划，开展各具特色的"一带一路"教育行动，打造教育合作交流区域高地，助力做强本地教育。如广东、广西和云南可结合国家支撑东盟地区等政策优势，积极与东盟国家开展教育交流合作；新疆可加强与中亚各国的教育合作交流，将自身打造成为丝绸之路经济带的教育中心。

最后，释放高等院校潜力。鼓励各高等院校将海外优质教育资源"引进来"，助推一流大学和一流学科建设；同时充分整合自身优势资源"走出去"，兼容并包、互学互鉴，与沿线各国开展形式各样的教育交流合作，以提升高等教育国际化水平。

2. 对外要对接沿线各国战略政策，互鉴先进教育资源，共享优质教育资源

截至2019年3月6日，中国政府已经与123个国家和29个国际组织签署了171份"一带一路"合作文件，对外开放全方位

扩大①。中国与沿线国家的高等教育资源丰富、特色鲜明、互补性强，并且诸多合作建设项目还处在快速推进阶段，潜在需求和发展空间巨大。

中国应主动对接沿线各国各地区战略发展规划。如俄罗斯的"欧亚经济联盟"、波兰的"琥珀之路"、沙特阿拉伯的"2030 愿景"、韩国的"欧亚计划"、澳大利亚的"北部大开发"、埃及的"新苏伊士运河计划"、哈萨克斯坦的"光明之路"、蒙古国的"草原之路"、巴基斯坦的"愿景 2025"、印度尼西亚的"全球海上支点战略"、印度的"季风计划"、越南的"两廊一圈"、柬埔寨的"四角战略"、东盟的"东盟互联互通总体发展规划"、欧盟的"容克计划"等。根据各国各地区的战略规划，加强政策磋商和采取差异化的对外教育交流合作对策，并积极探索教育合作交流的机制与模式。

中国应在"一带一路"教育行动政策框架下，开展教育互联互通合作、人才培养合作以及共建丝路合作机制。尤其应在教育互联互通方面重点开展工作：一是加强教育政策沟通，通过签署教育合作协议、学位学历互认协议、师生交流合作协议等双边、多边和次区域合作框架协议，签订沿线各国教育交流合作国际公约，逐步疏通教育合作交流的政策性瓶颈。二是助力合作渠道畅通，推进"一带一路"沿线国家间签证便利化，鼓励高等院校之间缔结姊妹关系，举办教育部长会议和大学校长论坛等，助力推进高等教育机构间多层次领域的务实合作，打造"一带一路"学术交流平台，吸引各国学生和学者开展学术交流等。三是促进沿线国家语言互通，拓展政府间语言学习交换项目，推进多语种和外语教育教学工作，扩大国家间公派留学人员规模，共同开发语言互通开放课程等。四是推进沿线国家间民心相通，加强"丝绸之路"学生交流，注重利用

---

① 中国"一带一路"网：《中国已经与123 个国家和29 个国际组织签署了171 份"一带一路"合作文件》（https：//www.yidaiyilu.gov.cn/xwzx/roll/81577.htm，2019.3.6）。

志愿服务、文化体验、艺术展览等途径，促进沿线不同国家学生对其他国家文化的理解。五是推动学历学位认证标准联通，呼吁区域内双边、多边学历学位互联互授，呼吁沿线各国完善教育质量保障体系和认证机制，加快推进本国教育资历框架开发。在人才培养合作方面，实施"丝绸之路"留学推进、合作办学推进以及人才联合培养推进等计划，推动沿线国家间国际人才流动和优质资源共享。在共建丝路合作机制方面，加强与"丝绸之路"沿线国家人文交流磋商，统筹推进"一带一路"教育共同行动；充分发挥亚太经合组织、上海合作组织等国际合作平台的作用，增加教育合作的新内涵；实施"丝绸之路"教育援助计划，在中国高等教育具有比较优势的情况下，中国政府应在力所能及的范围内承担更多责任义务，尤其是加大对最不发达国家的支持力度，促进缩小南北发展差距，为构建人类命运共同体作出特殊贡献①。

大力推进"一带一路"教育共同建设、共同参与、共同发展。"一带一路"倡议植根于历史，面向未来；源自中国，属于世界，其核心的理念是"合作"。"一带一路"沿线国家间的交流合作不仅需要中国政策的持续支持，也需要各个国家的积极参与，协同推进，不仅要推动中国与沿线国家的双向畅通，还要促进沿线国家内部交流合作"壁垒"的破除，以点带面，从线到片，促进沿线各国在"一带一路"倡议框架内实现互联互通，逐步形成区域大合作格局。中国应充分调动沿线国家和众多国际组织、区域组织参与的积极性，坚持共同建设，共同参与，共同发展，共享利益，使"一带一路"倡议变成大家的共同行动。

---

① 刘盾：《世界一流大学合作办学新解及对中国"一带一路"教育行动的启示——以"耶鲁—新加坡国立大学学院"为例》，《中国高教研究》2017 年第 7 期。

第 四 章

"一带一路"沿线国家来华留学影响因素研究

第一节 "一带一路"沿线国家来华留学规模和结构

随着中国高等教育水平的显著提升与人才培养能力的不断增强，中国国际教育的推进力度逐步增大，尤其注重与"一带一路"沿线国家的国际教育交流，大力促进国际合作、不断完善相关政策，吸引更多国家的学生来华留学。来华留学的生源地涵盖世界上205个国家和地区，其中"一带一路"沿线国家占141个，发展迅速。

一 "一带一路"沿线国家来华留学规模

2010年"一带一路"沿线国家来华留学人数为18.57万人，2013年增长至25.48万人，增长率达37.21%，沿线国家来华留学人数占来华留学总人数的比例由2010年的70.06%缓慢增长到2013年的71.48%。可以看到，"一带一路"沿线国家是全球来华留学教育规模中的主体，并且2013年提出的"一带一路"倡议对沿线国家来华留学教育的促进作用明显，2013年之后，沿线国家来华留学人数激增，占来华留学总人数的比例加速上升。2016年，中国成为亚洲最大的留学目的地国，"一带一路"沿线国家来华留学人数达 33.64 万人，占来华留学总人数的 75.98%；2017 年"一带一路"沿线国家来华留学人数达 37.92 万人，占来华留学总人数的 77.51%，较 2013 年增加了 7.26%；2018 年来华留学人数相比 2017 年略微下滑，但总人数仍然达到 37.54 万人，较 2013 年增长了一倍，"一带一路"沿线国家来华留学人数占全球来华留学总人数的比例达到 76.27%（见图4—1）。

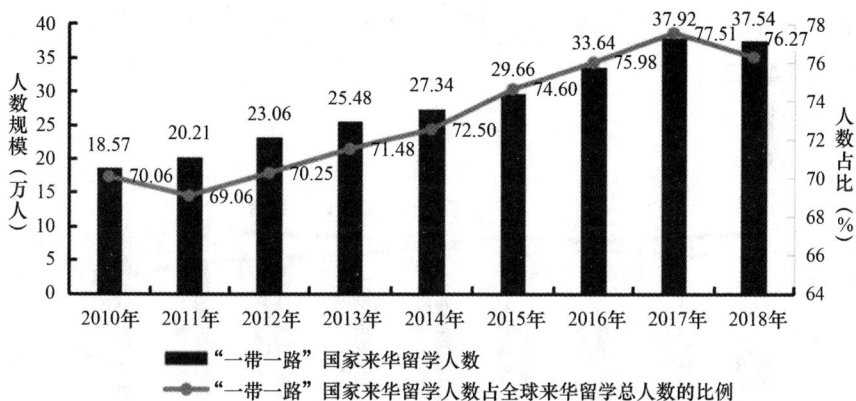

图4—1 "一带一路"沿线国家来华留学人数占全球来华留学
总人数的比例

二 "一带一路"沿线国家来华留学结构

（一）2018 年沿线国家来华留学层次结构

2018 年"一带一路"沿线国家来华留学的学历生占比为 57.83%，非学历生占比为 42.17%，学历生多于非学历生；在学历生中，本科生最多，占总人数的 34.61%，约为硕博研究生的 1.5 倍；硕博研究生占比为 19.98%；专科生最少，仅占 3.23%。可以看出，来华留学学历结构层次差异显著。

（二）"一带一路"沿线国家来华留学学历结构

从总的学历结构来看，"一带一路"沿线国家的学历来华留学生占比呈缓慢上升趋势，非学历来华留学生占比呈缓慢下降趋势。2014 年以前，"一带一路"沿线国家的非学历来华留学生多于学历来华留学生，2010 年学历生占比为 47.07%，非学历生占比为 52.93%。2014 年学历生和非学历生的差距缩至最小，非学历生略多于学历生，非学历生占比为 50.12%，学历生占比为 49.88%。2013 年"一带一路"倡议提出后，中国政府进一步加快"一带一路"沿线国家学历来华留学教育发展，充分发挥学历留学教育的内源性牵引力，学历生的增长速度明显上升，逐渐超过非学历生，学历生和非学历生人数的趋势线开始逐渐分离，2018 年学历生来华留学和非学历生的人数差距达到 5.88 万人，占比差距扩大至 15.66%（见图 4—2）。

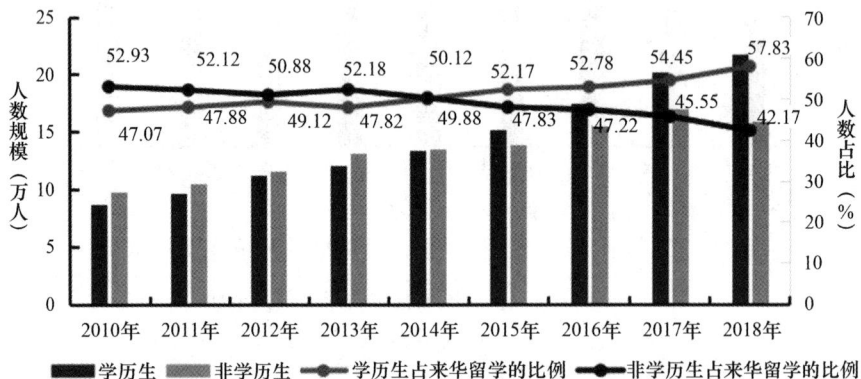

图 4—2 "一带一路"沿线国家来华留学学历结构

（三）"一带一路"沿线发展中国家和发达国家来华留学对比

从学历结构来看，沿线发展中国家的学历生和非学历生人数呈上升的趋势，发达国家的学历生和非学历生人数呈缓慢下降趋势。其中，发展中国家的学历生人数最多，其次是发展中国家的非学历生人数，再次为发达国家的非学历生人数，最后是发达国家的学历生人数。发达国家来华留学的非学历生人数多于学历生人数，且发达国家来华留学的非学历生人数和学历生人数差距有逐年缩小的趋势，其中非学历生人数在 2010—2016 年呈缓慢上升趋势，2016 年达到 5.3 万人，此后呈下降趋势；2018 年发达国家的非学历生人数下降到 3.6 万人，2010—2017 年学历生人数在 2.6 万—2.9 万人范围波动，2018 年下降到 2.3 万人。发展中国家的学历生人数多于非学历生人数，且发展中国家来华留学的非学历生人数和学历生人数差距有逐年增大的趋势，发展中国家与发达国家学历生的人数差距逐年增大。发展中国家学历生人数从 2010 年的 5.8 万人增加到 2018 年的 19.4 万人，增长速度最快，增长率高达 234.48%，说明学历来华留学教育对发展中国家的吸引力较大。2015 年起，发展中国家的学历生人数和非学历生人数的增速都进一步提升，2018 年发展中国家非学历来华留学生人数达到 12.2 万人（见图 4—3）。

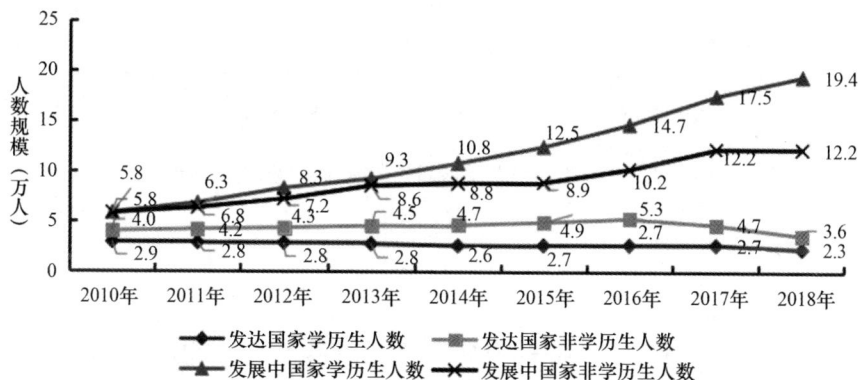

图4—3　"一带一路"沿线发达国家和发展中国家的学历
结构对比

从学历层次来看，发展中国家本科生人数最多，发展中国家硕博研究生人数次之，发达国家硕博研究生人数最少。发展中国家的本科生和硕博研究生人数呈持续上升趋势，发达国家的本科生和硕博研究生人数呈缓慢下降趋势。发展中国家的本科生人数从 2010 年的 4.2 万人增长到 11.1 万人，增长速度最快，其硕博研究生人数的增速次之，说明来华学历教育特别是高层次学历教育对发展中国家吸引力更大。且自"一带一路"倡议提出以来，无论是来华留学本科生人数还是硕博研究生人数，发展中国家在数量和速度上远超发达国家。2010—2017 年发达国家来华本科生人数均在 2.2 万—2.4 万人波动，2018 年下降到 1.8 万人，2010—2017 年发达国家的来华硕博研究生人数均为 0.5 万人，2018 年下降到 0.4 万人。发达国家和发展中国家来华留学学历层次发展态势趋同，均以本科生为主（见图 4—4）。

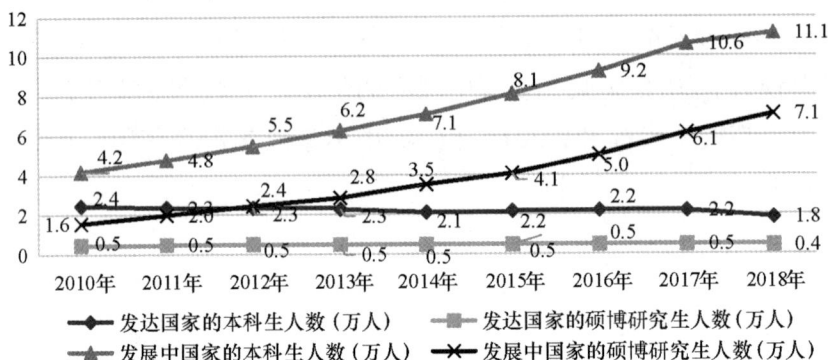

图4—4 "一带一路"沿线发达国家和发展中国家的学历
层次对比

第二节 "一带一路"沿线国家来华留学的影响因素

一 变量选择

本书的因变量为学历来华留学生人数、非学历来华留学生人数、来华本科生人数以及来华研究生人数。以教育维度为主，补充社会经济维度，选取"一带一路"沿线各国"高等教育毛入学率""高等教育生师比""高等教育人均财政支出占人均 GDP 比重""获得奖学金的机会""两国间的高等教育学历互认"五个指标作为自变量，其中，"是否两国间的高等教育学历互认"为引入的虚拟变量。

表4—1   "一带一路"沿线国家来华留学影响因素理论框架

	"推力"因素	"拉力"因素
教育指标	高等教育毛入学率	获得奖学金的机会
	高等教育生师比	两国间的高等教育学历互认
	高等教育人均财政支出占人均 GDP 比重	
	高等教育出境人数	
社会经济指标	R&D 研究人员（每百万人）	两国间的贸易额
	人均 GDP	两国间的地理距离

（一）教育因素变量

高等教育毛入学率、高等教育生师比、高等教育人均财政支出占人均 GDP 比重反映的是一个国家高等教育的发展状况，作为"推力"因素影响来华留学。其中，高等教育生师比反映一国高等教育人力资源的投入，高等教育人均财政支出占人均 GDP 的比重反映一国高等教育财力资源的投入，根据投入产出理论，产出越多，回报就越多，本国高等教育的发展环境、科研条件等也会更优，高等教育发展水平也会更高，教育质量就越能得到保证。高等教育毛入学率和高等教育人均财政支出占人均 GDP 比重两个指标主要反映的是各国高等教育质量。获取奖学金机会和两国间的高等教育学历互认反映的是各国和中国教育交流合作的程度，作为"拉力"因素影响来华留学。

（二）社会经济因素变量

在社会经济指标的选取上，"选取 R&D 研究人员人数（每百万人）""两国间的地理距离""两国间贸易额""是否为发达国家"作为自变量。其中，R&D 研究人员（每百万人）反映的是一个国家科研发展水平以及对科技创新和技术研发的重视程度；"是否为发达国家"以该国的人均 GDP 衡量，人均 GDP 反映的是一国经济发展水平，一国的经济因素作为高等教育的基础，间接影响来华留学的状况，此两项指标作为"推力"因素影响来华留学。两国间的地理距离反映来华留学生的交通成本，并且地理距离近的国家往往有着相似的文化渊源，有利于留学生适应新的学习环境。两国间的贸易额反映的是两国在经济上的合作水平与紧密程度，该因素作为"拉力"因素影响来华留学的规模和水平。

二 模型设定

面板数据是指在时间序列上取多个截面，在这些截面上同时选取样本观测值所构成的样本数据。面板数据建立的模型通常有三种：混合回归模型、随机效应回归模型、固定效应回归模型。本书使用 EVIEWS10.0 分析统计软件，已知对于不同的截面，模型的截距显著不同，但是对于不同的时间序列（个体）截距是相同的，因此本书建立时间固定效应模型。

本书为探讨 2010—2018 年生源国的高等教育毛入学率、高等教育生师比、高等教育财政支出等"推力"因素，以及来华奖学金、生源国与中国的高等教育学历互认以及"生源国与中国的贸易联系紧密程度"等"拉力"因素对于来华留学规模的影响，一共覆盖 1269 个观测值。用面板数据建立的回归模型中：来华留学人数为因变量；高等教育毛入学率、高等教育生师比、生均高等教育财政支出占人均 GDP 比重、与中国的高等教育学历互认、来华奖学金、生源国 R&D 研究人员人数、两国间的贸易额以及与两国间的地理距离为自变量；生源国的高等教育出境人数为控制变量。另外，引入虚拟变量，发达国家为 1，发展中国家（包含前述发展中国家及最不发达国家）设置为 0，探讨不同经济发展水平国家来华留学影响因素上的差异。

以来华留学人数作为因变量，搭建计量回归模型，研究假设因素对来华留学的影响。

$$Y_{Jit} = \alpha_0 + C_1 X_{1it} + C_2 X_{2it} + C_3 X_{3it} + C_4 X_{4it} + C_5 X_{5it} + C_6 X_{6it} + C_7 X_{7it} + C_8 X_{8it} + C_9 X_{9it} + C_{10} X_{1it} D_i + C_{11} X_{5it} D_i + \lambda_{controlit} + \lambda_t + \varepsilon_{it} \quad (J = 1, 2, 3, 4, 5)$$

在该模型中，α_0 为常数项；λ_t 表示时间固定效应；ε_{it} 为随机扰

动项。Y_1 表示一国来华留学总人数，Y_2 表示一国来华学历留学生人数，Y_3 表示一国来华非学历留学生人数，Y_4 表示一国来华本科生留学生人数，Y_5 表示一国来华研究生留学生人数。

X_1 表示来华留学生获得奖学金的机会，当 J = 1 时，X_1 表示来华留学生获得奖学金的总人数；当 J = 2，3，4，5 时，X_1 通过各国来华获取奖学金的本科生人数、研究生人数、学历生人数和非学历生人数占来华留学总获奖人数的比例来衡量。获得奖学金人数在来华留学总人数中的占比越大，对来华留学的激励作用越强。X_2 表示一国高等教育生师比，X_3 表示一国高等教育毛入学率。高等教育生师比越高说明一国高等教育人力资源的投入越有限，高等教育毛入学率越低说明一国高等教育的发展水平越低，学生更有可能由于本国较差的高等教育条件和发展水平而来华接受高等教育。X_4 为虚拟变量，表示两国间的高等教育学历互认，1 代表学历互认。X_5 表示一国高等教育人均财政支出占人均 GDP 之比，该指标越大，说明政府对本国的高等教育越重视，越有利于本国的教育环境和科研条件的改善。X_6 表示两国间的贸易额，通过两国间商品出口额与商品进口额之和来衡量。贸易额反映了两国之间的经贸联系，一般来说经贸联系越紧密越有利于降低两国之间的信息流动成本，从而有利于吸引来华留学生。X_7 表示两国首都间的地理距离，两国的地理距离越短，学生越有可能由于相似的文化以及较低的交通成本来华留学。X_8 表示一国 R&D 研究人员人数（每百万人），一国 R&D 研究人员数越少，学生越有可能因追求更好的科研环境和研究条件而来华留学。X_9 表示一国的人均 GDP，用各国的人均 GDP（2010 年定值美元）来衡量，一国的经济发展水平越低，经济激励对学生的作用越强。

D_i 为"是否为发达国家"虚拟变量，1 表示发达国家，0 表示发展中国家。$X_{1i}D_i$ 表示获得奖学金的机会和是否为发达国家的交互项，$X_{5i}D_i$ 表示高等教育人均财政支出占 GDP 比重和是否为发达国家的交互项。

Control 为控制变量，本研究在考察核心自变量对来华留学人数影响的基础上，参考相关的研究，引入一国高等教育出境人数作为控制变量。

由于各指标间量纲差异较大，在放入模型之前，将各指标进行无量纲化处理，使用公式如下。

$$X' = (X - Xmin) / (Xmax - Xmin)$$

考虑到各影响因素之间可能存在相关性而影响回归分析结果，本书在进行实证分析时首先选取最基本的教育因素进入回归方程，继而增加社会经济因素进入回归方程并得出相应的结果。

三 实证分析

主要利用 2010—2018 年共九年"一带一路"沿线 141 个国家的数据，深入研究"一带一路"沿线国家来华留学的影响因素，主要分为五个部分展开，分别是"一带一路"沿线 141 个国家吸引国际学生影响因素的总体分析、沿线国家来华学历留学影响因素分析、沿线国家来华非学历留学影响因素分析、沿线国家来华本科生留学影响因素分析、沿线国家来华研究生留学影响因素分析。

（一）"一带一路"沿线国家来华留学影响因素分析

探讨"一带一路"沿线国家来华留学的主要影响因素（见表 4—2）。"获得奖学金的机会"在五个模型中均在 1% 的置信水平上显著为正，说明获得奖学金的机会和来华留学呈显著的正相关，这与本书的预期和理论情况相一致。根据模型 5，获得奖学金的机会每增加一个单位，来华留学总人数将会增加 0.452 个单位，意味着奖学金对于来华留学生具有显著的吸引作用。"高等教育毛入学率"在模型 4 和模型 5 中均在 1% 的置信水平上显著为负，说明一国高等教育毛入学率越低，即该国高等教育的发展水平越低，来华留学的人数越多，与本书的预期相一致。根据模型五，一国高等教育毛入学率每下降一个单位，来华留学总人数就上升 0.017 个单位，说明当一国高等教育发展水平较低时，由于期待可以在中国接受更好的高等教育，来华留学规模也就较大。高等教育毛入学率是反映高等教育发展水平的指标。中国 2018 年的高等教育毛入学率达到 48.1%，正从大众化阶段迈向普及化阶段；"一带一路"沿线国家中高等教育精英化国家占 25%，大众化国家占 41%，普及化国家占 34%，对于沿线高等教育发展水平较低的国家，其学生更愿意来华接受教育。

表4—2 "一带一路"沿线国家来华留学影响因素面板数据回归模型

	无交互			交互	
	模型 1	模型 2	模型 3	模型 4	模型 5
教育因素					
获得奖学金的机会	0.594***	0.437***	0.423***	0.458***	0.452***
高等教育生师比	-0.103***	-0.004	-0.012	0.01	0.009
高等教育毛入学率（%）	0.047***	-0.009	-0.004	-0.019***	-0.017***
高等教育生均财政支出	0.042*	0.013	0.009	-0.005	-0.003
是否学历互认	-0.02***	-0.012***	-0.015***	0.011***	0.011***
控制变量					
高等教育出境人数	0.27***	-0.002	-0.002	0.01	0.011*
社会经济因素					
两国间的贸易额	—	0.71***	0.707***	0.305***	0.303***
两国间的地理距离	—	-0.019***	-0.021***	-0.009***	-0.011***
R&D 研究人员数（每百万人）	—	—	0.064***	-0.023**	0.001
人均 GDP	—	—	-0.073***	-0.016***	-0.002
交互项					
获得奖学金的机会×D	—	—	—	3.088***	3.146***
高等教育生均财政支出×D	—	—	—	—	-0.085***
截距	0.001	0.004	0.007	0.01	0.007
调整后的 R2	0.53	0.81	0.82	0.92	0.93

注：(1) * 表示在0.1（双侧）水平显著，** 表示在0.05（双侧）水平显著，*** 表示在0.01（双侧）水平显著；(2) D 为是否为发达国家的虚拟变量，1 是发达国家，0 是发展中国家。

"是否学历互认"在模型 4 和模型 5 中均在 1% 的置信水平上显

著为正，与中国签署了学历互认的国家的来华留学人数比没有与中国签署学历互认的国家高 0.011 个单位，说明学历互认和高等教育合作可以有效地推动来华留学。根据中国学位与研究生教育信息网统计，目前两国间学历互认的"一带一路"沿线国家有 24 个，两国间学历互认的国家来华留学人数显著多于其他"一带一路"沿线国家。如俄罗斯的来华规模是欧洲平均水平的 15 倍、喀麦隆的来华规模是非洲平均水平的 2 倍、泰国的来华规模是亚洲平均的 4 倍。

"高等教育生师比"以及"高等教育生均财政支出"均无法通过显著性检验，但可以看出，高等教育生师比与来华留学人数呈正相关，说明来源国的高等教育生师比越高，来华留学的人数越多，因为较高的高等教育生师比意味着较低的高等教育师资投入；高等教育生均财政支出与来华留学人数呈负相关，说明来源国的高等教育财政投入越少，来华留学的人数越多，因为较高的高等教育生师比和较低的高等教育财政投入往往意味着较差的高等教育条件，学生为了追求更好的高等教育条件而来华留学，与本书的预期和理论情况相一致。

从社会经济方面研究得出，"两国间的贸易额"在四个模型中均在 1% 的置信水平上显著为正，说明与中国的贸易额越大，来华留学的人数越多，与中国的贸易额每增加 1 个单位，来华留学的总人数增加 0.303 个单位，验证了以往国家间贸易交往和国家间学生流动呈正相关的结论。作为世界第二大经济体，中国越来越受到其他国家的重视，吸引着留学生来华留学。"两国间的地理距离"在四个模型中均在 1% 的置信水平上显著为负，说明与中国的地理距离越大，来华留学的人数越少。2018 年来华留学人数最多的前五个国家分别为韩国、泰国、巴基斯坦、俄罗斯以及印度尼西亚，除了俄罗斯外都为亚洲国家，且亚洲国家的来华留学总人数在来华留学总人数中的占比高达 68%。"R&D 研究人员数（每百万人）"以及"人均 GDP"均无法通过显著性检验，说明整体来看，一国每百万人的 R&D 研究人员与经济发展水平对来华留学的影响并不显著。

进一步插入交互项，研究不同经济发展水平国家来华留学影响因素的差异。就来华留学总人数来说，来华奖学金对发达国家的来华留学生的吸引力更大。获得奖学金的机会每增加一个单位，发展中国家的来华留学总人数增加 0.452 个单位，发达国家的来华留学总人数增加 0.452 + 3.146 = 3.598 个单位。"一带一路"沿线发达国家的高等教育财政投入对来华留学的负向影响比发展中国家更大。对发展中国家来说，本国的高等教育生均财政投入每减少 1 个单位，其来华留学总人数增加 0.003 个单位；对于发达国家来说，本国的高等教育生均财政支出每减少 1 个单位，该国来华留学的总人数就增加 0.033 +（0.085）= 0.118 个单位。一个可能的解释是发展中国家的来华留学更大程度上受到政治外交因素的影响，而发达国家的来华留学生更有可能因为本国较低的高等教育财政投入而更愿意来华接受高等教育。中国与"一带一路"沿线的许多发展中国家长期保持着良好的外交关系，随着"南南合作"不断推进以及合作的深化，中国与"一带一路"沿线发展中国家教育合作的规模和水平都较高。习近平主席在南南合作圆桌会上提出：同广大发展中国家团结合作，是中国对外关系不可动摇的根基。未来 5 年，中国将向发展中国家提供 12 万个来华培训和 15 万个奖学金名额等，以帮助发展中国家发展经济、改善民生[①]。

（二）"一带一路"沿线国家学历生来华留学影响因素分析

来华留学生可细分为学历来华留学生和非学历来华留学生。学历来华留学生包括专科留学生、本科留学生、硕士研究生留学生和博士研究生留学生。本部分探讨"一带一路"沿线国家学历生来华留学的主要影响因素（见表4—3）。

---

① 人民网：《习近平在南南合作圆桌会上发表讲话》（http：//politics. people. com. cn/n/2015/0927/c1024 – 27638634. html.）。

表4—3 "一带一路"沿线国家学历生来华留学影响因素面板数据
回归模型

	无交互			交互	
	模型 1	模型 2	模型 3	模型 4	模型 5
教育因素					
获得奖学金的机会	0.041 * * *	0.024 * * *	0.008	0.014 *	0.025 * * *
高等教育生师比	− 0.031	0.063 * * *	0.048 * *	0.046 * *	0.044 * *
高等教育毛入学率（%）	− 0.049 * *	− 0.092 * * *	− 0.073 * * *	− 0.066 * * *	− 0.062 * * *
高等教育生均财政支出	0.02	0.005	0.002	0.006	0.006
是否学历互认	0.011 *	0.003	− 0.005	− 0.007	− 0.009
控制变量					
高等教育出境人数	0.427 * * *	0.117 * * *	0.112 * * *	0.111 * * *	0.11 * * *
社会经济因素					
两国间的贸易额	—	0.697 * * *	0.716 * * *	0.738 * * *	0.759 * * *
两国间的地理距离	—	− 0.067 * * *	− 0.075 * * *	− 0.078 * * *	− 0.08 * * *
R&D 研究人员数（每百万人）	—	—	0.026	0.052 * *	0.021
人均 GDP	—	—	− 0.111 * * *	− 0.089 * * *	− 0.091 * * *
交互项					
获得奖学金的机会 × D	—	—	—	− 0.043 * * *	− 0.108 * * *
高等教育生均财政支出 × D	—	—	—	—	0.23 * * *
截距	− 0.014	0.017	0.041	0.031	0.024
调整后的 R2	0.39	0.62	0.63	0.63	0.63

注：（1）*表示在0.1（双侧）水平显著，* *表示在0.05（双侧）水平显著，* * *表示在0.01（双侧）水平显著；（2）D 为是否为发达国家的虚拟变量，1 是发达国家，0 是发展中国家。

"获得奖学金的机会"在 1% 的置信水平上显著为正，说明奖学金对于学历生来华留学有显著的促进作用，获得奖学金的机会每增加 1 个单位，学历来华留学生人数就增加 0.025 个单位。"高等教育毛入学率"在 1% 的置信水平上显著为负，来源国高等教育毛入学率越低，学历来华留学生人数越多。高等教育毛入学率每减少 1 个单位，学历来华留学生人数就增加 0.062 个单位。"高等教育生师比"在 5% 的置信水平上显著为正，高等教育生师比与学历来华留学生呈显著的正相关，高等教育生师比每增加 1 个单位，学历来华留学生人数增加 0.044 个单位，说明沿线国家的高等教育发展质量和水平越低，学历来华留学生人数越多。"高等教育生均财政支出"与"是否学历互认"均无法通过显著性检验，说明生源国的高等教育财政投入与学历互认对来华学历留学生的影响并不显著。

　　从社会经济维度分析，"两国间的贸易额"在四个模型中均在 1% 的置信水平上显著为正，说明与中国的贸易额越大，学历来华留学生人数越多，与中国的贸易额每增加 1 个单位，学历来华留学生人数增加 0.759 个单位。"两国间的地理距离"在四个模型中均在 1% 的置信水平上显著为负，说明与中国的地理距离相隔越远，学历来华留学生人数越少。模型四中，"R&D 研究人员数（每百万人）"在 5% 的置信水平上显著为正，生源国 R&D 研究人员（每百万人）越多，学历来华留学生人数越多，R&D 研究人员（每百万人）每增加 1 个单位，学历来华留学生人数增加 0.052 个单位。"人均 GDP"在四个模型中均在 1% 的置信水平上显著为负，表明一国人均 GDP 越低，学历来华留学生的人数越多。可以发现，生源国较差的高等教育发展水平和质量以及较低的经济发展水平作为"推力"因素，影响了学历生来华留学。

　　进一步插入交互项，研究不同经济发展水平国家学历生来华留学的影响因素差异。发现"获得奖学金的机会"对发展中国家的学历来华留学生呈显著正向影响，对发达国家的学历来华留学生呈负向影响，获得奖学金的机会每增加 1 个单位，发展中国家的学历来华留学生人数增加 0.025 个单位，发达国家的学历来华留学生人数增加 $0.025 + (-0.108) = -0.083$ 个单位。与预期相反的是，发达国家的高等教育生均财政支出对学历生来华留学呈显著影响，而发展中国家的高等教育生均财政支出对学历生来华留学的影响并不显著。对于发达国家来说，本国的高等教育生均财政支出每减少 1 个单位，学历来华留学生人数就增加 $0.003 + 0.085 = 0.088$ 个单位,可能的解释是发展中国家的来华学历留学更大程度上受到与中国良好的政治外交因素的促进,与本国较低的高等教育财政投入的相关性较小。

(三)"一带一路"沿线国家非学历生来华留学影响因素分析

非学历来华留学生指不以攻读中国高等教育学历学位为目的的各类长短期留学生,包括高级进修生、普通进修生、语言进修生和短期留学生。本部分探讨"一带一路"沿线国家非学历生来华留学的主要影响因素(见表4—4)。可以看出,教育因素对非学历生来华留学的影响较小,"两国间的贸易额""两国间地理距离""R&D研究人员数(每百万人)""人均GDP"在全部模型中均在1%的置信水平上显著,对于非学历来华留学生来说,生源国的社会经济因素对非学历来华留学影响显著。

表4—4　　　"一带一路"沿线国家非学历生来华留学影响因素
面板数据回归模型

	无交互			交互	
	模型 1	模型 2	模型 3	模型 4	模型 5
教育因素					
获得奖学金的机会	-0.032***	0.001	0.005	0.002	-0.006
高等教育生师比	-0.1***	0.003	-0.008	-0.008	-0.011
高等教育毛入学率(%)	0.062***	-0.007	0.001	0.002	0.008
高等教育生均财政支出	0.032	0.008	0.004	0.004	0.007
是否学历互认	-0.001	-0.002	-0.006*	-0.006*	-0.008**
控制变量					
高等教育出境人数	0.295***	-0.018*	-0.02*	-0.019*	-0.018*
社会经济因素					
两国间的贸易额	—	0.752***	0.751***	0.753***	0.77***
两国间的地理距离	—	-0.025***	-0.028***	-0.028***	-0.03***
R&D研究人员数(每百万人)	—	—	0.065***	0.059***	0.073***
人均GDP	—	—	-0.087***	-0.089***	-0.073***
交互项					
获得奖学金的机会×D	—	—	—	0.01	0.054***

续表

	无交互			交互	
	模型 1	模型 2	模型 3	模型 4	模型 5
高等教育生均财政支出 × D	—	—	—	—	-0.142***
截距	0.002	0.007	0.01	0.01	0.009
调整后的 R2	0.34	0.76	0.77	0.77	0.77

注：（1）＊表示在0.1（双侧）水平显著，＊＊表示在0.05（双侧）水平显著，＊＊＊表示在0.01（双侧）水平显著；（2）D为是否为发达国家的虚拟变量，1是发达国家，0是发展中国家。

"高等教育生师比"与非学历生来华留学呈负相关，"高等教育毛入学率"和"高等教育生均财政支出"与非学历生来华留学呈正相关，说明生源国较好的高等教育水平和条件更有利于促进非学历生来华留学。在模型 5 中，"是否学历互认"在5%的置信水平上显著为负，说明对于非学历来华留学生来说，学历互认缺乏吸引力，相比于没有与中国签订学历互认的国家，签订学历互认的国家的非学历生来华留学人数要少0.008个单位。由于"非学历来华留学生"不以攻读中国高等教育学历学位为目的，可能对于教育因素以外的国家文化、两国关系、科研水平以及经济发展水平等社会经济因素考虑更多。

从社会经济维度分析，"两国间的贸易额"在 4 个模型中均在1%的置信水平上显著为正，说明与中国的贸易额越大，非学历来华留学生越多，与中国的贸易额每增加 1 个单位，非学历来华留学生人数增加0.77个单位。"两国间的地理距离"在 4 个模型中均在1%的置信水平上显著为负，说明与中国的地理距离相隔越远，非学历来华留学生越少。"R&D 研究人员数（每百万人）"在 3 个模型中均在1%的置信水平上显著为正，说明生源国 R&D 研究人员（每百万人）越多，非学历来华留学生越多，R&D 研究人员（每百万人）每增加 1 个单位，非学历来华留学生就增加 0.073 个单位。R&D 研究人员（每百万人）反映一个国家的科研发展水平和对科技研发、科技创新的重视程度，比例越大，说明该国科研发展水平越高，对于科研创新的重视程度越高。中国 2018 年的 R&D 研究人员（每百万人）为 1224.78，与"一带一路"沿线国家相比处于较高水平。在"一带一路"倡议影响下，在中国进行进修学习和短期交流的学生较多。"人均 GDP"在 3 个模型中均在 1% 的置信水平上显著为负，一国的人均 GDP 越低，学历来华留学生的人数越多，生源国的人均 GDP 每下降 1 个单位，非学历来华留学生人数增加 0.073 个单位。2018 年的非学历来华留学生中，23% 的非学历来华留学生来自发达国家，77% 来自发展中国家，来自发展中国家在中国进行进修学习和短期交流的学生较多。

进一步插入交互项，研究不同经济发展水平国家非学历来华留学影响因素的差异。与学历来华留学生相同的是，发达国家高等教育生均财政支出对非学历来华留学呈显著影响，而发展中国家高等教育生均财政支出对非学历来华留学的影响并不显著。对于发达国家来说，高等教育生均财政支出每减少 1 个单位，非学历来华留学生人数增加 0.142 - 0.007 = 0.135 个单位。与学历来华留学生不同的是，获得奖学金的机会对发达国家的非学历来华留学生呈显著正向影响，而对于发展中国家的非学历来华留学生影响并不显著。对于发达国家来说，获得奖学金的机会每增加 1 个单位，来华留学的非学历生人数就会增加（ - 0.006 ）+ 0.054 = 0.048 个单位。

（四）"一带一路"沿线国家本科生来华留学影响因素分析

本部分探讨"一带一路"沿线国家本科生留学的主要影响因素（见表 4—5）。从教育维度展看，模型 5 中，"高等教育生师比"在 10% 的置信水平上显著为正，生源国的高等教育生师比每增加 1 个单位，来华的本科留学生增加 0.029 个单位。"高等教育毛入学率"在 1% 的置信水平上显著为负，生源国的高等教育毛入学率每减少 1 个单位，来华的本科留学生就增加 0.057 个单位。说明生源国的高等教育发展水平和发展规模对来华本科留学生有显著影响。

表4—5 "一带一路"沿线国家本科生来华留学影响因素面板数据回归模型

	无交互			交互	
	模型 1	模型 2	模型 3	模型 4	模型 5
教育因素					
获得奖学金的机会	0.017***	0.002	0.001	0.005	0.008
高等教育生师比	−0.037	0.042**	0.023	0.027	0.029*
高等教育毛入学率(%)	−0.043**	−0.084***	−0.061***	−0.056***	−0.057***
高等教育生均财政支出	0.034	0.018	0.013	0.015	0.013
是否学历互认	−0.001	−0.006	−0.013***	−0.015***	−0.016***
控制变量					
高等教育出境人数	0.397***	0.092***	0.086***	0.084***	0.084***
社会经济因素					
两国间的贸易额	—	0.683***	0.69***	0.72***	0.723***
两国间的地理距离	—	−0.048***	−0.055***	−0.06***	−0.06***
R&D 研究人员数(每百万人)	—	—	0.044***	0.056***	0.035
人均 GDP	—	—	−0.105***	−0.088***	−0.095***
交互项					
获得奖学金的机会×D	—	—	—	−0.099***	−0.122***
高等教育生均财政支出×D	—	—	—	—	0.076**
截距	0.007	0.03	0.039	0.033	0.033
调整后的 R2	0.38	0.65	0.66	0.67	0.67

注:(1)*表示在0.1(双侧)水平显著,**表示在0.05(双侧)水平显著,***表示在0.01(双侧)水平显著;(2)D 为是否为发达国家的虚拟变量,1 是发达国家,0 是发展中国家。

"获得奖学金的机会"和"高等教育生均财政支出"均无法通过显著性检验,说明奖学金和生源国的高等教育财政投入对于来华本科生的影响较小。从来华奖学金的分布看,获得硕博奖学金的机会远大于本科生。以 2018 年为例,2018 年的学历来华留学生总人数为204934 人,其中本科生占学历来华留学生的63%,研究生占学历来华留学生的37%,但获得来华奖学金的研究生占获得来华奖学金的学历生的79%,获得奖学金的本科生仅占获得奖学金的学历生的21%。

学历互认对来华本科留学生有显著的负向影响，主要是由学历互认国家和非学历互认国家的来华留学生结构差异造成的，非学历互认国家的来华本科生占比比学历互认国家的占比更大。以 2018 年为例，在与中国签订了学历互认的 24 个"一带一路"沿线国家的来华留学生中，本科生占总来华人数的 23%，而在 117 个没有与中国签订学历互认国家的来华留学生中，本科生占总来华人数的 34%，其中 28 个国家的来华本科生人数在来华留学总人数中的占比超过 50%。

从社会经济维度来看，"两国间的贸易额"在 1% 的置信水平上显著为正，两国间的贸易额每增加 1 个单位，来华的本科留学生就增加 0.723 个单位；"两国间的地理距离"和"人均 GDP"在 1% 的置信水平上显著为负，生源国的人均 GDP 每减少 1 个单位，来华本科留学生就增加 0.095 个单位。在模型 3 和模型 4 中，"R&D 研究人员数（每百万人）"在 1% 的置信水平上显著为正，生源国的 R&D 研究人员数（每百万人）每增加 1 个单位，来华的本科留学生增加 0.056 个单位，说明生源国对科研重视度更高以及更好的科研条件对本科生来华留学有更好的促进作用。

进一步加入交互项，研究不同经济发展水平国家来华本科生留学影响因素的差异。发现奖学金对"一带一路"沿线发展中国家的本科生更有吸引力，获得奖学金的机会每增加 1 个单位，发展中国家的本科来华留学生就增加 0.008 个单位。与发展中国家相比，发达国家高等教育生均财政投入越高，来华的本科留学生人数越多，且发达国家的高等教育生均财政支出对本科来华留学的影响更为显著，发展中国家高等教育生均财政支出每增加 1 个单位，来华的本科留学生增加 0.013 个单位，发达国家的高等教育生均财政支出每增加 1 个单位，来华的本科留学生增加 0.013 + 0.076 = 0.089 个单位，说明沿线发达国家对本国高等教育的财政投入比发展中国家更有利于促进来华本科留学。2018 年的数据显示，沿线发达国家的本科生获奖率为 19%，发展中国家的本科生获奖率为 33%，明显高于发达国家,说明来华本科奖学金的颁发对沿线发展中国家更有侧重,在获得本科奖学金机会较低的情况下,发达国家更高的高等教育财政投入更能促进来华本科留学。

(五)"一带一路"沿线国家研究生来华留学影响因素分析

本部分探讨"一带一路"沿线国家研究生来华留学的主要影响因素(见表4—6)。从教育维度展开,发现"获得奖学金的机会"在5个模型中均在1%的置信水平上显著为正,获得奖学金的机会每增加1个单位,来华留学的研究生就增加0.027个单位;"高等教育生师比"在5%的置信水平上显著为正,生源国的高等教育生师比每增加0.038个单位,来华留学的研究生就增加0.038个单位;"高等教育毛入学率"在1%的置信水平上显著为负,生源国的高等教育毛入学率每减少1个单位,来华留学的研究生就增加0.047个单位;"是否学历互认"在10%的置信水平上显著为正,与中国签订学历互认的国家比未与中国签订学历互认国家的来华留学研究生多0.007个单位。说明来华奖学金、与中国签订学历互认、生源国的高等教育规模和质量对来华留学的研究生影响显著。

表4—6 "一带一路"沿线国家研究生来华留学影响因素面板数据回归模型

	无交互			交互	
	模型 1	模型 2	模型 3	模型 4	模型 5
教育因素					
获得奖学金的机会	0.025***	0.028***	0.024***	0.027***	0.027***
高等教育生师比	0.019	0.051***	0.043***	0.039**	0.038**
高等教育毛入学率(%)	-0.062***	-0.07***	-0.049***	-0.047***	-0.047***
高等教育生均财政支出	0.001	-0.003	-0.005	-0.002	-0.001
是否学历互认	0.018***	0.012***	0.008*	0.008*	0.007*
控制变量					
高等教育出境人数	0.205***	0.077***	0.074***	0.075***	0.075***
社会经济因素					
两国间的贸易额	—	0.265***	0.276***	0.287***	0.289***

续表

	无交互			交互	
	模型1	模型2	模型3	模型4	模型5
两国间的地理距离	—	-0.043***	-0.049***	-0.05***	-0.05***
R&D研究人员数（每百万人）	—	—	-0.014	0.005	-0.001
人均GDP	—	—	-0.046***	-0.034**	-0.036**
交互项					
获得奖学金的机会×D	—	—	—	-0.042***	-0.054***
高等教育生均财政支出×D	—	—	—	—	0.035
截距	0.004	0.016	0.022	0.019	0.02
调整后的R2	0.33	0.42	0.43	0.43	0.43

注：（1）*表示在0.1（双侧）水平显著，**表示在0.05（双侧）水平显著，***表示在0.01（双侧）水平显著；（2）D为是否为发达国家的虚拟变量，1是发达国家，0是发展中国家。

相比本科生，来华奖学金和学历互认对来华留学研究生的激励作用更为明显，且来华留学的研究生更重视高等教育生师比，表现在生源国高等教育生师比对来华留学的研究生的影响相比本科生更大，说明相比较低的学历层次，研究生学历层次的学生更可能因为本国高等教育质量较低选择来华留学。

从社会经济维度分析，"两国间的贸易额"在1%的置信水平上显著为正，两国间的贸易额每增加1个单位，来华留学的研究生就增加0.289个单位；"两国间的地理距离"和"人均GDP"分别在1%和5%的置信水平上显著为负，生源国的人均GDP每减少1个单位，来华留学的研究生就增加0.036个单位。两国间地理距离越近，学生来华留学的交通成本越低，另外，地理距离越近的国家在文化背景上有相似之处，缓解了其他国家学生来华留学由于不适应而产生的"文化休克"。"R&D研究人员数（每百万人）"无法通过显著性检验，对来华研究生留学的影响不显著。

进一步加入交互项，研究不同经济发展水平国家研究生来华留学影响因素的差异。与来华本科生的情况相似，奖学金对于沿线发展中国家的研究生更有吸引力，获得奖学金的机会每增加1个单位，发展中国家的本科来华留学生就增加 0.027 个单位，说明对经济发展水平较低国家的学生来说，由于来华研究生留学经济压力较大，来华奖学金对其选择来华留学影响较大，因此要加大来华奖学金在"一带一路"沿线发展中国家的投入，充分发挥奖学金在推动发展中国家来华留学中的作用。对于发展中国家来说，高等教育生均财政支出越低，来华留学的研究生人数越多；对于发达国家来说，高等教育生均财政支出越高，来华留学的研究生人数越多。

第三节 "一带一路"沿线国家高等教育入学影响因素的国际比较

"一带一路"倡议是中国与沿线国家进行全面合作的重要行动计划，为各国高等教育发展提供了良好契机。高等教育在共建"一带一路"中将发挥更多基础性和先导性作用，为聚力构建"一带一路"教育共同体，形成平等、包容、互惠和活跃的教育合作态势，须促进各区域高等教育发展，形成推进民心相通、提供人才支撑和实现共同发展的合作愿景[①]。

一 研究背景

对教育财政投入的研究，姚继军和马林琳通过建立计量模型分析了"后4%时代"中国财政性教育投入的总量与结构，发现中国当前财政性教育的投入水平低于国际平均水平，应将财政性教育经费投入比例至少提高到 GDP 的 4.5% 以上；在财政性教育投入结构方面，高中阶段的教育应是今后一段时间内经费投入的重点[②]。孙萍等发现高等教育发展与高等教育财政投入由公共部门提供或私

---

① 教育部：《教育部关于印发〈推进共建"一带一路"教育行动〉的通知》（http://www.moe.gov.cn/srcsite/A20/s7068/201608/t20160811_274679.html）。

② 姚继军、马林琳：《"后4%时代"财政性教育投入总量与结构分析》，《教育发展研究》2016 年第 5 期。

人部门提供关系甚微，未来阿拉伯六国高等教育发展将从公共部门提供向私人提供转变，青年人口也将不断膨胀①。沈华等通过分析"一带一路"沿线国家政府对高等教育投入的现状和变化趋势，发现经济发展水平和高等教育发展阶段越高的国家，政府对高等教育投入越多。各国经济水平和高等教育财政投入对高等教育发展有显著正向影响②。马陆亭基于教育投入政策的国际比较，在对各国基础教育和高等教育的投入体制进行分析后，认为中国应当加大对各级教育的投入，厘清各级财政对基础教育承担的责任，完善高等教育竞争性拨款制度，并明确筹措高等教育经费的重点③。

对高等教育入学影响因素的研究以经济因素为主。如胡咏梅、薛海平发现教育规模与经济发展水平紧密相关，并且不同收入水平国家高等教育规模的影响因素各不相同④。有学者从财政投入的视角研究高等教育入学影响因素，如：特罗斯特用两阶段工具变量法，使用1985—2006年各州的数据分析了政府投入的影响，结果表明，政府对高等教育的投入对大学招生有显著影响⑤。张淑惠、王潇潇发现政府财政性经费投入在高等教育经费来源中扮演着十分重要的角色，对高等教育规模的扩大有着显著影响。财政投入每增加1个百分点，普通高等教育规模将增加近 0.392 个百分点⑥。还

---

① 孙萍、熊筱燕、李芸：《阿拉伯六国高等教育财政投入比较研究》，《现代教育管理》2016 年第 9 期。

② 沈华、邱文琪、梁冰洁：《"一带一路"沿线国家高等教育政府投入与中国合作》，《电子科技大学学报》（社会科学版）2017 年第 5 期。

③ 马陆亭：《教育投入政策的国际比较与中国改革重点》，《国家教育行政学院学报》2006 年第 12 期。

④ 胡咏梅、薛海平：《经济发展水平与高等教育规模的相关性研究》，《江苏高教》2004 年第 2 期。

⑤ Trostel P. A. , "The Effects of Public Support on College Attainment", Wiscape Working Paper, *Wisconsin Center for the Advancement of Postsecondary Education* (*NJ1*), 2009 (http: //web-p-ebscohost-com-s. vpn. uestc. edu. cn: 8118/ehost/detail/detail? vid = 29&sid = e64f9861 – 66e3 – 49ea – bd76 – cda33624681b% 40redis&bdata = Jmxhbmc9emgtY24mc2l0ZT1laG9zdC1saXZl # db = eric&AN = ED511407）.

⑥ 张淑惠、王潇潇：《财政投入对高等教育规模的影响——基于联立方程模型》，《中国高教研究》2012 年第 10 期。

有学者从资源分配的视角研究高等教育入学影响因素，如梅赫罗特拉认为教育资源向一个部门倾斜将导致该部门教育机会的改善，但可能危及其他部门的机会①。从社会人口因素研究高等教育入学的影响因素，如毛建青发现高等教育规模与总人口数、恩格尔系数、GDP 发展水平和第三产业占 GDP 的比重依次存在稳定的长期均衡关系②。特伦齐尼和帕斯卡雷拉认为 1949—1964 年美国的战后婴儿潮导致 17—19 年后的高等教育扩张③。此外，一些学者认为人口老龄化趋势也将对高等教育产生积极影响，如麦考尔等人利用 86 个国家的世界发展指标，分析发现 65 岁及以上人口每增加 1 个百分点，高等教育毛入学率将增加 2.967%④。查普曼和瑞安通过对大学参与率的调查分析，发现女性参与率的增长对大学毛入学率的影响比男性更为显著⑤。

综上所述，对高等教育毛入学率影响因素的研究主要基于单一视角，选取的变量也较为单一，且较少区分不同经济发展体。本节综合经济因素、财政支出因素、基础教育因素和社会人口因素，基于 1999—2015 年的数据，对与中国建立合作关系的"一带一路"沿线 79 个国家的相关数据建立回归模型，试图回答两个问题：教育财政支出是否会影响高等教育毛入学率？教育财政支出对高等教育毛入学率的影响在发达国家和欠发达国家的影响程度是否有所不同？

---

① Mehrotra S., "Reforming Elementary Education in India: A Menu of Options", *International Journal of Educational Development*, Vol. 26, No. 3, 2006.

② 毛建青：《影响高等教育规模的主要因素及其协整关系——基于时间序列数据的分析》，《北京师范大学学报》（社会科学版）2009 年第 2 期。

③ Terenzini P. T., Pascarella E. T., "Studying College Students in the 21st Century: Meeting New Challenges", *The review of higher education*, Vol. 21, No. 2, 1998.

④ Yang L., McCALL B., "World Education Finance Policies and Higher Education Access: A Statistical Analysis of World Development Indicators for 86 Countries", *International Journal of Educational Development*, Vol. 35, 2014.

⑤ Chapman B., Ryan C., "The Access Implications of Income-contingent Charges for Higher Education: Lessons from Australia", *Economics of education review*, Vol. 24, No. 5, 2005.

二 研究方法与趋势分析

研究数据来源于联合国教科文组织和世界银行,样本中的国家为"一带一路"国际合作高峰论坛后与中国建立合作关系的79个国家,加上中国一共80个国家。将"一带一路"80个国家按照地理位置划分为四大洲,其中,亚洲国家44个,欧洲国家28个,非洲国家5个,南美洲国家2个,大洋洲国家1个。由于大洋洲只有斐济一个国家,且数据缺失严重,因此本书不考虑大洋洲。以世界银行公布的人类发展指数(HDI)为衡量标准,将"一带一路"80个国家划分为发达国家、发展中国家和最不发达国家三类。其中,发达国家16个,发展中国家53个,最不发达国家11个(见表4—7)。

表4—7   "一带一路"沿线国家分类

	发达国家(16)	发展中国家(53)	最不发达国家(11)
非洲(5)		埃及、肯尼亚、突尼斯	埃塞俄比亚、坦桑尼亚
亚洲(44)	文莱、以色列、卡塔尔、新加坡	亚美尼亚、阿塞拜疆、巴林、中国、格鲁吉亚、印度、印度尼西亚、伊朗、伊拉克、约旦、哈萨克斯坦、科威特、吉尔吉斯斯坦、黎巴嫩、马来西亚、马尔代夫、蒙古国、阿曼、巴基斯坦、巴勒斯坦、菲律宾、沙特阿拉伯、斯里兰卡、叙利亚、塔吉克斯坦、泰国、土耳其、土库曼斯坦、阿联酋、乌兹别克斯坦、越南	阿富汗、孟加拉国、不丹、柬埔寨、老挝、缅甸、尼泊尔、东帝汶、也门
欧洲(28)	奥地利、塞浦路斯、捷克、爱沙尼亚、德国、希腊、爱尔兰、荷兰、挪威、波兰、斯洛文尼亚、瑞士	阿尔巴尼亚、白俄罗斯、波斯尼亚和黑塞哥维那、保加利亚、克罗地亚、匈牙利、拉脱维亚、立陶宛、黑山、摩尔多瓦、罗马尼亚、俄罗斯联邦、塞尔维亚、斯洛伐克、马其顿、乌克兰	

	发达国家（16）	发展中国家（53）	最不发达国家（11）
南美洲（2）		阿根廷、智利	
大洋洲（1）		斐济	

本节探讨 1999—2015 年教育支出、经济发展、基础教育发展、人口分布因素对高等教育毛入学率的影响，一共涵盖 1360 个观测值。在面板数据建立的回归模型中：高等教育毛入学率为因变量；政府教育支出占 GDP 的比例、各级教育生均公共支出为自变量；人均 GDP 为预测变量；基础教育和中等职业教育毛入学率、各级教育毛入学率性别平等指数、社会人口分布为预测变量；引入虚拟变量，发达国家设置为 1，欠发达国家设置为 0，探讨教育财政支出和经济发展对发达国家和欠发展国家的影响程度是否不同。另外，由于高等教育毛入学率的性别平等指数不仅受到同期因素的影响，而且还受到往期因素以及自身往期值的影响，即存在时间滞后效应，因此在建立模型时将其滞后一期。

对各相关数据进行描述统计分析，各级教育生均公共支出 = 各级教育政府总支出/各级教育总入学人数，但是由于数据缺失，此处采用的是各级教育生均公共支出 = 各级教育生均公共支出/人均 GDP * 人均 GDP，人均 GDP 单位为现价美元。各级教育性别平等指数 = 各级教育女性毛入学率/各级教育男性毛入学率。各变量中由于数据缺失，所以其均值为有数据国家的均值，而非 80 个国家的均值。

截至 2015 年，"一带一路" 80 个国家的高等教育毛入学率低于50%，借用马丁·特罗的衡量标准，总体上仍处于大众化阶段（见表4—8）。通过对各大洲 1999—2015 年教育发展规模的分析，可以发现欧洲和南美洲国家的高等教育发展处于较高水平，已进入普及化阶段，而亚洲和非洲的高等教育仍处于大众化阶段。对不同经济发展群体1999—2015年的教育发展规模进行分析，可以发现发达国家的高等教育已进入普及化阶段，发展中国家正处于大众化迈向普及化的过渡阶段，而最不发达国家的高等教育还处于精英化向大众化的过渡阶段（见图4—5）。初等教育的毛入学率各年均超过100%，中等教育的毛入学率也稳步增加，从1999年到2015年增加了17个百分点，其中中等职业教育人数占比增长缓慢。

表4—8　　　　　　　　描述统计结果

	1999年	2001年	2003年	2005年	2007年	2009年	2011年	2013年	2015年
高等教育毛入学率（%）	29.08	31.29	33.08	36.32	39.94	41.10	44.85	49.18	48.52
教育财政									
政府教育支出占GDP的比例（%）	4.40	4.42	4.54	4.41	4.23	4.69	4.38	4.39	3.88
小学教育生均公共支出	1909	1647	2321	2888	3462	3361	3504	3826	747
中学教育生均公共支出	2275	2022	2995	4120	4464	4736	4575	3123	1188
高等教育人均公共支出	4845	3199	4866	5023	5398	4843	5120	5253	1327
经济									
人均GDP	6412	6318	7888	10077	12957	12893	15648	15882	13717
基础教育									
小学毛入学率（%）	100.27	100.57	102.55	101.61	102.98	103.82	104.22	104.16	104.30
中学毛入学率（%）	76.05	75.99	80.03	82.22	83.08	85.42	88.11	89.97	93.14
中学教育中参与职业课程的学生比例（%）	13.82	13.86	14.02	14.54	14.75	16.09	16.89	15.81	16.64

续表

	1999 年	2001 年	2003 年	2005 年	2007 年	2009 年	2011 年	2013 年	2015 年
小学教育性别平等指数	0.95	0.96	0.96	0.97	0.98	0.98	0.98	0.99	0.99
中学教育性别平等指数	0.96	0.96	0.96	0.96	0.97	0.99	0.98	0.98	1.00
高等教育性别平等指数	1.14	1.15	1.19	1.17	1.21	1.21	1.23	1.31	1.33
人口									
r65 岁及以上的比例（%）	7.60	7.85	8.13	8.34	8.49	8.59	8.77	9.03	9.36
女性人口的比例（%）	49.74	49.78	49.76	49.69	49.57	49.46	49.39	49.38	49.41
总人口（取对数）	4.72	4.73	4.74	4.75	4.76	4.77	4.78	4.79	4.79

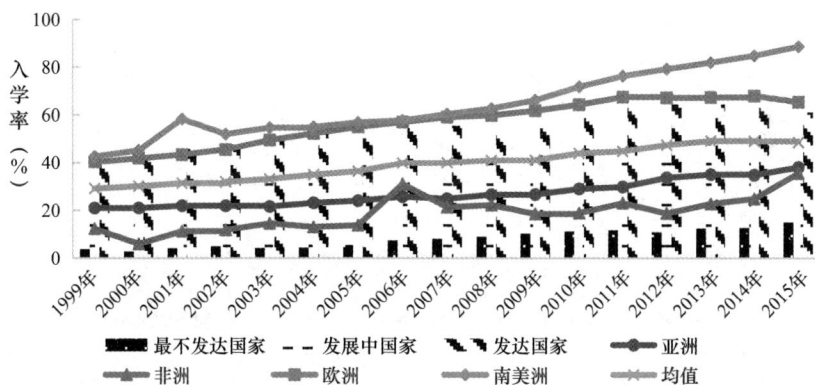

图4—5 1999—2015年"一带一路"沿线国家高等教育毛入学率

从"一带一路"各国教育财政支出的变化趋势看，发达国家和发展中国家公共教育支出占 GDP 的比例变化平缓，发达国家已超过 5%，平均最低值为 2000 年的 4.62%，最高值为 5.31%，而发展中国家基本保持在 4%—4.5%，最不发达国家波动幅度很大（见图4—6）。

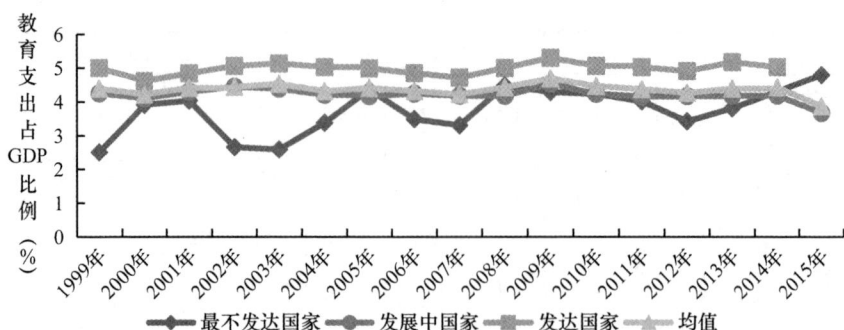

图4—6 "一带一路"沿线国家教育支出占GDP的比例

在教育生均公共支出方面，进入21世纪各级教育生均公共支出上涨幅度较大，但是在2008年后出现下降趋势。2015年各级教育生均公共支出平均值骤然下降是因为缺失值较多，已有数据主要来源于发展中国家和最不发达国家（见图4—7）。从不同经济发展体来看，发达国家的各级教育生均公共支出均高于发展中国家和

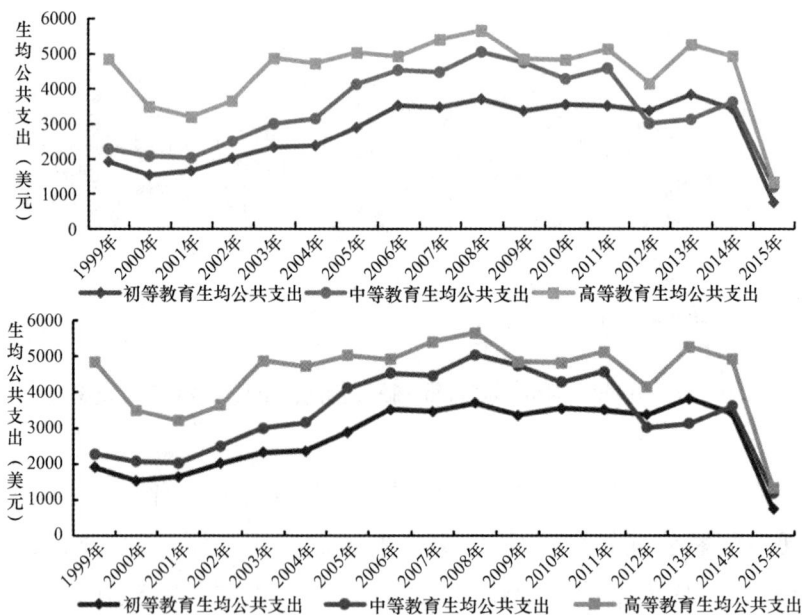

图4—7 "一带一路"沿线国家各级教育生均公共支出

最不发达国家。此外，发达国家各级教育生均公共支出增长迅速；而发展中国家初等教育和中等教育生均公共支出略有增长，高等教育生均公共支出变化幅度不大，基本处于平稳态势；最不发达国家的初等教育和中等教育生均公共支出几乎没有增长，只有高等教育的生均公共支出波动幅度大（见图4—8）。

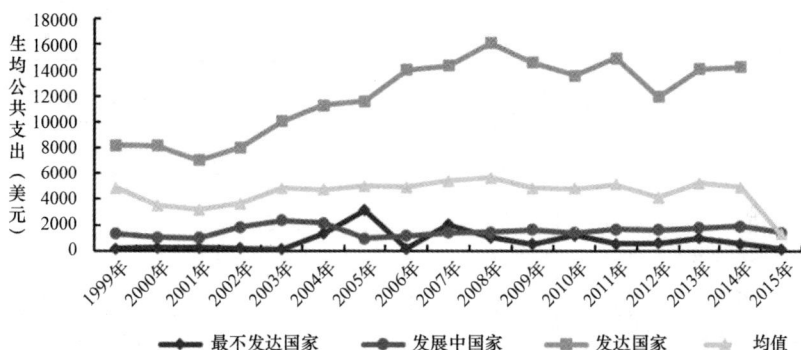

图4—8 "一带一路"沿线国家高等教育生均公共支出

性别平等指数显示，在小学和中学教育中，男性占比多于女性，但渐趋平衡。而在高等教育中，女性占比高于男性，且这种趋势有加大的倾向。从人口方面看，65岁以上人口中，女性的比例和平均总人口稳步增加。

三 面板数据回归模型分析

在建立回归模型时，由于含有24.74%的缺失值，因此在SPSS中采用邻近点的平均值来补充缺失值，但补充后仍然还存在19.83%的缺失值。如表4—9所示，首先选用随机效应模型，结果显示调整后的R2为0.65，Hausman检验统计量是96.03，相对应的概率是0.000，拒绝随机效应的原假设，应该采用固定效应模型，固定效应模型调整后的R2为0.95，具有更好的解释力。引入交互变量之后，随机效应模型调整后的R2为0.68，Hausman检验统计量的值是83.95，相对应的概率是0.000，拒绝随机效应的原假设，应该采用固定效应模型。固定效应模型调整后的 R2 为 0.95，具有更好的解释力。

表4—9 面板数据回归模型

	无交互效应		交互效应	
	随机效应	固定效应	随机效应	固定效应
	模型 1	模型 2	模型 3	模型 4
经济				
人均 GDP（取对数）	41.62 ***	31.97 ***	41.79 ***	30.08 ***
	(8.17)	(10.19)	(8.07)	(10.72)
教育财政				
政府教育支出占 GDP 的比例（%）	3.43 ***	2.91 ***	2.03 *	1.16
	(0.85)	(0.97)	(0.89)	(1.04)
小学教育生均公共支出（取对数）	0.07	-8.61	-9.25	-11.55 *
	(4.73)	(5.64)	(4.89)	(5.94)
中学教育生均公共支出（取对数）	7.03	9.07	10.33	11.02
	(5.27)	(6.23)	(5.40)	(6.53)
高等教育生均公共支出（取对数）	-26.73 ***	-19.46 ***	-15.01 ***	-12.05 *
	(3.41)	(4.52)	(3.81)	(5.04)
基础教育				
小学毛入学率（%）	-0.34 ***	-0.46 ***	-0.34 **	-0.49 ***
	(0.08)	(0.09)	(0.08)	(0.09)
中学毛入学率（%）	-0.04	-0.16 *	0.02	-0.17 *
	(0.06)	(0.08)	(0.07)	(0.08)
中学教育中参与职业课程的学生比例（%）	-0.22 *	-0.34 *	-0.17	-0.41 ***
	(0.10)	(0.14)	(0.10)	(0.14)
性别平等				
小学教育性别平等指数	46.78 **	25.57	33.20	22.78 **
	(18.07)	(20.74)	(17.80)	(20.28)
中学教育性别平等指数	-34.27 **	-36.06 *	-26.74 *	-29.29
	(12.15)	(15.28)	(12.14)	(15.28)

续表

	无交互效应		交互效应	
	随机效应	固定效应	随机效应	固定效应
	模型 1	模型 2	模型 3	模型 4
高等教育性别平等指数	5.25 (2.83)	4.07 (3.43)	6.53* (2.83)	8.82*** (3.48)
人口				
65 岁及以上的比例（%）	1.57*** (0.37)	2.42* (1.10)	1.05** (0.40)	1.22 (1.10)
女性人口的比例（%）	1.07 (0.78)	9.65*** (2.17)	2.74*** (0.83)	11.53*** (2.24)
总人口（取对数）	8.93*** (1.95)	101.41*** (27.56)	6.60*** (2.01)	81.17*** (27.09)
交互项				
政府教育支出×D	—	—	3.34** (1.26)	7.91*** (2.27)
小学教育政府教育支出×D	—	—	32.61** (12.12)	6.87 (18.18)
中学教育政府教育支出×D	—	—	−3.02 (16.45)	−6.43 (20.40)
高等教育政府教育支出×D	—	—	−34.26*** (8.31)	−30.77*** (10.45)
GDP×D	—	—	−0.68 (10.14)	31.48 (24.63)
截距	−145.19 (43.64)	−881.30 (192.24)	−228.82 (45.93)	−916.51 (191.45)
调整后的 R2	0.65	0.95	0.68	0.95

注：*$p<0.05$；**$p<0.01$；***$p<0.001$。

根据模型 2，在未引入交互变量之前，人均 GDP 对高等教育毛入学率有积极影响，这与先前的研究是一致的，比如有学者认为经济的发展可以使人们负担得起更好的教育①。实证表明人均 GDP 每增加 1 个对数单位,高等教育毛入学率增长 31.97%。从描述统计的结果也可以发现,高等教育毛入学率的增长很大程度上是源于人均 GDP 的不断增长。

政府教育支出占 GDP 的比例对高等教育毛入学率具有显著的正向影响,政府教育支出占 GDP 的比例每增加 1 个百分点,高等教育毛入学率就增加 2.91%。在引入交互变量之后,政府教育支出占 GDP 的比例对高等教育的影响不显著,但是对发达国家的影响比欠发达国家更大,政府教育支出占 GDP 的比例每增加 1 个百分点,发达国家的高等教育毛入学率就比欠发达国家多增加 7.91%。小学教育和中学教育的生均公共支出对高等教育毛入学率无显著影响,而高等教育的生均公共支出对高等教育毛入学率成负相关,即高等教育生均支出每增加 1 个对数单位,高等教育毛入学率就下降 19.46%。因为在公共预算总体水平一定的情况下,高等教育资源的竞争有可能导致生均公共支出和大学毛入学率之间存在负相关关系②。

基础教育的分析结果显示,基础教育毛入学率和中等职业教育毛入学率都对高等教育毛入学率造成负面影响。小学毛入学率每增加 1 个百分点,高等教育毛入学率就下降 0.46%;中等教育毛入学率每增加 1 个百分点,高等教育毛入学率则下降 0.16%;中等职业教育毛入学率每增加 1 个百分点,高等教育毛入学率则下降 0.34%。中等职业教育毛入学率增加,意味着这部分学生将可能放弃进入大学的机会,所以其与高等教育毛入学率呈负相关。

从性别平等指数看,初等教育和高等教育毛入学率的性别平等

---

① Su X., "Endogenous Determination of Public Budget Allocation Across Education Stages", *Journal of Development Economics*, Vol. 81, No. 2, 2006.

② Azam M., Ahmed A. M., "Role of Human Capital in Economic Development: Evidence from Pakistan: (1961-2009)", *Interdisciplinary journal of contemporary research in business*, Vol. 2, No. 4, 2010.

指数对高等教育毛入学率具有积极影响，而中等教育毛入学率的性别平等指数与高等教育毛入学率呈显著负相关。

从社会人口因素看，65 岁及以上人口所占比例对高等教育毛入学率的增加具有积极影响，65 岁及以上人口所占比例每增加 1 个百分点，高等教育毛入学率就增加 2.42%。因为老龄人口的增加，意味着学生比例的减少，所以对高等教育财政资源的需求减少，而在财政支出一定的情况下，生均公共支出就将有所增加，进而影响高等教育毛入学率。女性人口所占比例提高将对高等教育毛入学率产生正向影响，即女性人口所占比例每提高 1 个百分点，高等教育毛入学率将增加 9.65%。此外，总人口的增加也将对高等教育毛入学率产生积极影响。从描述统计的结果可以看出，"一带一路"各国人口总数在不断增长，从 1999 年的 41 亿增长到 2015 年的 50 亿，增长率为 22%。

第四节 研究结论与政策建议

一 研究结论

自 2013 年"一带一路"倡议实施后，来华留学人数急剧上涨，2018 年较 2013 年增加了一倍，沿线国家来华留学人数占全球来华留学人数的 76.27%；在来华留学结构上，2018 年非学历生占比 42.17%，学历生占比 57.83%，其中本科生占比 34.61%，硕博研究生占比 19.98%；学历来华留学生占比呈缓慢上升趋势，非学历生占比呈缓慢下降趋势，2018 年学历来华留学生和非学历生的人数差距达到 5.88 万人，占比差距扩大至 15.66%。沿线发展中国家的学历生和非学历生数量都呈上升的趋势，发达国家的学历生和非学历生数量呈缓慢的下降趋势。发展中国家的学历生人数多于非学历生，且发展中国家来华留学的学历生和非学历生人数差距有逐年增大的趋势；发达国家来华留学的非学历生多于学历生，且发达国家来华留学的非学历生和学历生人数差距有逐年缩小的趋势；2018 年发展中国家的学历来华留学生有 19.4 万人，非学历生有 12.2 万人，发达国家的非学历来华留学生有 3.6 万人，学历生只有 2.3 万人。发展中国家的来华留学本科生人数最多，发展中国家的硕博研究生人数次之，发达国家的来华留学硕博研究生人数最少，来华学历教育特别是高层次学历教育对发展中国家吸引力更大。发达国家和发展中国家来华留学学历层次结构发展态势趋同，均以本科生为主。对沿线国家的高等教育发展水平进行划分后，发现普及化国家的平均来华留学人数长期超过大众化国家和精英化国家；在增长速度方面，精英化国家的来华留学人数增长速度最快，其次是大众化国家，普及化国家的来华留学人数增长最慢。

进一步从教育维度以及社会经济维度研究来华留学的影响因素，研究不同学历层次在来华留学影响因素上的差异。研究发现获得奖学金的机会、学历互认对来华留学生呈显著的正向影响，高等教育毛入学率对来华留学生呈显著的负向影响；两国间的贸易额对来华留学呈显著的正向影响，两国间的地理距离对来华留学呈显著的负向影响。对于学历来华留学生来说，生源国的教育因素对来华留学影响显著，生源国的高等教育生师比越高，高等教育毛入学率越低，来华留学的学历生越多，来华奖学金对于学历来华留学生来说有显著的激励作用；教育因素对非学历来华留学生的影响较小，但社会经济因素对非学历来华留学生的影响显著，两国间的贸易额、生源国的 R&D 研究人员数（每百万人）对非学历来华留学生有显著的正向影响，两国间的地理距离、生源国的人均 GDP 对非学历来华留学生有显著的负向影响。

对于来华的本科生和研究生来说，生源国的高等教育规模以及质量对来华留学的本科生和研究生影响显著。相比于本科生，来华奖学金以及学历互认对来华留学研究生的激励作用更为明显，且来华留学研究生更重视高等教育生师比因素，说明相比较低的学历层次来说，研究生学历层次的学生更可能因为本国高等教育质量较低选择来华留学。两国间的贸易额对来华本科生和来华研究生有显著的正向影响，两国间的地理距离及生源国的人均 GDP 对来华本科生和研究生有显著的负向影响。相比于研究生，R&D 研究人员数（每百万人）对来华本科生有显著的正向影响，说明生源国对科研更高的重视度以及更好的科研条件对本科生来华留学有更好的促进作用。

进一步插入交互项，研究不同经济发展水平的国家来华留学影响因素上的差异。发现来华奖学金对发达国家的来华学生吸引力更大，发达国家的高等教育财政投入对来华留学的负向影响比发展中国家更大；对于学历来华留学生和非学历生来说，发达国家的高等教育生均财政支出对来华的学历生和非学历生留学均呈显著影响，生源国的高等教育生均财政支出越多，发达国家的学历来华留学生越多，非学历生越少，而发展中国家的高等教育财政支出对学历来华留学生和非学历生留学的影响并不显著；与学历来华留学生不同的是，获得奖学金的机会对发达国家的非学历来华留学生呈显著的正向影响，而对于发展中国家的非学历来华留学生影响并不显著。对于来华的本科生以及研究生来说，奖学金对于沿线发展中国家的本科生以及研究生更有吸引力。与发展中国家相比，发达国家高等教育生均财政投入越高，来华的本科留学生人数越多，且发达国家的高等教育生均财政支出对本科生来华留学的影响更为显著。发达国家和发展中国家的高等教育财政支出对来华研究生留学的影响并不显著。

"一带一路"沿线国家高等教育入学影响因素的研究发现，经济发展对高等教育毛入学率具有积极影响，而高等教育生均公共支出与高等教育毛入学率呈负相关关系；女性人口所占比例提高也将对高等教育毛入学率产生正向影响；高等教育生均公共支出对发达国家高等教育毛入学率的影响大于对欠发达国家的影响。

基于以上研究结论，我们建议从发展经济、加大财政支出以及维护女性受教育的权利三个方面来积极推动沿线欠发达国家的高等教育发展，从而推进"一带一路"教育共同繁荣。

首先，在发展本国经济的基础上，发挥经济促进教育发展的根本性作用。根据回归模型，人均 GDP 每增加一个对数单位，高等教育毛入学率将提高 31.97%，因此，人均 GDP 对提高高等教育毛入学率具有显著的正向影响。反过来，推动教育的发展也是促进经济发展的重要举措，两者相互促进，相互影响。中国作为"一带一路"建设的倡议国，应该在努力发展自身经济的同时，与"一带一路"沿线国家和地区加强经济交往与合作，尤其是与欠发达国家的合作。畅通与各国间的经济贸易，通过设施、贸易和金融联通，加强高校与企业间的合作，联合培养产业界急需的人才，推动这些国家的经济发展水平，促进欠发达国家的经济发展，从而为高等教育财政投入增加创造经济条件。

其次，不断加大教育财政支出，特别是对高等教育的支出。在一国资源既定的情况下，对其他部门的投入无疑会挤占对高等教育的支出，而在许多国家，高等教育的发展在很大程度上取决于对高等教育的投入。经济的快速发展离不开大量的高素质人才，而大量高素质的人才培养又离不开高等教育的发展。因此，应当把教育摆在优先发展的位置，从国家战略层面上重视发展教育。就目前来看，世界上许多国家都面临着高等教育财政性教育经费不足的问题，但是他们并没有因此而减少对高等教育的财政支出，反而在不断增加对高等教育的支出。并且在财政支出总体水平不变的情况下，应当促使高等教育生均公共支出稳中有升，从而逐步提升高等教育毛入学率。

最后，提倡性别平等，维护女性受教育的权利，提高女性接受高等教育的机会。根据数据进行计算可以得出，不论是发达国家还是欠发达国家，高等教育的性别平等指数呈上升态势，发达国家从 1999 年的 1.40 上升到 2015 年的 1.82，欠发达国家从 1999 年的 1.05 上升到 2015 年的 1.19。也就是说，发达国家的高等教育中女性占比明显高于男性。回归结果也表明，女性在高等教育中所占比例增加将对高等教育毛入学率产生正向影响。因此，要提高欠发达国家的高等教育毛入学率，必须提高女性在高等教育中的比例。而目前在一些欠发达国家存在性别歧视现象，男女受教育机会不均等。比如在中国，在女生比较多的学校和专业，同等条件下通常优先录取男生已成为潜规则，甚至低分录取男生。而在一些以男性为主的学校和专业，却没有对女生的录取倾斜。此外，受教育机会的不均等很大程度上还受社会文化的影响，因此各国应当从社会文化着手，努力构建一种男女平等的社会性别文化。从法律制度着手，在法律层面维护女性接受教育的权利，提高女性在各级教育中的参与率。在"一带一路"建设中，中国支援欠发达国家的政策也可以适当向女性倾斜。

积极促进"一带一路"国际合作，发挥中国在"一带一路"建设中的积极作用。正如习近平总书记在党的十九大报告中所指出的，应以"一带一路"建设为重点，坚持"引进来"与"走出去"并重，遵循共商共建共享原则，加强创新能力开放合作，形成陆海内外联动、东西双向互济的开放格局。中国作为"一带一路"的倡议国，应当积极推动沿线欠发达国家的高等教育发展，加强对高等教育发展落后国家和地区的援助，从而推进"一带一路"教育共同繁荣。

二 政策建议

鉴于以上研究，建议从完善"一带一路"沿线国家奖学金支持体系、推动国家间学历互认、加快与沿线国家贸易互通、充分发挥地缘文化对来华留学的促进作用四个方面提出政策建议，推动中国"一带一路"教育行动的实施。

一是完善"一带一路"沿线国家奖学金支持体系。为了充分发挥奖学金在吸引来华学生特别是对于发达国家本科生以及发展中国家研究生的"拉力"作用，中国政府应重点加强针对这些生源国学生的留学服务建设，如奖学金政策重点向沿线国家的学历来华留学生倾斜、创设具有导向性的政策环境、适当放宽奖学金的获得标准、增加奖学金投放量和投放比例以减轻留学生在华的经济负担，促使"一带一路"不同发展水平的生源国来华留学教育结构更加均衡合理。

二是推动两国间学历学位互认协议签订。"一带一路"沿线生源国与目的地国两国间签订高等教育学历学位互认协议，对来华留学学历生，特别是来华留学的本科生具有明显的促进作用。中国政府应尽快推动学历学位互认工作，促进与沿线国家学历学位认证标准连通，为学历来华留学生创造外部制度空间，进一步发挥留学生教育在"一带一路"倡议中的重要作用，更大范围地发挥教育的公共外交功能。

三是密切与"一带一路"沿线国家的贸易互通。增强与沿线国家的经济往来，促进贸易投资自由化和便利化，以经济互通推动文化互通。研究表明，两国间经济交流越频繁，来华留学的人数越多。中国应积极寻求与"一带一路"沿线国家的经贸合作，深化与"一带一路"沿线国家的贸易往来，构建多边、多元、多层次的合作机制，实现"一带一路"沿线国家之间和区域之间的互联互通、互利共赢，刺激沿线国家来华留学教育发展，吸引更多的国际学生到中国留学，为高质量共建"一带一路"提供智力资源和人才资本，以"贸易畅通"促进"民心相通"。

四是充分发挥地缘文化在来华留学中的促进作用，强化与"一带一路"沿线国家的教育合作。"一带一路"倡议是在充分尊重地缘关系的基础上形成的一个全方位、多渠道、深层次合作机制。区域合作应秉持开放的态度。中国政府要发挥地缘优势，特别是吸引沿线来华留学本科生；加大和周边国家与地区的政治、经济和文化沟通，建立双边友好关系；致力于打造区域教育中心，进一步加强区域教育合作，利用比较优势和文化同源优势，吸引更多优秀的国际学生来华学习。

第五章

"一带一路"沿线国家创新的效率及
影响因素研究

第一节　中国与"一带一路"沿线国家
创新能力现状分析

一　指标体系

"全球创新指数 GII"项目由康奈尔大学、国际知识产权组织、欧洲工商管理学院联合发布。2020 年，该数据库已涵盖全球 131 个经济体，93.5% 的世界人口以及全球 97.4% 的 GDP 总量，内容丰富，指标体系完善，公信力高。在整个框架中，该报告主要测算各个经济体的创新总得分（GII 得分）并进行排名，得分由创新投入次级指数、创新产出次级指数这两个创新亚指数得分的平均值进行衡量。其中，创新投入亚指数是制度、人力资本和研究、基础设施、市场成熟度、商业成熟度五个一级投入指标的平均值；创新产出亚指数则是知识和技术产出、创意产出这两个一级产出指标的平均值。单个一级指标下又细分为三个二级指标，各个二级指标再由具体数值或比例的三级独立指标组成（见表 5—1）。

表 5—1　　　　　　　　　　全球创新指数指标体系

创新指数	一级指标	二级指标	三级指标
创新投入亚指数	制度	政治环境	政治和运行稳定性
			政府有效性
		监管环境	政府监管质量
			法治环境
			遣散费用，带薪周数
		商业环境	易于创业
			易于解决破产
	人力资本和研究	教育	教育支出占国内生产总值比例（%）
			中学生人均政府教育支出在人均 GDP 中的占比（%）
			预期受教育年限（年）
			中学生教师比
		高等教育	高等教育入学率（%）
			科学和工程专业毕业生占比
			高等教育入境留学生占比（%）
		研发	全职研究人员/百万人口
			研发总支出在 GDP 中的占比（%）
			全球研发公司，前三位平均支出（百万美元）
			"QS" 高校排名（前三位平均分）
	基础设施	信息通信技术	ICT 普及率
			ICT 利用率
			政府网络服务
			电子参与
		普通基础设施	发电量（人均千瓦时）
			物流绩效
			资本形成总额在 GDP 中的占比
		生态可持续性	单位能耗 GDP
			环境绩效
			ISO 14001 环境认证/十亿购买力平价美元 GDP
	市场成熟度	信贷	易于获得信贷
			给私营部门的信贷在 GDP 中的占比
			小额信贷总量在 GDP 中的占比

创新指数	一级指标	二级指标	三级指标
创新投入亚指数	市场成熟度	投资	易于保护中小投资者
			市值在 GDP 中的占比
			风险投资交易/十亿购买力平价美元 GDP
		贸易竞争	适用税率加权平均百分比
			本地竞争强度
			国内市场规模，十亿购买力平价美元
	商业成熟度	知识型员工	知识密集型就业占比
			提供正规培训的公司占比
			企业进行 GERD 在 GDP 中的占比
			企业供资 GERD 占比
			高级学位女性员工在总就业中的占比
		创新群	高校/产业研究合作
			产业集群发展情况
			海外供资 GERD 占比
			合资战略联盟交易/十亿购买力平价美元 GDP
			多局同族专利/十亿购买力平价美元 GDP
		知识吸收	知识产权支付在贸易总额中的占比
			高技术进口净额在贸易总额中的占比
			ICT 服务进口在贸易总额中的占比
			FDI 流入净值在 GDP 中的占比
			研究人才在企业中的占比
创新产出亚指数	知识和技术产出	知识的创造	本国人专利申请量/十亿购买力平价美元 GDP
			本国人 PCT 专利申请量/十亿购买力平价美元 GDP
			本国人实用新型申请量/十亿购买力平价美元 GDP
			科技论文/十亿购买力平价美元 GDP
			引用文献 H 指数
		知识的影响	购买力平价美元 GDP 增长率/工人，百分比
			新企业/千人口（15—64 岁）
			计算机软件开支在 GDP 中的占比
			ISO 9001 质量认证/十亿购买力平价美元 GDP
			高端、中高端技术生产占比

续表

创新指数	一级指标	二级指标	三级指标
创新产出亚指数	知识和技术产出	知识的传播	知识产权收入在贸易总额中的占比
			高技术出口净额在贸易总额中的占比
			ICT 服务出口在贸易总额中的占比
			FDI 流出净值在 GDP 中的占比
	创意产出	无形资产	本国人商标申请量/十亿购买力平价美元 GDP
			位列前 5000 名的全球品牌价值在 GDP 中的占比
			本国人外观设计申请量/十亿购买力平价美元 GDP
			ICT 和组织模式创造
		创意产品与服务	文化与创意服务出口在贸易总额中的占比
			国产电影/百万人口（15—69 岁）
			娱乐和媒体市场/千人口（15—69 岁）
			印刷和其他媒体在制造中的占比
			创意产品出口在贸易总额中的占比
		在线创意	通用顶级域（TLD）/千人口（15—69 岁）
			国家代码顶级域/千人口（15—69 岁）
			维基百科每月编辑次数/百万人口（15—69 岁）
			移动应用开发/十亿购买力平价美元 GDP

二　"一带一路"沿线国家创新能力发展现状

（一）"一带一路"沿线国家创新能力的趋势分析

提取 2012—2020 年全球创新能力报告中"一带一路"沿线各个国家创新能力总得分，并将中国各年创新能力得分减去沿线国家得分均值，可以较为直观地看出 9 年间沿线国家的创新能力发展趋势，并且通过创新能力的比较分析，考察中国在"一带一路"沿线国家中的创新地位（见图 5—1）。由于每年《全球创新指数报告》的国家数量会发生变动，各年度收集的"一带一路"沿线国家数量不同。2012 年为 106 个，2013 年为 108 个，2014 年为 111 个，2015 年为 109 个，2016 年为 96 个，2017 年为 97 个，2018 年为 96 个，2019 年为 98 个，2020 年为 100 个。

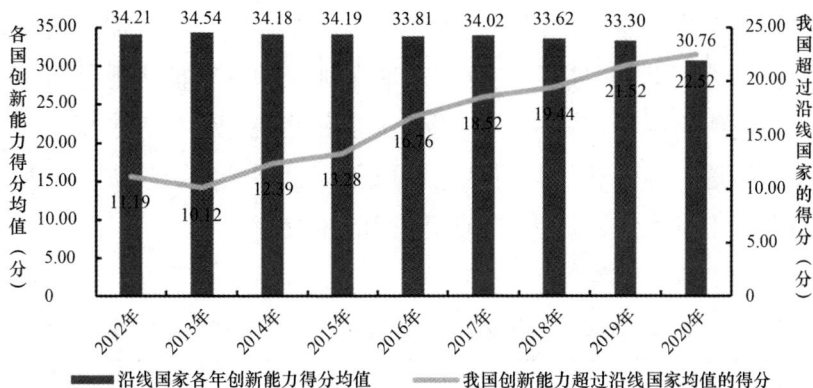

图5—1 2012—2020年中国创新能力超过沿线国家的得分

综观2012—2020年9个年度的全球创新指数评价结果可以看出，2012—2017年沿线国家的GII得分呈现波动状态，但总体维持在33—35分（满分100分），但是在近4年出现了明显的下降趋势，从34.02分下降至30.76分，这说明沿线国家亟须找到促进创新能力发展的有效途径，突破自身局限，挖掘潜在发展空间。与此同时，虽然在2012—2013年，中国创新能力出现了减弱的趋势，但自2013年开始，中国创新能力得分超过沿线国家均值的幅度不断增大，差距从2013年的10.12分上升至2020年的22.52分，这说明中国的创新能力在"一带一路"沿线国家中不断增强，创新地位日益凸显。

进一步具体分析2012—2020年创新能力得分大于中国的"一带一路"沿线国家个数及具体名称（见表5—2），可以得出，2012年、2013年创新能力超过中国的国家数最多，包括卢森堡、奥地利、斯洛文尼亚、捷克等8个来自欧洲的国家，新加坡、以色列、马来西亚、卡塔尔等6个亚洲国家以及新西兰这一大洋洲国家；直到2015年，创新能力得分大于中国的沿线国家主要以欧洲国家为主；到2016年，创新能力得分大于中国的沿线国家中欧洲和亚洲各占3个，大洋洲仍为新西兰。总体而言，2014年中国创新能力的增强使其创新排名提升，2014—2020 年的创新能力超过中国的国家个数持续下降，这与中国在这 6 年的创新能力提升相一致，到 2020 年，新加坡、韩国、以色列这三个亚洲国家的创新能力始终领先中国，这说明中国仍需进一步依托"一带一路"创新枢纽的优势，把握发展机遇，加强合作与对话，汲取创新发展经验，发展核心科技参与全球市场竞争，向世界创新强国的地位挺进。

表 5—2   2012—2020 年创新能力高于中国的"一带一路"沿线国家

年份	国家
2012	新加坡、韩国、卢森堡、以色列、奥地利、新西兰、爱沙尼亚、捷克共和国、马耳他、斯洛文尼亚、塞浦路斯、匈牙利、马来西亚、拉脱维亚、卡塔尔（15 个）
2013	新加坡、韩国、卢森堡、以色列、奥地利、新西兰、爱沙尼亚、捷克共和国、马耳他、斯洛文尼亚、塞浦路斯、意大利、匈牙利、马来西亚、拉脱维亚、葡萄牙（16 个）
2014	新加坡、韩国、卢森堡、以色列、奥地利、新西兰、爱沙尼亚、捷克共和国、马耳他、斯洛文尼亚（10 个）
2015	新加坡、韩国、卢森堡、以色列、奥地利、新西兰、爱沙尼亚、捷克共和国、马耳他、斯洛文尼亚（10 个）
2016	新加坡、韩国、卢森堡、以色列、奥地利、新西兰、爱沙尼亚（7 个）
2017	新加坡、韩国、卢森堡、以色列、奥地利、新西兰（6 个）
2018	新加坡、韩国、卢森堡、以色列（4 个）
2019	新加坡、韩国、以色列（3 个）
2020	新加坡、韩国、以色列（3 个）

（二）"一带一路"沿线国家创新能力的特征分析

将 2020 年全球创新指数报告中的 98 个"一带一路"沿线国家和中国在二级指标上的得分进行简单平均，得到 99 个"一带一路"沿线国家的二级指标得分均值图（见图 5—2）。在 21 项二级指标中，沿线国家排名前五的二级指标依次为："商业环境"（68.79分）、"监管环境"（61.19 分）、"信息通信技术"（60.45 分）、"贸易、竞争和市场规模"（60.25 分）、"政治环境"（57.07 分），这是提升"一带一路"沿线国家创新能力的二级因素,它们均属于创新投入亚指数,可见沿线国家十分注重创新的投入。其中,商业环境、监管环境、政治环境均属于"制度"一级指标,信息通信技术属于"基础设施"一级指标,贸易、竞争和市场规模属于"市场成熟度"一级指标。这说明沿线国家在这些领域具有独特的创新优势,应该善于发挥国家的引导作用,将制度建设作为促进创新活动的核心,以较为成熟的商业环境鼓励创新活动,帮助企业进入市场,降低交易成本,规范政治和经济秩序;加强基础设施建设,提供支撑知识传播所需的公产产品和服务;激发需求和市场竞争,推动创新活动,提升企业竞争力。

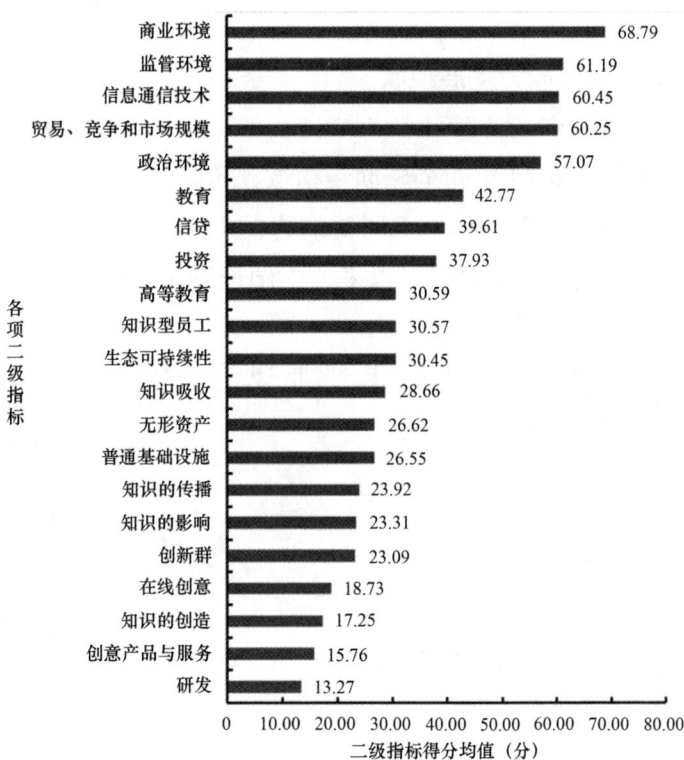

图5—2 2020年"一带一路"沿线国家的二级指标得分均值

但是，在研发、创意产品与服务、知识的创造、在线创意指标上，沿线国家的得分均值低于 20 分，这 4 项是得分最低的二级指标。其中研发得分最低，仅为 13.27 分，而这一指标隶属于"人力资本和研究"一级指标，包括研究人员、研究总支出、研发公司等，说明沿线国家研发投入不足，创新资源不到位限制了创新的内在动力；创意产品与服务、在线创意属于"创意产出"一级指标，知识的创造属于"知识和技术产出"一级指标，可见在创新产出方面的不足对沿线国家的创新能力有着一定程度的负面影响，而创新产出作为创新投入的外在转化，是创新活动在经济中的结果，更高的创新产出才能使国家创新实力得到巨大提升。沿线国家在重视创新投入的同时，还应加强创新转化。

三 中国创新能力发展现状

（一） 中国创新能力的特征及趋势分析

从 2012 年到 2020 年的全球创新指数评价结果（见图 5—3）可以看出，中国在 2012—2013 年创新能力的排名略有下降，但是自 2013 年"一带一路"倡议提出以来，中国连续 7 年保持上升势头，

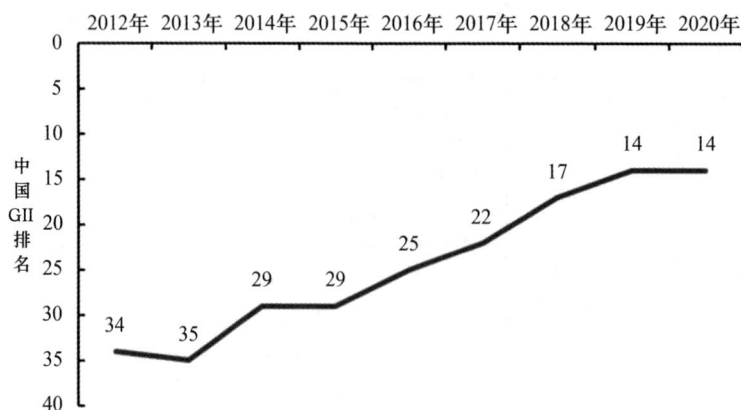

图 5—3 2012—2020 年中国 GII 排名

以每年 3 个名次的速度实现创新指数排名的快速跃升。2019 年，中国在创新排行榜上的排名上升至 14 名，首次进入世界最具创新能力国家前 15 强，成功跻身领先创新国家行列。值得一提的是，在 2019 年 GII 指数排名前 30 名中，除中国外，所有国家都是高收入经济体。

代以平将中国的创新发展现状与创新领先国家做对比（见表 5—3）。首先，GII 排名前 10 位的最佳经济体中有 7 个位于欧洲，瑞士领跑全球 GII 排名，得分高达 66.08，比中国高 13 个位次、12.8 分。这说明经济发展水平仍是制约创新发展的关键因素。其次，在创新投入方面，新加坡位于全球第一，是第一个跻身前 5 位的亚洲国家，创新投入规模大；而中国在 2020 年的投入排名仅位于全球第 26 位，相较其 GII 和创新产出排名落后，说明中国在创新投入上还有很大的提升空间。最后，创新产出方面，瑞士高居第 1；韩国首次进入创新产出全球前 10 名；中国位列第 6，作为前十名中唯一的中高收入国家，创新产出表现尤其突出，高于其 GII 排名 8 个名次。这说明中国在创新投入相较十佳经济体稍显不足的情况下，其创新产出高，创新能力快速跃升，取得长足进步，这与中国经济体量大有一定关系。

表 5—3　　　2020 年十佳经济体的 GII、创新投入与产出排名

排名	GII		创新投入		创新产出	
	国家或地区	0—100 分	国家或地区	0—100 分	国家或地区	0—100 分
1	瑞士	66.08	新加坡	70.20	瑞士	62.75
2	瑞典	62.47	瑞士	69.42	瑞典	55.75
3	美国	60.56	瑞典	69.19	英国	53.59
4	英国	59.78	美国	68.84	荷兰	53.08
5	荷兰	58.76	丹麦	66.77	美国	52.28
6	丹麦	57.53	英国	65.97	中国	51.04
7	芬兰	57.02	中国香港	65.79	德国	50.39
8	新加坡	56.61	芬兰	65.57	芬兰	48.47

排名	GII		创新投入		创新产出	
	国家或地区	0—100分	国家或地区	0—100分	国家或地区	0—100分
9	德国	56.55	加拿大	64.84	丹麦	48.30
10	韩国	56.11	韩国	64.83	韩国	47.40
中国	中国（14）	53.28	中国（26）	55.51	中国（6）	51.04

（二）中国创新能力发展的优劣势分析

根据 2020 年中国排名前 10 与末 10 的各项创新三级指标可知，中国有 8 项指标均排名全球第一，存在明显优势，其中知识的创造和无形资产均占 2 项（见表 5—4）。排名末 10 的指标中有 3 项指标在 100 名及其之后，监管环境、生态可持续性、知识的吸收指标群各占 2 项排名末 10 的三级指标，均属于创新投入（见表 5—5）。结合一、二级指标分析，可归纳出中国创新的优势与不足。

表 5—4 　　　　　　　2020 年中国全球创新指数排名前 10 的指标

排名前 10 的指标	所属指标群	排名
国内市场规模	贸易、竞争和市场规模	1
阅读、数学和科学 PISA 量表得分	教育	1
提供正规培训的公司占比	知识型工人	1
本国人专利申请量	知识的创造	1
本国人实用新型申请量	知识的创造	1
本国人商标申请量	无形资产	1
本国人外观设计申请量	无形资产	1
创意产品出口在贸易总额中的占比	创意产品和服务	1
购买力平价美元 GDP 增长率（工人,%）	知识的影响	2
全球研发公司	研究和开发	3
QS 高校排名	研究和开发	3
企业供资 GERD 占比	知识型工人	4

表5—5　　　　　　　　　2020年中国全球创新指数排名末10的指标

排名末10的指标	所属指标群	排名
遣散费用,带薪周数	监管环境	109
高等教育入境留学生占比	高等教育	101
FDI流入净值在GDP中的占比	知识的吸收	100
环境绩效	生态可持续性	98
单位能耗GDP	生态可持续性	94
国产电影	创意产品和服务	93
预期受教育年限	教育	87
监管质量	监管环境	82
海外供资GERD占比	知识型工人	81
ICT服务进口在贸易总额中的占比	知识的吸收	78
合资战略联盟交易	创新关联	76
易于获得信贷	信贷	74

创新优势主要表现为以下几方面:一是中国创新产出高,主要表现在知识创造能力强,本国人专利、实用新型、商标和外观设计申请量高(均排名世界第1),同时创意产品出口在贸易总额中的占比大。二是庞大的国内市场规模激发创新活力,发挥需求对创新的正激励效应。三是重视研发和人力资本培育,企业研发投入力度大,加强员工培训;与此同时,大学质量持续优化,以高等教育积极促进创新,提升国家创新实力。

创新劣势主要表现为以下几方面:一是创新的监管环境不足,束缚创新活力,遣散费用低,带薪周数少,监管质量有待提升。二是人才培养力度有待加强,高等教育国际化程度较低,预期受教育年限排名落后,而高等教育作为国家创新力提升的突破口,是一国创新力的重要决定因素,有必要加强本土高层次人才培养,储备智力资源,正确地激励和鼓励科研,激发国家发展的内生动力;需要加强对国外高层次留学生人才的吸引力,弥补本地高等教育人力资源不足的相对弱势。三是创新的生态可持续性较低,单位能耗GDP

高,环境绩效较差,在新发展理念下应将创新与绿色紧密结合。提升创新的生态可持续性既是经济高质量发展的特征,也是创新的内在需求。

第二节 "一带一路"沿线国家创新效率的评估及聚类

为了更好地衡量沿线国家的创新投入产出效益,运用数据包络分析方法中产出导向的 DEA-CCR 模型,对"一带一路"沿线国家的不同产出创新效率和整体创新效率进行测算。根据模型测算得出的 DEA 评价结果得分在 0—1 之间,DEA 结果越接近 1,表明该国在此方向的效率越有效。之后,基于测算的四个创新效率,运用 SPSS 统计中的层次聚类分析方法对评价结果进行聚类识别,将沿线国家分成同质组和不同组,以更好地了解不同国家创新效率的差异。

一 指标选取与数据说明

创新效率是投入的创新资源转化为创新产出的一个比率,基于 2020 年的《全球创新指数》,确立投入产出指标(见表 5—6)。

表 5—6　　　　　　　　DEA 分析投入产出指标选取

指标	测量
投入指标	全职研究人员数(百万人口)
	研发总支出
	资本形成总额在 GDP 中的占比(%)
	高科技进口占总净进口比例(%)
产出指标	本国人专利申请量(十亿购买力平价美元 GDP)
	科技论文(十亿购买力平价美元 GDP)
	ICT 服务出口在贸易总额中的占比(%)

创新投入指标在内生经济增长理论的视角下进行选取。内生经济增长理论主要以物质资本和人力资本作为生产的核心投入要素，尤其重视知识或技术的溢出效应。因此模型均采用同样的4类投入作为投入指标，其中，全职研究人员数为每百万人口中研究人员的数量，能够从人力资本投入的角度衡量创新活动；研发总支出从物质资本的角度衡量一个国家对研发活动的重视强度，本书选取全球创新指数中的"研发总支出在GDP中的占比"，并将其调整为总量数据；资本形成总额表示一个国家的基础设施建设情况；高科技进口占总净进口的比例表示吸收国外技术提升创新能力的强度。

创新产出指标在创新价值链的视角下进行选取。汉森（Hansen）和伯金肖（Birkinshaw）提出了创新价值链的概念，认为创新是创意诞生、转化和传播以及在这些阶段执行的关键活动，从创新价值链的视角可以对创新过程的各个阶段、活动、产品进行划分[1]。陆菊春、沈春怡将创新过程分为科技论文的知识创新阶段、实用专利的创新成果吸收阶段以及市场影响的创新成果商业化阶段，能够很好地匹配各个国家的创新实践和创新产出研究[2]。本书借鉴于惊涛、杨大力的研究，将产出方向划分为基础研究产出、技术发明产出、创新成果的商业化产出[3]。针对三组差异性的产出方向DEA-CCR模型，各代表性指标选择如下：基础研究产出选取"科技论文"，表现一国的创新主体水平，即新发现、新知识的研究能力，基础研究能解决经济社会发展的基本科学问题，是提升国家原始创新能力的根本动力；技术发明产出选取"本国人专利申请量"这一指标，专利作为创新和市场连接的桥

---

① Hansen Morten T.，"Birkinshaw Julian，The Innovation Value Chain"，*Harvard Business Review*，Vol. 85，No. 6，2007.

② 陆菊春、沈春怡：《国家中心城市绿色创新效率的异质性及演变特征》，《城市问题》2019年第2期。

③ 于惊涛、杨大力：《政府投入、经济自由度与创新效率：来自24个领先国家的实证经验》，《中国软科学》2018年第7期。

梁，能较为全面地表现一国的技术研发能力和创新产品信息；创新成果商业化选取"ICT 服务出口在贸易总额中的占比"这一指标，主要是考虑到 ICT 产业已经成为科技革命和产业贸易的关键基础，如 5G、量子通信等领先技术，更能反映创新产出在商业贸易中的国际市场开拓能力和国际竞争能力①。在整体综合创新效率评价的 DEA-CCR 模型中，将专利、科技论文、ICT 服务出口同时作为产出指标，计算国家的创新综合效率。指标数据经过整理得到，删去缺失值之后，满足条件的"一带一路"沿线国家共有 69 个。

二 沿线国家创新效率评价结果

根据 DEA-CCR 模型并使用计算工具软件 DEAP 2.1，可得出各个国家不同产出方向的技术效率（TE）（见表5—7）。从创新的综合效率来看，中国及 22 个沿线国家的效率值达到 1，且综合效率的均值大于其他三个产出方向。进一步对各个产出方向的效率进行评价，就专利申请量产出的效率中国、韩国、卢森堡等 9 个国家的效率均为 1，产出效率值最高，属于高产国家。就科技论文产出的效率，相较于其他两个产出的效率更高。2020 年共有 12 个沿线国家的基础研究产出创新效率达到 1，为该组内效率最佳的国家，说明沿线国家的科技论文产出比专利和 ICT 服务出口更有效，中国位于第 55 位。以 ICT 服务出口衡量的成果转化产出效率是三类产出导向中均值最低的，仅为 0.278，说明沿线国家的信息基础设施较为薄弱，塞浦路斯、马达加斯加、塞尔维亚、马里、以色列具有较高的效率，而中国在 69 个国家中位于第 46 名。

---

① 王晓红、孟丽君、郭霞：《中国信息通信技术服务贸易发展与创新能力提升的研究》，《全球化》2020 年第 6 期。

表5—7 　　　　　　　2020 年 69 个样本国的四类产出效率

国家名	综合效率	技术发明产出效率	基础研究产出效率	创新成果商业化产出效率
平均值	0.697	0.334	0.557	0.278
塞浦路斯	1	0.367	1	1
马达加斯加	1	1	1	1
马里	1	0.272	0.624	1
塞尔维亚	1	0.293	1	1
佛得角	1	1	1	0.721
多哥	1	0.258	1	0.69
斯里兰卡	1	0.803	0.324	0.665
摩尔多瓦共和国	1	1	0.417	0.618
肯尼亚	1	0.646	0.795	0.553
卢森堡	1	1	0.527	0.469
巴拿马	1	1	0.933	0.464
黑山	1	0.127	1	0.44
卢旺达	1	0.481	1	0.425
巴基斯坦	1	0.099	1	0.358
克罗地亚	1	1	0.813	0.198
乌干达	1	0.108	1	0.189
斯洛文尼亚	1	0.362	1	0.099
中国	1	1	0.368	0.086
纳米比亚	1	0.638	1	0.069
莫桑比克	1	0.638	0.967	0.059
马耳他	1	1	0.461	0.05
韩国	1	1	0.373	0.031
约旦	1	0.068	1	0.011
葡萄牙	0.997	0.195	0.987	0.137
智利	0.942	0.192	0.907	0.052
乌克兰	0.939	0.749	0.409	0.44
伊朗	0.925	0.584	0.68	0.033

国家名	综合效率	技术发明产出效率	基础研究产出效率	创新成果商业化产出效率
波黑	0.919	0.666	0.618	0.252
以色列	0.917	0.208	0.646	0.858
南非	0.829	0.164	0.801	0.074
哥斯达黎加	0.826	0.034	0.455	0.826
爱沙尼亚	0.784	0.153	0.784	0.21
意大利	0.751	0.26	0.677	0.12
菲律宾	0.748	0.355	0.144	0.711
新西兰	0.726	0.329	0.694	0.064
博茨瓦纳	0.674	0.047	0.674	0.058
柬埔寨	0.661	0.12	0.661	0.135
罗马尼亚	0.655	0.324	0.535	0.421
立陶宛	0.645	0.11	0.645	0.113
奥地利	0.632	0.413	0.52	0.165
捷克共和国	0.607	0.118	0.607	0.123
乌拉圭	0.598	0.061	0.597	0.287
埃塞俄比亚	0.588	0.057	0.588	0.057
波兰	0.562	0.193	0.528	0.168
塞内加尔	0.512	0.067	0.288	0.512
埃及	0.495	0.12	0.477	0.126
厄瓜多尔	0.486	0.059	0.481	0.011
巴林	0.471	0.088	0.18	0.471
萨尔瓦多	0.471	0.104	0.102	0.471
玻利维亚	0.461	0.429	0.234	0.123
格鲁吉亚	0.453	0.283	0.378	0.047
科威特	0.449	0	0.203	0.449
乌兹别克斯坦	0.434	0.434	0.072	0
越南	0.422	0.151	0.374	0.008

续表

国家名	综合效率	技术发明产出效率	基础研究产出效率	创新成果商业化产出效率
斯洛伐克	0.42	0.095	0.42	0.1
拉脱维亚	0.41	0.236	0.35	0.253
新加坡	0.4	0.13	0.373	0.114
土耳其	0.397	0.252	0.298	0.006
匈牙利	0.381	0.086	0.376	0.091
阿曼	0.374	0.041	0.374	0.051
哈萨克斯坦	0.338	0.338	0.112	0.018
保加利亚	0.327	0.099	0.319	0.224
俄罗斯	0.291	0.229	0.209	0.073
摩洛哥	0.286	0.073	0.271	0.227
马来西亚	0.266	0.058	0.259	0.075
阿尔及利亚	0.215	0.028	0.215	0.022
泰国	0.167	0.058	0.154	0.012
印尼	0.138	0.117	0.064	0.073
阿联酋	0.098	0.006	0.096	0.093

从 DEA 评价结果中，可以看出创新效率在不同方向的产出结果上并不连续。以中国为例，虽然前两类效率均为 1，但中国的基础研究产出效率只有 0.368，创新成果商业化产出效率仅有 0.086，低于沿线国家均值，因此对于中国来说，提升基础研究和成果转化的产出效率成为关键，应注重 ICT 核心技术发展，培养国际竞争力。

三 沿线国家创新效率聚类分析

为考察"一带一路"沿线国家创新效率的差异，在层次聚类分析的基础上，根据综合效率和三个方向的产出效率，将沿线国家重新划分为 3 个不同的集群，从而更好地识别其共同特征和存在的差异（见表 5—8）。第一组包括中国、韩国、卢森堡等 17 个国家，第二组包含新加坡、俄罗斯、意大利等 46 个国家，第三组包含以色列等 6 个国家。

表 5—8 　　　　　　　　2020 年创新效率聚类分析结果

第一组（17 个）	第二组（46 个）	第三组（6 个）
中国、韩国、卢森堡、佛得角、巴拿马、马达加斯加、肯尼亚、卢旺达、纳米比亚、莫桑比克、波黑、伊朗、克罗地亚、马耳他、摩尔多瓦、斯里兰卡、乌克兰	新加坡、俄罗斯、意大利、柬埔寨、立陶宛、捷克共和国、博茨瓦纳、埃塞俄比亚、波兰、埃及、乌拉圭、新西兰、爱沙尼亚、南非、罗马尼亚、奥地利、黑山、巴基斯坦、乌干达、葡萄牙、智利、约旦、斯洛文尼亚、哈萨克斯坦、乌兹别克斯坦、玻利维亚、阿联酋、印度尼西亚、阿尔及利亚、泰国、马来西亚、摩洛哥、保加利亚、拉脱维亚、匈牙利、斯洛伐克、阿曼、越南、厄瓜多尔、格鲁吉亚、土耳其、巴林、萨尔瓦多、科威特、塞内加尔、菲律宾	以色列 塞浦路斯 塞尔维亚 多哥 马里 哥斯达黎加

　　进一步分析不同集群的产出效率特征（见表 5—9），第一组国家的特点是综合效率接近 1，产出转化率高；尤其是技术发明产出效率均值为 0.84，显著高于其他两组国家，注重专利产出，属于技术发明导向型创新发展国家；但是创新成果商业化产出效率低，仅为 0.36，说明这些国家虽然技术发明成果突出，但 ICT 技术仍有待突破和提升，ICT 产业基础较为薄弱，中国属于这一类。第二组国家在三个产出方向上的效率较低，但相较其他两个产出而言，在论文产出这一基础研究发展上有一定优势，属于基础研究导向型国家，在 69 个样本国中有 67% 的国家属于这一类，说明"一带一路"沿线国家的产出综合效率有待提升，尤其需要技术支撑和创新成果商业化途径。第三组国家综合效率排名第二，也接近 1；在三类产出方向上，具有更高的创新成果商业化成就，ICT 服务出口多，说明属于商业导向型创新国家，同时其基础研究产出效率也是三组国家中最高的，能将基础研究与成果转化相结合。

表5—9 2020年不同集群的四个效率均值

组别	综合效率	技术发明产出效率	基础研究产出效率	创新成果商业化产出效率
第一组	0.99	0.84	0.69	0.36
第二组	0.56	0.16	0.48	0.17
第三组	0.96	0.24	0.79	0.90

第三节 "一带一路"沿线国家创新能力影响因素构型研究

一 模糊集定性比较分析方法介绍

采用模糊集定性比较分析方法（fuzzy set Qualitative Comparative Analysis，简称 fsQCA）对国家创新能力的影响因素进行探究。美国社会学家 Charles C. Ragin 创立了定性比较分析方法，这是一种基于集合论与布尔运算将案例数据作为基础数据的研究方法，强调从集合的角度来探索前因条件与最终结果的关系，并用布尔运算将分析问题的逻辑形式化，识别出给定结果的不同前因条件组合（或组态）。

国家创新是一个复杂的过程，受到来自不同领域、不同主体的多种因子的共同作用，传统的回归方法一方面无法完整解释多个变量的联合效应，另一方面无法清晰说明变量之间的互动关系，虽然各个变量对于国家创新都有其独特的净效应，但是多个变量之间的互动可能产生替代作用，使得整体效应小于各因子的效应之和，fsQCA 致力于解释结果产生的关键因素以及因素之间的有效互动，考察促成结果产生的复杂的因素组合[1]，因此使用 fsQCA 更能充分

---

[1] 李蔚、何海兵：《定性比较分析方法的研究逻辑及其应用》，《上海行政学院学报》2015年第5期。

理解国家创新的复杂本质。在具体的技术上，fsQCA 具有三个优势。第一，fsQCA 假设前因条件具有非独立性，关注各个前因条件的相互依赖及不同组态构成多重并发的因果关系；第二，fsQCA 能识别条件的组态等效性，在本书中即各创新要素的多种组态可以产生高水平国家创新能力这一共同结果；第三，fsQCA 能识别条件之间的因果非对称性，即产生或不产生高水平国家创新能力这一结果的原因可以是不一样的。因此，fsQCA 能够更好地解释不同国家间创新发展的异质性以及创新条件之间复杂的组态效应。

二 模型构建

fsQCA 强调通过对已有研究中的实证资料或者领域内已成熟的理论框架不断对话，建构出组态的基本类型并选择与结果相关的前因条件。世界知识产权组织（简称 WIPO）发布的《全球创新指数报告》针对国家创新体系已经提出了一个系统完整的理论框架，包括制度、基础设施等 4 个创新投入要素以及知识产出、创意产出这2 个创新产出要素，已有较多研究在该框架下进行分析与深入，由此表明这一国家创新框架具有权威性和认可度。我们在该国家创新理论框架的基础上，将外部创新要素引入分析框架，构建了 6 个前因条件对高水平国家创新能力产生结果的作用模型（见图 5—4），描述国内外要素之间的相互作用，以及这些要素共同作用影响高水平国家创新能力。我们从国内外的宏观层面较为全局性地对国家创新的影响因素和路径进行探究，扩展了国家创新系统的理论框架和"一带一路"沿线国家创新的跨国比较。

在变量的选取上，6 个前因条件包括国内创新要素和国际创新要素，其中，国内创新要素基于全球创新指数，使用报告中的 5 个GII 投入指数进行测量；国际创新要素则采用入境国际留学生总人数这一指标，数据来源于联合国教科文组织。国际留学生的规模可以在一定程度上反映知识流动的强度，以及各国参与创新合作的水平。一方面，国际留学生作为一种创新潜在人才要素，可以促进外

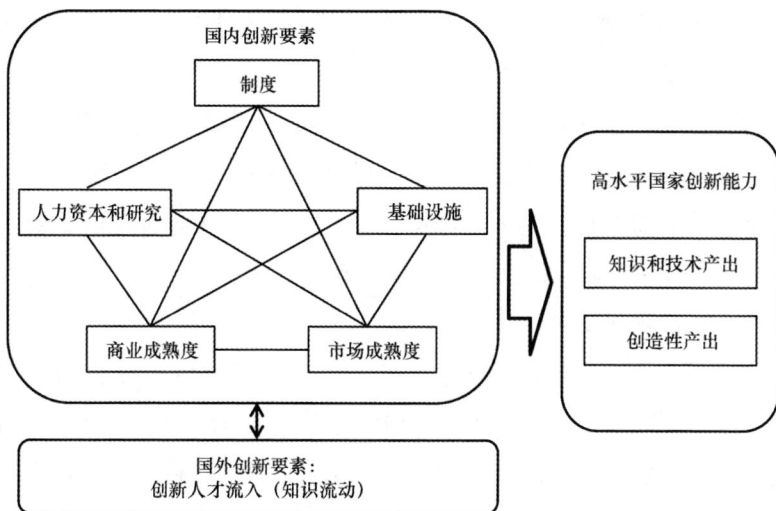

图5—4 国家创新系统内外部要素对高水平国家创新能力的影响构型

部异质知识的快速流动，增强内部创新要素发挥的效用；另一方面，高等教育对外合作交流是"一带一路"建设的重要推动力，国际留学生是大学在人才培育、知识扩散、文化交流、协同创新方面参与"一带一路"倡议的直接表现。由于收集的相关数据存在一定的缺失，使用线性插值进行补齐处理。选取国家创新能力作为结果变量，使用知识和技术产出得分、创意产出得分这两个GII产出指数的算术平均值测度国家创新能力。共收集了72个沿线国家的相关数据。

三 数据与实证分析

（一）数据校准

模糊集定性比较分析方法以集合论为基础，本书的6个前因要素和结果都各自属于一个集合。运算前，需要将每一个案例国家的数据从各个测量尺度转化为对应集合中的隶属度（membership），从而将原始数据重新校准为一个新的模糊集。通过校准，能够将案例的某一变量值重新计算为 0—1 的隶属度，锚定一个国家多大程度上属于特定的集合和在该要素上达到何种水平。越接近 1，表示隶属程度越高。1 为完全隶属关系；0 为完全没有隶属关系；0.5 为半隶属关系。为了校准数据，我们借鉴 Khedhaouria（2017）的方法，将各个因素的上下四分位数及均值作为 3 个校准阈值，计算结果变量和所有前因要素的模糊集隶属度。

（二）必要性分析

在进行常规的 fsQCA 分析之前，首先需要对单独条件进行必要性分析（见表 5—10），当单一前因要素出现或不出现的一致性取值达到 0.9，则视为构成结果变量出现的必要条件。表中 6 个前因变量出现或不出现的一致性取值都小于 0.9，说明没有指标可以单独解释结果变量，不构成结果出现的必要条件。这验证了我们的假设，即国家创新系统的内外要素积极交互从而促进产生高水平国家创新能力。

表 5—10　　　　　　　　　必要性分析

前因条件	一致性	覆盖率
制度	0.77	0.77
~制度	0.34	0.34
人力资本和研究	0.81	0.80
~人力资本和研究	0.31	0.31
基础设施	0.80	0.81
~基础设施	0.32	0.32
市场成熟度	0.69	0.67
~市场成熟度	0.38	0.40
商业成熟度	0.84	0.83
~商业成熟度	0.30	0.30
国际创新人才	0.66	0.70
~国际创新人才	0.43	0.41

注："~"表示逻辑运算中的"非"。

（三）构型分析

本部分进一步分析产生高水平国家创新能力所有可能的影响因素组合。我们使用 fsQCA 3.0 软件对校准后的数据进行真值表运算。根据定性比较分析方法的原理，有 K 个前因条件的模糊集，在真值表中会形成 2K 行，每一行对应着每一种可能的影响因素组合。但是，某些组合在真值表中含有的案例频数为零，说明这些组合对样本中的案例不具有解释力，因而真值表需要通过设置案例频数和一致性对其进行简化。我们将频数阈值设置为 1，剔除不符合条件的组合。筛选频数后，将一致性阈值设为 0.8，高于一致性阈值一般不低于 0.75 的标准建议。同时，限制 PRI 指标的取值必须大于 0.7，PRI 代表"不一致性的比例减少"（Proportional Reduction in Inconsistency），被用来避免结果出现和结果不出现中组态的同时子集关系，PRI 分数低于 0.5 的组态表明具有明显的不一致性。根据条件进行设定之后，得到真值表（见表 5—11）。

表 5—11　　　　　　　　　　真值表结果

制度	人力资本和研究	基础设施	市场成熟度	商业成熟度	国际创新人才	国家创新能力	一致性consistency	PRI
1	1	1	0	1	1	1	0.97028	0.954178
1	0	1	0	1	1	1	0.969863	0.946602
1	1	1	1	1	1	1	0.950783	0.938547
1	1	1	1	1	0	1	0.897668	0.856364
0	1	1	1	1	1	1	0.938182	0.821052
1	1	1	0	1	0	1	0.820459	0.737003

经 fsQCA 计算后得到复杂解、中间解、简单解三种方案，"解"是指由大量案例支撑的构型。复杂解完整性优于另外两种，是完全依据变量设置产生的结果，所以数量较多，将其进一步简化为中间解与简单解；简单解是三种解中结果最为简单的，是依据变量强弱产生的结果，提炼出不能被简化的，且对结果产生具有重要影响的

核心条件；中间解介于两种解之间，既包含核心条件，也包含对结果产生只有一定的辅助作用的辅助条件。进一步改善研究结果的表现形式，将输出的三种解转化为构型结果（见表5—12），并呈现整体解的一致性和覆盖度。

表5—12 "一带一路"沿线国家的国家创新能力前因要素构型

前因条件	高水平创新能力		
	1	2a	2b
制度	●	•	⊗
人力资本和研究			•
基础设施	•	•	⊗
市场成熟度		⊗	⊗
商业成熟度	●	●	●
国际创新人才		●	●
一致性	0.934	0.974	0.938
覆盖度	0.613	0.184	0.072
单一覆盖度	0.459	0.030	0.037
总体一致性	0.939		
总体覆盖度	0.680		
代表国家	意大利、韩国、新加坡、塞浦路斯、爱沙尼亚、马耳他、捷克、卢森堡、奥地利、斯洛文尼亚等	斯洛伐克、罗马尼亚、希腊、保加利亚、塞尔维亚等	乌克兰

注：实心圈表示前因要素存在，大实心圈表示任何解都不能忽略的核心条件，小实心圈表示在简单解中被消除并且只出现在中间解中的辅助条件。带叉圈表示前因要素的缺席或否定，空白处表示前因要素"无关紧要"，既可以出现也可以不出现。

对于沿线国家高水平国家创新能力的出现，共呈现出3种因素存在与缺失的组合构型，一致性指标分别为：0.934、0.974、

0.938，有较高的一致性，说明"一带一路"沿线国家可以借助3条路径实现高创新能力的结果变量，每一条路径代表一组因素组合，根据覆盖度的大小可以判断，大部分沿线国家都是通过第1个构型来取得高创新能力的。

构型1中"高水平国家创新能力＝制度＊人力资本和研究＊基础设施＊商业成熟度"，表明在国家创新系统中制度、人力资本和研究、商业成熟度要素作为核心条件，结合良好的基础设施作为辅助条件，可以获得高水平国家创新能力。正如构型1中空白处的"无关紧要"要素所显示的，在这种构型情况下，无论是否有国际创新人才的助力，高水平国家创新能力都能够实现，即"制度、人力资本和研究、商业成熟度共同主导型"，代表国家有意大利、韩国、新加坡等。

构型2a和2b可以归为一类，它们都显示出商业成熟度、国际创新人才的存在，市场成熟度的不存在作为核心条件。不同的是，构型2a中"高水平国家创新能力＝制度＊基础设施＊～市场成熟度＊商业成熟度＊国际创新人才"，表现出国内制度和基础设施的存在作为辅助要素，代表国家有斯洛伐克、罗马尼亚等。构型2b中"高水平国家创新能力＝～制度＊人力资本和研究＊～基础设施＊商业成熟度＊国际创新人才"，而构型2b则显示出人力资本和研究的存在，制度和基础设施不存在作为辅助要素，能够达到高水平的国家创新能力，代表国家主要为乌克兰。这也能说明在商业成熟度高、国际创新人才吸纳能力强势的情况下，人力资本和研究可以与国内制度、基础设施相互替代。

三种构型中，"商业成熟度"这一条件变量出现次数最多，作为核心条件在三种构型中均有出现，其次是国际创新人才，两次作为核心条件出现。制度、人力资本和研究、基础设施这三个条件变量各出现了2次，但是"基础设施"均以辅助条件的形式呈现。条件变量出现次数的多少在一定程度上反映出其对于结果变量的影响差异，从三种构型中各个条件变量出现的次数多少可以看出，对于高水平国家创新能力而言,商业成熟度、国际创新人才是其创新能力形成的主导性条件变量,制度、人力资本和研究、基础设施的影响力次之。

第四节 中国与以色列创新的影响因素比较
——基于全球创新指数分析

以色列在创新创业领域有丰富的经验积累与成功的发展模式,本节将以色列作为研究范本,探寻影响中国和以色列创新发展的影响因素,比较中国与以色列创新的差距,寻找创新创业生态搭建中的可再现逻辑与既有经验。这对于中国双创事业进行二次审视、回答中国在经济转型期双创事业所面临的困境与挑战有着较强的现实意义。

一 问题提出

创新创业,作为一种基于创新的开拓性的创业活动,在全球范围内正呈现出全新的发展趋势与业态。自20世纪90年代以来,伴随着全球化贸易步伐的加快以及知识导向型经济的迅猛发展,工业革命以来逐步产生的传统高投入、高消耗、粗放式的资源依赖性经济模式,在现代社会以可持续发展为基调的发展理念下难以为继。如何在21世纪改造传统行业、寻找新的经济增长点与发展新兴产业,成为各大经济体在产业转型时期须慎重思考的三大问题。

在众多尝试推广创新创业模式的国家中,被誉为"创业的国度"的以色列,面对狭小的国土面积、短缺的自然资源、地缘政治压力、战争压力,在科学研究、商业创新、教育培养等领域取得了举世瞩目的成绩。作为一个创新的国度,以色列的国家实力与其创新创业活动紧密联系,后者全方位地影响着以色列的教育、政治及经济,奠定了以创新为导向的国家发展逻辑,并为其提供持续不断的原生动力,塑造起以色列人才高度集聚、产业运作成熟与转化产出能力极强的国家综合竞争力形态。与此同时，以色列作为响应"一带一路"倡议的参与国，与中国有着紧密的商贸联系与广泛的民间交流活动。作为第一个承认中华人民共和国的中东国家，自1992年1月24日以色列副总理兼外长访华，签署与中国建交公报，两国正式建立大使级外交关系以来，双边关系顺利发展，1994年、1997年、2009年和2014年，以色列分别在上海、香港、广州、成都设立总领馆。2017年3月，中以签订《中华人民共和国和以色列国关于建立创新全面伙伴关系的联合声明》，宣布建立创新全面伙伴关系。近年来，中国与以色列在教育、科研创新领域内展开了开放积极的合作交流活动。教育方面如：双方交换留学生项目；清华大学与特拉维夫大学签署共建交叉创新中心[1]；成立中以创新合作联合委员会，共同搭建中以"7+7"研究型大学联盟；共建合作办学机构如广东以色列理工学院；《中以创新合作三年行动计划(2015—2017)》支持两国研究机构共建联合实验室和联合研究中心等[2]。科研创新方面如：设立中以投资基金投资面向中国市场的以色列技术；国家自然基金委员会与以色列科学基金会签署合作协议共同资助合作研究项目；中以（上海）合作创新园等地方合作计划[3]。

中国自改革开放以来，经济规模与发展呈现指数上升态势，通过依靠高投入、高消耗、高污染的第二产业发展与庞大人口红利，在三十年内取得了巨大的经济成绩与社会效益。近年来，中国也在不断寻求经济发展形式的改革，不断向提高资源分配效率、降低自然能源能耗、发挥市场主体作用、促进产业升级转型等现实要求靠近。因此中国对于经济发展的新趋势，即创新，也有着持续的探索

---

① 代以平、王志强：《以色列高校创新创业机构的运行及功能——以特拉维夫大学 Star TAU 创业中心为例》，《世界教育信息》2018年第8期。

② 贾秀险：《"一带一路"背景下中以高等教育交流与合作：进展、问题及建议》，《大学教育科学》2017年第4期。

③ 阮项：《全球城市的跨越式创新——上海与以色列科创合作若干策略探析》，《华东师范大学学报》（哲学社会科学版）2017年第6期。

和实践。中国于 2014 年首次从国家层面提出"大众创业,万众创新",将中国的创新创业活动上升至国家战略的地位。与此同时,自"大众创业,万众创新"战略开展四年以来,中国在有关创新创业改革方面仍存在配套体系不完善、问题挖掘深度欠缺、与实际问题脱轨的情况,使得各机构双创实力尚未被完全开发与整合进国家创新体系。

二 数据来源及分析框架

"全球创新指数 GII"项目由欧洲工商管理学院(INSEAD)于 2007 年首次发布,之后康奈尔大学和国际知识产权组织也加入该项目。全球创新指数是一个动态的评估体系,其指标体系根据全球创新发展趋势不断进行改进和完善,到 2019 年已连续发布了 12 次年度报告,形成了如表 5—1 所示的概念框架。《全球创新指数报告》(2019 年)包括 129 个国家/经济体,这些国家/经济体占世界人口的 91.8%,占世界国内生产总值的 96.8%,内容丰富,指标体系完善,公信力高。

全球创新指数(GII)包括两个亚指数,即创新投入子指数和创新产出子指数。其中,创新投入子指数包括 5 个投入支柱,创新产出子指数包括 2 个产出支柱。每个支柱分为 3 个次支柱,每个次支柱由单独的三级指标组成,2019 年共有 80 个三级指标。与以往相比,2019 年 GII 在衡量创新质量方面做了一个适度的尝试,着眼于大学的质量、专利发明的国际化以及科学出版物的质量,将关注点从创新数量向创新质量转移。

三 中国和以色列创新的影响因素比较

(一) 商业成熟度:以色列创新的强大动力

在 5 项创新投入的一级指标中,商业成熟度均为以色列和中国排名最高的一级指标,以色列位列全球第 3 名,领先中国 11 名,超过中国 11.1 分,说明以色列在商业成熟度方面存在强烈的优势。

以色列在一级指标商业成熟度中表现突出，15 项三级指标中有 6 项居全球前三。企业研发投入占 GDP 比例和企业研发人员占比位列全球第一。特别是二级指标中的"创新群"，以色列排名世界第 1，领先中国 57 名（见表 5—13）。

表5—13　　"一带一路"沿线国家的国家创新能力前因要素构型

指标	以色列		中国	
	排名	得分	排名	得分
商业成熟度（一级指标）	3	66.5	14	55.4
知识员工	19	63.4	1	84.9
创新群	1	82.5	58	27.2
知识吸收	15	53.7	13	54.1

以色列所属创新群的 5 项三级指标中有 4 项高于中国排名（见表 5—14），校企合作研发位列全球第 2，外资资助研发比重位列全球第 3。这说明以色列在人力和财力方面研发投入巨大，充分发挥企业在创新中的主体作用，以风险投资激活创新，以企业研发带动创新，以校企合作、企业间合作推动创新，吸引和培养研究人才、知识密集型行业员工，注重员工素质，储备智力资源。

表5—14　　　　2019 年以色列商业成熟度各项指标排名

	得分	排名
商业成熟度（一级指标）	66.5	3
知识型员工（二级指标）	63.4	19
知识密集型就业占比	48.4	8
提供正规培训的公司占比	18.6	76
企业进行 GERD 在 GDP 中的占比	3.9	1
企业供资 GERD 占比	34.7	54
高级学位女性员工在总就业中的占比	28.4	3
创新群（二级指标）	82.5	1

	得分	排名
高校/产业研究合作	79.4	2
产业集群发展情况	58.5	30
海外供资 GERD 占比	49.8	3
合资战略联盟交易（十亿购买力平价美元 GDP）	0.1	8
多局同族专利（十亿购买力平价美元 GDP）	6.9	2
知识吸收（二级指标）	53.7	15
知识产权支付在贸易总额中的占比	0.5	65
高技术进口净额在贸易总额中的占比	9.0	45
ICT 服务进口在贸易总额中的占比	2.1	24
FDI 流入净值在 GDP 中的占比	4.2	40
研究人才在企业中的占比	83.7	1

（二）人力资本和研发投入：创新发展的制胜之道

推动以色列创新能力的创新投入一级优势因素还有"人力资本和研究"，位于全球第 14 名。2019 年人力资本和研究的三级指标共有 12 项，在中以可比较的 9 项三级指标中，以色列有 6 项遥遥领先于中国。全职研究人员、研发总支出占 GDP 比重排名均位于全球第一，每百万人口的全职研究人员得分高达 8250.5，研发总支出占 GDP 比重达到 4.6%（见表5—15）。

表5—15 2019 年中国、以色列的人力资本和研究指标排名与得分对比

二级指标	三级指标	以色列		中国	
		排名	数据	排名	数据
教育	教育支出占 GDP 比重	22	5.9	/	/
	中学人均政府教育支出占人均 GDP 比重	56	18.7	/	/
	预期受教育年限	35	16.0	74	13.5
	阅读、数学和科学 PISA 量表得分	38	471.7	8	514.3
	中学生师比	26	9.8	59	13.3

续表

二级指标	三级指标	以色列		中国	
		排名	数据	排名	数据
高等教育	高等教育入学率	42	62.7	55	51.0
	科学和工程专业毕业生占比	/	/	/	/
	高等教育入境留学生占比	67	2.8	101	0.4
研发	全职研究人员（百万人口）	1	8250.5	46	1234.8
	研发总支出占 GDP 比重	1	4.6	15	2.1
	全球研发公司，前三位平均支出	17	70.0	6	91.7
	QS 高校排名，前三位平均分	27	42.6	3	82.5

从全球来看，不仅是高收入经济体在认真进行研发。1996 年高收入经济体占全球研发的 79%，而 2017 年高收入经济体只占总投资的 58%，这是过去 30 年来的最低份额。相比之下，中上收入经济体从 1996 年仅占全球研发支出的 12% 上升到 2017 年的 31%（见图 5—5），尤其是中国的研发投资份额一直在增长，虽然中国在研发总支出占 GDP 比重的排名较以色列靠后，排全球第 15 名，但其绝对数量是巨大的。2017 年，中国、日本、韩国和印度等亚洲

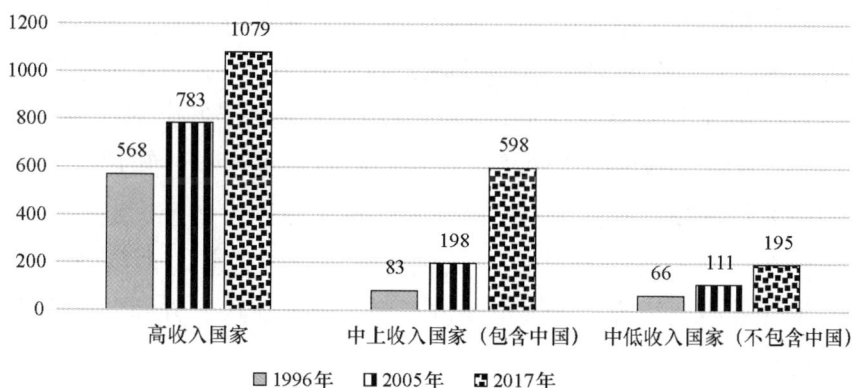

图 5—5　1996 年、2005 年和 2017 年按收入组别划分的全球研发投入比较
（以 2005 年每百万美元的购买力评价）

研发强国对全球研发的贡献率高达40%，远高于1996年的22%。在这40%中，中国在2017年占全球研发支出的24%，远高于1996年的2.6%。

（三）以色列创新的制约因素：人力资源受限

当前，以色列教育的特点主要体现为教育经费的高投入、义务教育的长时段、高等教育的优质化、高端人才的井喷化[1]。但参考表5—15，以色列的高等教育入学率、高等教育入境留学生占比排名较落后，分别为第42名和第67名，而中国在此两项的排名更为靠后，分别在全球50名和全球100名之后。这说明以色列在高等教育发展受限的情况下，走出了一条以"国家导向＋商业发展＋技术研发"为核心内容的强国之路。这正好印证了国家创新学派的观点：企业是创新的主体，高校及科研院所是科技创新的源泉，政府机构是技术创新的助推器。高等教育作为国家创新力提升的突破口，是一国创新力的重要决定因素。可以通过加强对国外高层次留学生人才的吸引，弥补本地高等教育人力资源不足的相对弱势。

（四）知识与技术产出：确立国际竞争优势

以色列的知识与技术产出排名世界第7，进一步分析其产出成果，以色列的ICT服务出口占贸易总额的比重为12.2%，排名位列世界第1，中国为1.2%，仅为以色列的1/10；以色列在ISO 9001质量认证指标上位列世界第5，PCT专利申请量排名位列世界第7（见表5—16）。这说明以色列注重核心技术服务出口，知识与技术产出主要体现在商业贸易、产品质量认证、专利申请上，这有利于以色列在国际贸易中提高产品质量，确立竞争优势，消除贸易壁垒，发展外向型经济，扩大市场占有率。中国在这三方面均有很大的提升空间。

---

[1]　张倩红、刘洪洁：《国家创新体系：以色列经验及其对中国的启示》，《西亚非洲》2017年第3期。

表5—16   2019 年中以的知识与技术产出各项指标排名与得分对比

二级指标	三级指标	以色列		中国	
		排名	数据	排名	数据
知识创造 (10/4)	本国人专利申请量	25	4.5	1	53.7
	本国 PCT 专利申请量	7	5.7	17	2.1
	本国人实用新型申请量	/	/	1	72.4
	科技论文	14	24.2	42	11.9
	引用文献 H 指数	16	47.1	13	54.2
知识影响 (21/1)	购买力平价美元 GDP 增长率	59	1.2	1	7.1
	新企业	36	3.4	/	/
	计算机软件开支占 GDP 比重	57	0.3	24	0.4
	ISO 9001 质量认证	5	27.1	20	16.9
	高端中高端技术生产占比	19	0.4	12	0.5
知识扩散 (4/22)	知识产权收入占贸易总额比重	14	1.7	56	0.1
	高科技净出口占贸易总额的比重	13	11.9	1	27.9
	ICT 服务出口占贸易总额比重	1	12.2	75	1.2
	FDI 流出净值占 GDP 比重	21	3.3	42	1.4

中国在知识与技术产出排名第 5，整体表现优于以色列；从影响因素上看，中国的高科技净出口占贸易总额的比重、本国人专利申请量、购买力平价美元 GDP 增长率、本国人实用新型申请量位列世界第 1；从数据变化趋势看，中国的 PCT 专利（第 17 位）、ISO 9001 质量证书（第 20 位）和 ICT 服务出口（第 75 位）等指标持续增长，这有利于国内创新成果在国际上得到保护和应用。这说明在过去 40 年，中国已建立起一流的知识产权体系和基础设施，并不断对其加以完善。

四　启示

在创新国家建设过程中，以色列政府发挥了主导作用，以创新创业政策作为助推器，建立起一个创新创业生态系统，最终达到提高国家整体创新力的目的。创新作为一项系统工程，需要人才、产业、政策三者同时发挥作用,共同支撑国家创新体系。从 2019 年的"全球创新指数"评价结果来看,以色列在经历了几年的增长后,首次跻身世界十大最具创新性经济体,并且是北非和西亚地区的第一名,属于高效创新者中的领先者,实现了创新资源与合力最大化。作为一个创新的国度,以色列的国家实力与其创新创业活动紧密联系,后者全方位影响着以色列的教育、政治及经济,奠定了以创新为导向的国家发展逻辑,并为其提供持续不断的原生动力。中国于 2019 年首次进入 GII 排名全球前十五,下一步也必将朝着全球前十的方向前进。

一是深耕商业成熟度,发挥企业主体作用。以色列成熟且高质的商业、市场环境在很大程度上推动了国家的创新发展。一方面,以色列更加注重有限政府的定位与私营企业的政策导向,挖掘企业在资金方面的活力,让高层次人力资本在私人企业大量留存成为可能;另一方面,政府与市场的动作划分为以色列创新发展提供了更多的可增长空间与调动幅度,使其商业市场的国际化达到极高水平。

中国庞大的人口基数使培养大规模的知识型人才成为可能,完善的企业培训制度与大量的企业研发投入为知识型人力资本的培养与运用提供了可持续模式。中国的商业与市场成熟度体现出诸多良好态势:企业吸引作用强、人才集聚规模大、人才培养制度健全、科技研发资金投入多、高科技与通信领域发力集中、企业主体作用突出。不同于以色列,中国依靠丰富的国内人力资本存量与大体量国内市场需求,其商业与市场成熟度拥有坚实的创新基础要素,形成了颇具规模的创新市场。

二是大力支持研发投入,建立"国家—企业—外资""三位一体"的制度。建立起适合本国国情的研发体系,是提升国家创新力的基础。以色列创新创业的成绩突出,在于该国建立起了一套涵盖从政府到市场、从国内到国际的系统开放的创新创业投资链条①。1969 年以色列政府在各部门设立首席科学家办公室（Office of the Chief Scientist，OCS），作为负责引导科技研发、贯彻国家战略的主要部门，其在行业发展、人才建设、政策制定、经费使用、资源分配等方面发挥了重要作用②。1991 年起，为了推动高科技产业发展、为其提供资金支持和技术环境，以色列首席科学家办公室通过"国家科技孵化器计划"，为高技术创业者提供场所、资金、技术、市场等创新创业所需要的服务。孵化器基础设施的投入全部由政府承担。每个孵化器可同时孵化 8—12 个初创企业，周期通常为两年，政府投资项目占经费的85%，不占企业股权。孵化器投资占经费的其余 15%，所占企业股份不能超过 40%。政府采取"风险共担，收益不共享"的原则，如果孵化企业失败了不需要偿还政府投资③。以色列创业资本的一个突出特点是大部分来自以美国为主的境外，1997—2001 年来自境外的创业资本比重达63.7%④。中国需要以更高的开放水平促进全球范围内新技术和新资源的有效集聚；通过健全创业投资机制，增加财政补贴与政策支持，充分发挥双创工业园、示范区、自贸区等产业集聚平台对外资的吸引力，以外资杠杆推动中国创新创业的规模发展，更好地参与国际性的创新合作与竞争，以服务于中国双创事业的发展。

　　三是发挥高等教育的推动作用，重视创新的高质量发展。将高等教育视为创新能力的长期推动力和保障，而非首要影响因素，并且不以短期的科研投入产出情况衡量高等教育，重构高等教育与国家创新能力相互关系的逻辑框架。为高等教育提供持续的资金投入、人才教育与制度改革，以谋求高等教育对于创新能力的未来促进作用。同时，作为连接大学与产业部门的纽带，高

---

①　汤继强：《以色列创新的人才政策》，《劳动保障世界》2018 年第 28 期。

②　李晔梦：《以色列的首席科学家制度探析》，《学海》2017 年第 5 期。

③　崔玉亭、李鸿炜：《以色列创新创业生态系统分析与中以合作模式探索》，《全球科技经济瞭望》2017 年第 Z1 期。

④　苏启林：《以色列创业投资发展现状与经验借鉴》，《外国经济与管理》2001 年第 12 期。

校创业中心在科研成果转化、专利申请与保护、初创企业孵化等诸多方面也发挥着重要的作用。以色列平均每所高校至少有两个创业中心。作为全国最大的创业中心,特拉维夫大学 Star TAU 创业中心通过设立跨学科的研究中心、专门的技术转移机构、创新创业的相关课程和讲座论坛、与全球众多高校建立合作关系来推动创新创业教育①。这对于中国培养创新创业人才以及高校科研创新成果的转化具有借鉴意义,例如,塑造新时代的大学生创新创业精神,构建协同政府、企业、公益组织等多方资源多元参与的大学生创业机制②。

四是推动"引智战略"的国际化发展。以色列长期重视国际研发合作,一方面与其他国家建立起科学研究基金会,另一方面在 1995 年推出 GILADI 计划,聘请 530 位外国科学家赴以色列开展为期 3 年的研究工作,推出优惠政策吸引优秀人才③。将以色列的创新视角作为借鉴,人才引进是提高中国科研能力的可行路径,也具有短周期与低成本的现实意义,正表现出愈发重要的国家人才战略价值。中国可以通过人才政策逻辑与实际情况的不断耦合调整,实现人才政策制定的连贯性与可持续性;在"一带一路"倡议的背景下,搭建高层次人才引进平台,同国际化的专业人才机构加强合作④;增强企业的自主研发实力,支持更多在公开竞争市场的创新活动,以提高创新产出的效率与收益;提供更为灵活的人才制度和更为整合高效的行政体系,最大限度为创新活动在行政上松绑,为中国的"引智战略"与"人才强国"战略添砖加瓦。

---

① 代以平、王志强:《以色列高校创新创业机构的运行及功能——以特拉维夫大学 Star TAU 创业中心为例》,《世界教育信息》2018 年第 8 期。

② 曾智:《以色列大学生创业环境构建及启示》,《教育评论》2017 年第 5 期。

③ 潘光:《以色列的创新成功之路》,《中国中小企业》2016 年第 1 期。

④ 王延涛:《中国海外人才引进体系研究》,《现代管理科学》2018 年第 12 期。

第五节 研究结论与政策建议

本章结合各项创新指标细致地分析了中国和"一带一路"沿线国家的创新发展现状，并探究了各国在不同方向上的创新效率，旨在深入研究"一带一路"沿线国家实现高水平国家创新能力的路径。

一 主要结论

从"一带一路"沿线国家的创新能力发展现状来看，2012—2017 年沿线国家的 GII 得分有些许波动，但总体维持在 33—35 分，2017 年开始出现明显的下降趋势，说明沿线国家亟须找到促进创新能力提升的有效途径。在 21 项二级指标中，"商业环境""监管环境""信息通信技术""贸易、竞争和市场规模""政治环境"为沿线国家排名前五的二级指标，且均属于创新投入亚指数，可见沿线国家十分注重创新投入，将完善制度、基础设施建设、激发需求和市场竞争作为促进创新活动的核心。但是，研发投入不足对创新内在动力有一定程度的负面影响，在创新产出方面的不足也限制了沿线国家创新能力的提升。

从中国的创新能力发展现状上来看，自 2013 年"一带一路"倡议开始发挥积极影响以来，中国创新能力的得分超过沿线国家均值的幅度不断增大，创新能力超过中国的国家数量持续下降，中国在"一带一路"沿线国家中的创新地位日益凸显。2019 年，中国名列全球创新国家排行榜第 14 名，首次跻身全球创新领先前 15 强，创新建设成效显著。2020 年，中国创新产出排名位列全球第 6，说明中国创新产出高，创新能力快速跃升，但未充分发挥创新投入对创新能力的推动作用。

在创新优势上，中国依靠丰富的国内人力资本存量与大体量的国内市场需求、商业与市场成熟度上坚实的创新基础要素，形成了颇具规模的创新市场；在知识的创造、无形资产这些产出领域具有独特的优点，这主要表现为知识创造能力强，本国人专利、实用新型、商标和外观设计申请量高，创新发展势头强劲；重视研发和人力资本培育，企业研发投入力度大，提升高等教育质量积极促进创新。在创新劣势上，创新的监管力度不足，束缚创新活力；高等教育的国际化程度、受教育年限有待提升；创新的生态可持续性较低，单位能耗 GDP 高，环境绩效较差，需要贯彻新发展理念，将创新与绿色发展紧密结合。

从创新的综合效率上来看，69 个样本国中有 67% 的国家在 3 个产出方向上的效率较低，"一带一路"沿线国家的产出综合效率有待提升，尤其需要技术的支撑和拓宽创新成果商业化的途径。中国、韩国、卢森堡等 9 个国家属于技术发明导向的创新发展国家，但是 ICT 技术的创新成果商业化产出效率低。以色列、塞浦路斯等 6 个国家的 ICT 服务出口多，属于商业导向型创新国家，同时这一组国家的基础研究产出效率也是三组国家中最高的。

"一带一路"沿线国家可通过 3 条路径实现高水平国家创新能力。构型 1 为制度、人力资本和研究、商业成熟度共同主导型，在这种构型情况下，无论是否有国际创新人才的助力，高水平国家创新能力都能够实现。其他两种构型均以商业成熟度、国际创新人才的存在，市场成熟度的不存在作为核心条件。商业成熟度、国际创新人才是高水平创新能力形成的主导性条件变量。在商业成熟度高、国际创新人才吸纳能力强势的情况下，人力资本和研究可以与国内制度、基础设施相互替代。这说明沿线国家需要将自身的绝对优势和相对优势相结合，一方面发展比较优势逐步提升创新能力，另一方面培养关键要素实现创新发展，使各要素有效交互，完善自身的"钻石体系"，获得高水平的国家创新能力。

二 政策建议

第一，重视创新投入和要素互动，通过政策指导促进各创新要素对创新过程的推动。密切关注国家创新系统内部各因素的指标变动情况，制度、人力资本和科研、基础设施、市场成熟度、商业成熟度这五类投入要素会从不同角度对国家创新过程造成影响，通过增加创新投入会在一定程度上促进技术进步和经济增长，同时经济增长也会增加创新投入，从而形成创新的一个良性循环生态系统。制度上，应加强法律、监管环境建设，规范创新行为的合法性，优化营商环境，降低交易成本。人才资本和科研方面，应重视人力资本与科研投入，培育科研人才，增大战略性技术的开发支持力度。基础设施方面，应优化信息与通信技术，加强一般基础设施建设，重视创新的生态可持续性。市场建设方面，应完善市场机制建设，为企业提供金融支撑，减轻企业创新的融资成本。商业成熟度方面，应构建成熟的商业环境，推动国家创新系统内企业与大学、科研院所之间的深度创新融合和创新资源互动，共建不同形态的产学研协同创新，深化国家创新中科技研发、技术攻关、产业发展的关键组织形式，同时有效促进外资流入，完善知识产权保护的相关法律建设，推动创新经济高质量发展。

第二，在加大创新投入的同时要重视创新转化。虽然"一带一路"沿线国家的整体创新效率较为落后，但是不同国家在基础研究、技术发明、ICT 服务商业成果的创新产出上各有所长，应充分发挥各自的优势在不同方向上形成更高产出效率，根据自身创新效率对经济发展的支撑方向和程度出台相应的改进政策，提升本国的创新能力，进而提升"一带一路"的整体创新水平。比如综合效率较低的国家应重视创新成果转化，提升创新的经济效率；基础研究导向型国家强化成果转化，在国际贸易中提升竞争力。研发投入、政府补贴对创新有着积极的促进作用，尤其是政府补贴能激励企业提高资金在研发中的使用[1]。中国作为专利产出的技术发明导向国

---

[1] 孙慧、王慧：《政府补贴、研发投入与企业制度绩效——基于创业板高新技术企业的实证研究》，《科技管理研究》2017 年第 12 期。

家，不仅要进一步发挥技术发明产出参与国际竞争的优势，还应在以政府为主导的中国国家创新系统中，加强研发投入尤其是在基础研究上的投入；引导企业应用基础研究的意识和投入；充分发挥研究型大学在基础研究上的天然优势，培养高层次研究人才；促进科技中介机构发展，提供创新服务平台，降低创新风险，减少交易成本。只有当政府、企业、大学、中介机构共同作用时，创新能力的增强才会更加显著。

实现高水平的国家创新能力具有多种途径，全面关注创新的必要条件以及不同创新要素之间的组合状况，无须对所有要素进行相同强度的投入。"一带一路"沿线国家应基于本国的实际发展情况，通过制度、人才、基础设施、商业发展、企业成熟度这些要素之间的适当搭配，同时培养关键要素，充分利用全球创新要素，有针对性地调整与改进国家创新系统结构，形成"钻石体系"，从不同的因素组合中实现要素的有效交互，实现高水平的国家创新能力。与此同时，商业成熟度、国际创新人才的核心作用明显，一方面，要发挥企业主体作用，完善企业培训制度，鼓励大量的企业投入研发，为知识型人力资本的培养与运用提供可持续模式，在高科技与通信领域集中发力，构建成熟且高质的商业环境；另一方面，除了培养本国科研人才之外，要实施具有低培养成本、高产出效益特点的人才引智战略，为研发提供充足的人力资源与智力资本。

在国家创新系统内部具备一定基础的情况下，积极参与国际合作可以吸收利用外部知识和信息，弥补部分国内要素诸如市场条件不成熟的不足，借助"内力与外力"双轮驱动国家创新能力的提升。全球化时代各国的经济活动已不再局限于特定的地理边界，国家创新系统应该突破组织边界，加强识别、吸收、利用全球知识和技术的机会来重塑自身的创造力，这意味着提高吸收能力可能比创造新技术更重要。在"一带一路"合作已然取得阶段性成果的今天，沿线国家要借助"一带一路"倡议拓宽创新合作的领域范围，尤其是大学作为知识经济时代创新的核心主体之一，可通过各国留学生、研究人员等教育交流实现知识的流动和扩散，为基础研究、经济发展提供人力资源这一协同创新中最能动的要素①。沿线国家要依托"一带一路"平台多维度推进人才建设，联合培养高层次创新人才，深化"一带一路"人才交流与互动，推进共商共建共享；中国在坚持自主创新的同时，要积极开展国际合作实现高水平的"引进来"和"走出去"，主动融入全球创新网络，打造创新协同体，借助知识流动吸引沿线国家优质人才来华交流、学习、从事科研工作。

---

① 吴敏：《基于三螺旋模型理论的区域创新系统研究》，《中国科技论坛》2006 年第 1 期。

第 六 章

中国政府奖学金政策对"双一流"大学
来华留学生的影响研究

第一节　中国政府奖学金政策及来华
留学生的规模和结构

新中国成立以来，来华留学生工作经过70多年的发展，已形成了具有中国特色的来华留学教育体系。改革开放以前，来华留学生政策处于不断探索的阶段，来华留学生工作尚未形成比较完整的体系。改革开放以后，随着来华留学规模的扩大，中国接收的来华留学人数和国别不断增加，来华留学政策逐步完善，来华留学工作进入制度化和规范化建设时期。在众多来华留学政策中，中国政府奖学金政策为吸引国外学生来华留学提供了很好的保障，对来华留学生工作起到了重要的引导作用。

一　中国政府奖学金政策的发展历程

中国政府奖学金政策是对中国政府奖学金的管理和分配提供具体指导的文件，从新中国成立时起，中国就设立了来华留学奖学金制度，随着中国高等教育质量的不断提高，奖学金政策的促进作用日益显著。中国政府奖学金的申请方式主要是来华留学生根据自身资格条件，在国家留学基金委员会进行申请，中国政府根据申请学生的条件和资历对学生进行严格筛选，最终确定获得中国政府奖学金资助的留学人员。来华留学人员能否获得奖学金资助将直接影响留学生的决策。提高中国政府奖学金的实施效果对提升来华留学教育事业具有重大意义。通过对不同历史时期中国政府奖学金政策的发展特点进行分析，可将中国政府奖学金政策的发展过程划分为以下四个时期：创立时期、改革时期、快速发展时期和管理规范化时期。

创立时期（1950—1955 年）。新中国成立之初，中国的经济、教育和科技等方面都处于较为落后的局面，为了让世界各国更快地了解新中国的发展，1950 年中国通过采取国家之间互换留学生的方式，接收了来自社会主义国家的 30 名留学生，中国政府为首批来华留学生提供了全额奖学金。在严峻的国内和国际形势下，中国政府竭尽全力为来华留学生提供经济方面的资助。当时，来华留学生几乎不需要承担学费、医疗费和住宿费等学习费用，并且还可以获得中国政府提供的额外生活补助，留学生只需承担往返交通费和基本的生活费用。新中国成立初期，中国政府奖学金主要是为新中国的社会主义建设事业服务，协助中国开展国际上的政治和外交斗争，吸引来华留学生及让其更好地认识刚刚成立的新中国，这有利于与世界各国人民建立良好的沟通关系，也有利于早日突破敌对国家对中国的多方封锁。

改革时期（1956—1976 年）。自 1955 年以来，中国政府对来自资本主义国家的留学生打开了交流窗口，但是由于意识形态不同，中国对西方资本主义国家的留学生采取较为谨慎的态度。在此期间，对于与中国建立起外交关系的资本主义国家，中国政府根据中国与输出国是否签订交换留学生的协定决定是否发放奖学金。一方面，对于已签订交换协定国家的留学生给予学费、住宿费、医疗费减免，学习费用由输出国承担。对于未签订协定国家的留学生，在获得政府同意后，由教育行政主管部门为留学生提供奖学金或由留学生自费承担。对于未与中国建交的资本主义国家，在取得中国护照的情况下，中国政府为留学生提供政府奖学金。中国政府对政府间互派留学生的资助力度远高于政府奖学金的资助力度。对于已建立友好政治往来的国家留学生给予更多的关照，对于资本主义国家则始终保持着谨慎态度。另一方面，中国接收了众多来自非洲国家的来华留学生，为了解决这部分留学生的入学资格和语言学习上的困难，中国政府给予非洲国家留学生特别的关注，在资金扶持上给予了大量的优惠。1956—1966 年，来华留学生主要是通过政府间的互换协议进入中国学习的，中国对大部分留学生发放了奖学金。在奖学金发放上，中国政府给来华留学生减免了学费，并且给予来华留学生额外的生活补助与扶持。1966—1976 年，由于国内严峻的政治形势，来华留学生工作全面暂停，中国政府奖学金政策暂时中断。

快速发展时期（1977—2000 年）。1977 年中国迎来高等教育体制的全面改革，出国留学和来华留学工作全面恢复，针对来华留学生的相关政策也不断完善。这一时期，政府开始对来华留学生进行灵活管理，同时增加了高校管理留学生的自主权，在省级教育行政主管部门对高校的资格进行审批后，由学校自主决定来华留学生的申请和录取工作。改革开放初期，在不能大幅提高中国政府奖学金资助金额与规模的情况下，中国政府对来华留学生采取收费政策。奖学金政策与自费政策相结合，一方面能不断扩大来华留学教育市场，另一方面也为中国教育的发展节约了资金。20 世纪 90 年代初期，在不断深化对外开放的情况下，为了让来华留学工作更好地适应社会主义经济的发展，中国政府明确提出将教育体制改革与国家经济发展目标相契合的理念，并于 1992 年和 1997 年相继出台了相关的留学生经费管理办法，进一步明确了留学生经费的资助方式与标准。

管理规范化时期（2001 年至今）。2001 年，为了促进中国人民与世界各国人民的沟通与交流，中国政府不断提升来华留学生服务的工作质量。教育部根据不同学生的学历层次和项目类别将中国政府奖学金分为研究生奖学金和本科生奖学金、优秀留学生奖学金和中华文化奖学金等。随后又出台政策对中国政府奖学金的资助内容做了说明，对不同专业不同层次的本科生、硕士研究生、高级进修生分别给予不同的资助金额，明确了各类费用的发放主体单位，规范了奖学金发放的流程，不断提高奖学金管理工作的规范化程度。2008 年和 2014 年教育部又相继出台了有关中国政府奖学金资助标准的规范性文件，进一步规范了各类奖学金的发放金额和模式。在教育行政主管部门和国家留学基金委员会共同管理下，中国政府奖学金政策不断向着规范化和制度化发展。

二 获中国政府奖学金的来华留学生概况

关于各类奖学金的实施情况，目前缺乏翔实的统计数据，且中国留学生奖学金涵盖的项目众多，不同项目奖学金发放的金额与人数的统计数据不足。本书有关获中国政府奖学金的来华留学生的数据，主要来源于《来华留学生简明统计》（2005—2018 年），主要包括奖学金留学生的人数变化情况、学历生和非学历生的人数增长趋势、专业分布情况、来源地情况（洲别）、学历生与非学历生获中国政府奖学金的分布情况等。

（一）获中国政府奖学金来华留学规模

虽然获中国政府奖学金的来华留学生人数不断增加，但在来华留学生总人数中的比例并不高。由图 6—1 可以看出，2005—2018 年，获中国政府奖学金的来华留学生人数由 0.72 万人增长至 6.30 万人，增长 5.58 万人，提高了 7.75 倍；其中学历生人数增加最多，学历生由 0.42 万人增长至 5.66 万人，增长了 12.48 倍。非学历生由 0.30 万人增长至 0.64 万人，增加了 0.34 万人。学历生获得了更多的中国政府奖学金，中国政府奖学金对来华学历留学生的资助作用也更加突出。从全国范围来看，获中国政府奖学金的人数占全国来华留学生的比例从 5.12% 增长到了 12.81%，可以看出政府在不断提高中国政府奖学金的发放人数。

在留学生规模上，亚洲国家的来华留学生占主体。由图 6—2

可以看出，近14年各大洲获中国政府奖学金的来华留学生均有所增长。亚洲国家的来华留学生人数由0.35万人增长至3.66万人，增长了9.46倍；非洲国家的来华留学生人数由0.14万人增长至1.25万人，增长了7.93倍；美洲国家的来华留学生人数由0.05万人增长至0.42万人，增长了7.4倍；大洋洲的来华留学生人数最少，由2005年的83人增长到了2018年的766人，增长了8.23倍。

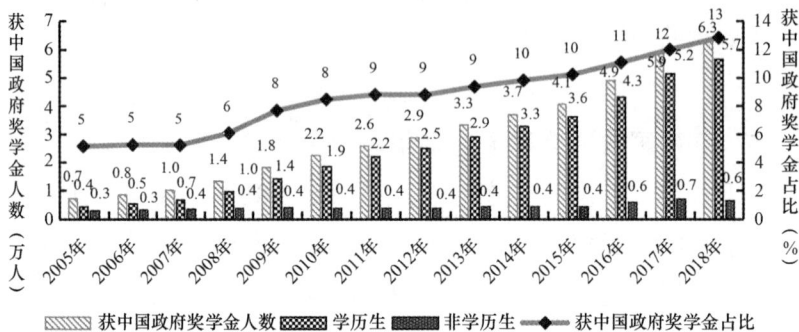

图6—1　获中国政府奖学金的来华留学生人数变化趋势

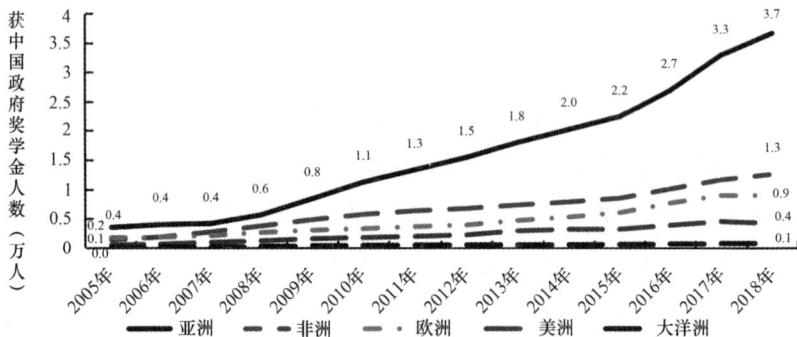

图6—2　获中国政府奖学金的来华留学生各大洲分布

在留学生学历上，以学历生为主，但博士研究生占比较低。从图6—3可以看出，2018年度获中国政府奖学金来华留学生共计6.29万人，其中占比最高的是硕士研究生，约有2.9万人获得中国政府奖学金的资助，占比约为45.59%。占比最低的是高级进修生，仅约为0.86%。分析以上数据可知，中国政府奖学金资助的来华留学生群体主要是学历生，学历生中硕士研究生占比最高。

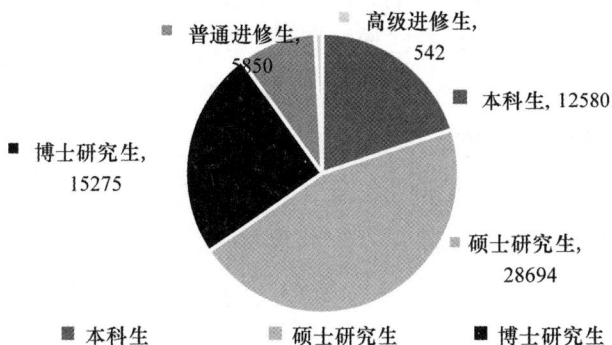

图6—3　2018年获中国政府奖学金的来华留学生各类别分布

在留学专业上，以工科为主，学科之间差异较大。由图6—4可以看出工、理、文、史等专业的奖学金留学生分布情况，不同专业的人数有明显差距。工科专业共有1.72万人获得了中国政府奖学金，占比为27.36%；管理和经济专业次之；哲学专业只有205人获得资助。通过对比分析可知，获中国政府奖学金的专业以工科为主。

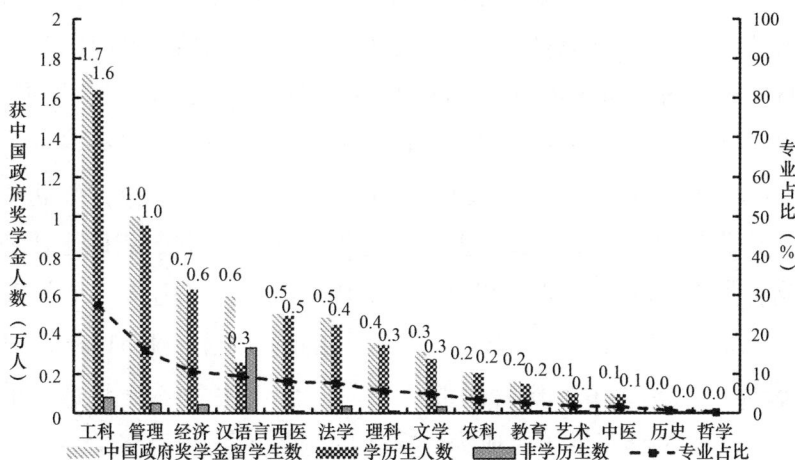

图6—4　2018年获中国政府奖学金的来华留学生学习专业分布

（二）获中国政府奖学金的学历来华留学规模

由图6—5可以看出，获中国政府奖学金的学历来华留学生人数由 2005 年的 0.42 万人增加至 2018 年的 5.66 万人，增长了 5.24 万人，增长了 12.48 倍，通过数据分析得出 2018 年学历生占比为 89.86%。越来越多的来华留学生不再满足于仅到中国进行短期交流，而是选择接受完整的学历教育。获中国政府奖学金的学历生人数增加，体现出学历生质量在不断提升。

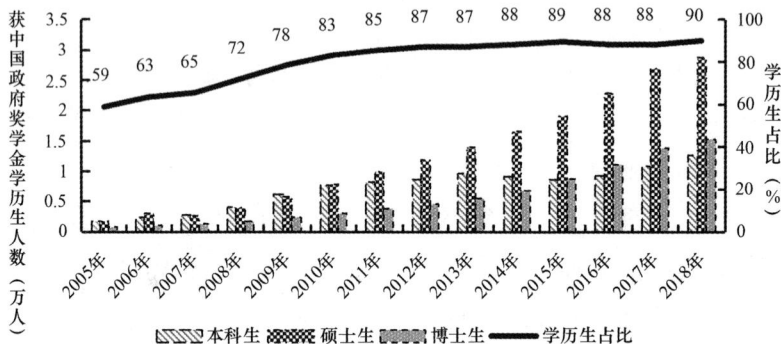

图6—5　获中国政府奖学金的学历来华留学生变化趋势

在学历层次上，硕士研究生占主体。本科教育作为中国高等教育的基础阶段，可以体现出中国高等教育基础阶段的发展态势。2005—2018 年，本科生人数由 0.17 万人增长至 1.27 万人，增加了 1.10 万人，在学历生中的占比由 41.35% 下降至 22.38%，下降了 18.97%，获中国政府奖学金的本科生人数虽有所增加，但获中国政府奖学金的留学生人数的占比是逐年下降的。2005 年硕士研究生获政府奖学金的人数是 0.17 万人，2018 年为 2.87 万人，增长 2.70 万人，高达 15.88 倍，硕士研究生的占比由 39.51% 增长至 50.65%。在完成了本科阶段的学习后，留学生为了提升自身的学历水平，追求研究生学历成为更多人的选择，获政府奖学金硕士研究生的人数不断上升，体现出中国政府对高层次学历生的扶持力度不断增加。博士研究生往往需要来华留学生先完成硕士研究生阶段的学习，申请难度较大，加之选择读博的人数较少，因此博士生规模也较小。对比统计数据，2005 年获中国政府奖学金的博士研究生人数仅为 809 人。随着中国高校科研能力的提升和国际影响力的不断发展，更多的博士研究生选择到中国学习，获得中国政府奖学金的博士研究生人数不断提高，2018 年这一数值上升到 1.53 万人，增长了 17.91 倍。博士生人数的增长幅度大于研究生和本科生人数。

（三）获中国政府奖学金的非学历来华留学规模

非学历生规模不断扩大，占比不断下降。由图 6—6 可以看出，2005—2018 年，非学历生的人数由 0.30 万人增长至 0.64 万人，增长超 1 倍，与来华留学规模的扩大趋势相同，获政府奖学金的非学历留学生人数占全国获政府奖学金总人数的比例由 41.44% 下降至 10.14% 。

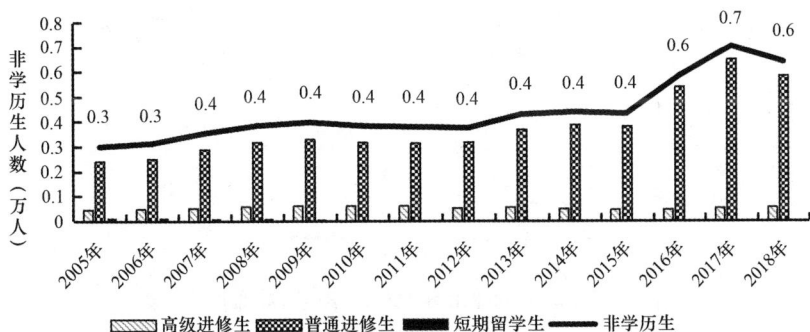

图6—6　获中国政府奖学金的非学历来华留学生变化趋势

从进修层次看，普通进修生占主体，高级进修生人数最少。2018 年普通进修生人数占比高达 91.25% ，普通进修生增长人数最多。高级进修生基本维持在 0.05 万人。中国政府奖学金对普通进修生的资助力度更大，中国政府奖学金对高级进修生的资助相对比较稳定，短期留学生获得资助的人数逐年降低，近几年已不对短期留学生发放中国政府奖学金。

三 来华留学规模

第一，来华留学规模不断扩大，增速有所放缓。由图6—7可知，2005—2018年，来华留学规模扩大了近2.5倍，实现了持续正增长，每年平均增长率是10%，最高增长率是20.17%。自2013年"一带一路"倡议实施以来，来华留学生总人数持续不断增加，但年增长率逐步放缓，2018年较2017年增长了0.62%，增长趋势有所放缓，这与中国政府提倡的不断提升来华留学生质量、追求来华留学教育高质量发展目标相一致。

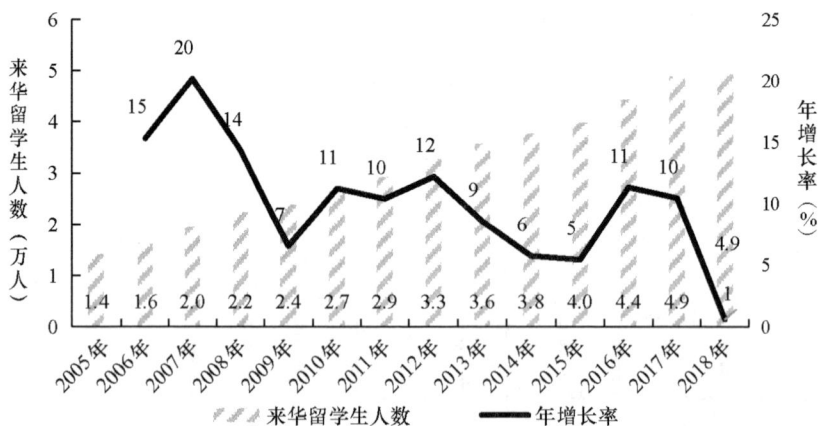

图6—7　2005—2018年来华留学生人数变化趋势

第二，亚洲来华留学生人数最多，其他大洲来华留学生人数稳步提升。从图6—8可以看出，亚洲国家的来华留学生人数由10.68万人增长至29.50万人，增长了近2倍。随着"一带一路"倡议等实施，中国综合国力稳步提升，加上中国长期对非洲国家提供经济上的友好援助，来华留学工作在非洲国家取得了显著进步。非洲国家的来华留学生人数仅次于亚洲。2005年非洲来华留学生人数仅为0.27万人，2018年这一数值达到8.16万人，增长超29倍，非洲国家的来华留学生人数位于亚洲之后。2005—2018年，欧洲国家的来华留学生人数增长了近7倍，位居各大洲第三位，美洲国家和大洋洲国家的来华留学生人数次之，其中大洋洲国家的来华留学生人数最少，至今未突破1万人。

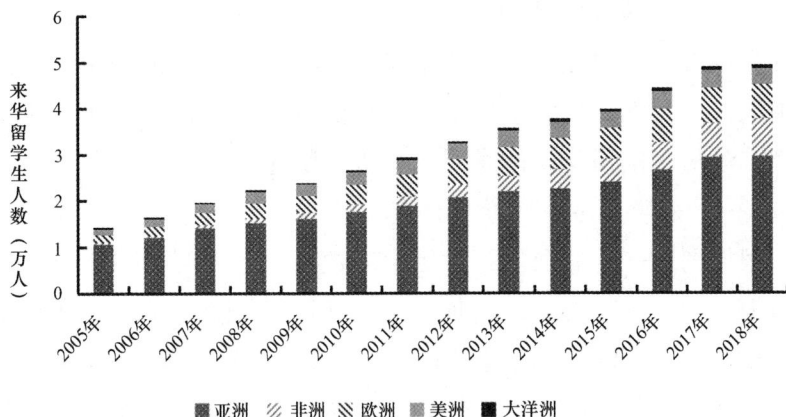

图6—8　2005—2018年各大洲来华留学生分布

第三，学历生人数在来华留学生总人数中占主体，但高层次的研究生留学生人数较少。从图6—9可以看出，2018年非学历来华留学生的人数约为23.41万人，占比48%；学历来华留学生人数约为25.81万人，占比52%；学历生中专科生人数最少，本科生人数最多。2018年本科生人数为16.08万人，2018年33%的来华留学生到中国接受了本科生教育。2018年硕士研究生的人数是5.94

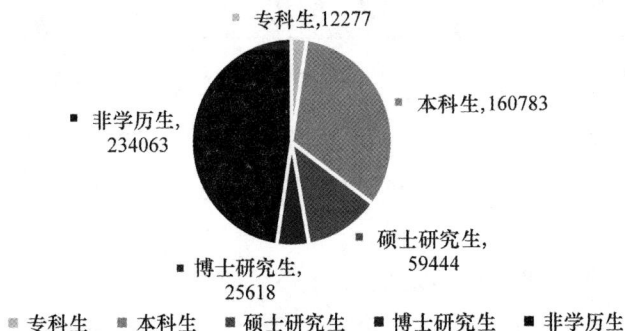

图6—9　2018年来华留学生各类别分布

万人，博士研究生的人数是 2.56 万人，可以看出，2018 年越来越多的留学生为了追求学历教育选择来中国学习。

四 来华留学生结构

本部分通过对比分析学历来华留学生和非学历来华留学生的分布情况，以及学历生和非学历生内部的分布情况，对学历来华留学生和非学历来华留学生的发展现状进行阐述。

（一）来华留学生的学历分布

根据图 6—10 的数据，学历生人数由 2005 年的 4.48 万人增加到 2018 年的 25.8 万人，增加了近 4.76 倍。非学历生人数由 9.62 万人增长至 23.41 万人，增加了 1.43 倍。2005—2017 年来华留学生中非学历生的数量均多于学历生，2005 年学历生人数占来华留学生总人数的比例仅为 31.77%，2018 年学历生人数占来华留学生总人数的比例是 52.43%，首次超过非学历来华留学生人数。因接受学历教育选择来华的留学生人数不断提高。

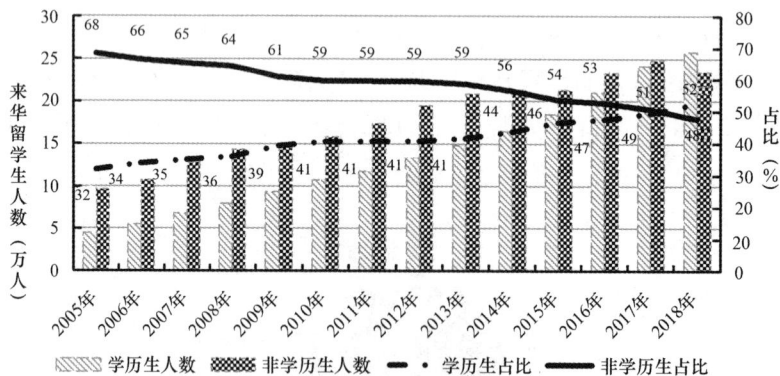

图6—10 来华留学生学历分布

（二）来华留学生的层次结构

由图 6—11 可以看出，2005 年本专科生的人数是 3.77 万人，2018 年本专科生人数是 17.30 万人，增长了 3.59 倍；硕士研究生人数从 0.48 万人增长到了 5.94 万人，增长幅度达到 11.38 倍；博士研究生人数从 0.23 万人增长到 2.56 万人，增长幅度达到 10.13 倍。学历生的主体是本专科生，其中本科生人数最多。硕士研究生不论是人数还是增幅都远高于博士研究生，这在一定程度上说明中国对于博士研究生的吸引力不足。作为稀缺性人才，只有吸引到更多的博士研究生，才能进一步提高来华留学生的整体质量，也才能在一定程度上提高中国科研人才队伍的规模并进一步增加人才储备。

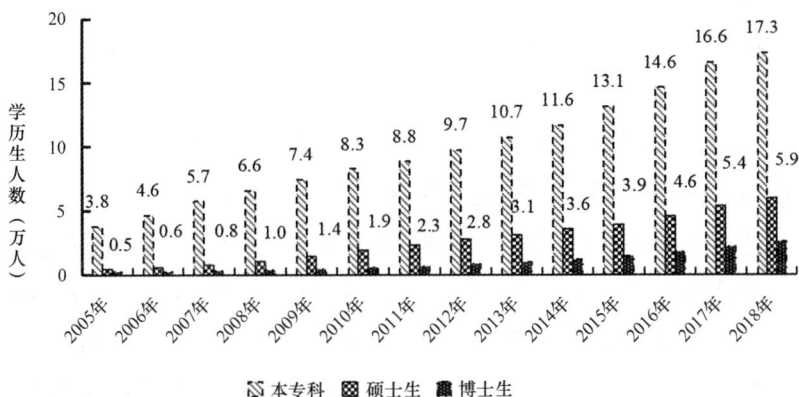

图 6—11　学历来华留学生的层次结构

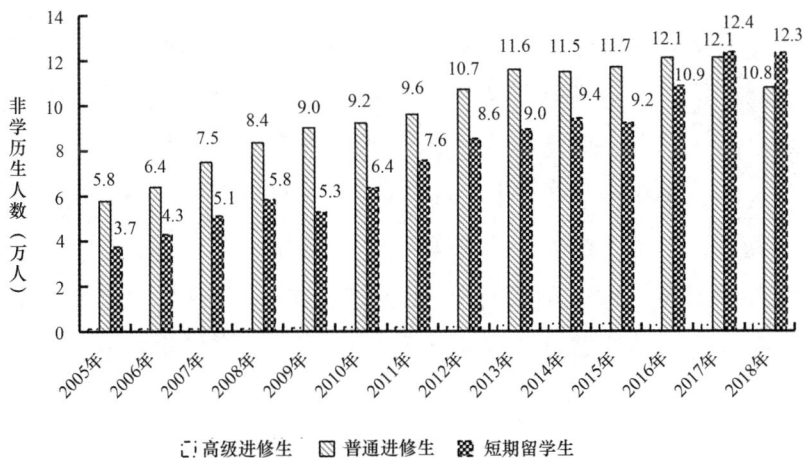

图 6—12　非学历来华留学生结构

由图6—12可以看出，2005—2018年，非学历留学生中高级进修生的人数是最少的，主要是由普通进修生和短期留学生组成。高级进修生人数由0.095万人增长至0.27万人，增长了3.58倍，普通进修生人数由5.79万人增长至10.79万人，增长了0.86倍，短期留学生人数由3.74万人增长到12.34万人，增长了2.30倍。非学历生中高级进修生的规模远小于普通进修生和短期留学生规模，但其增长速度却远高于另两类。说明来华留学教育对高级进修生的吸引力在不断增强，普通进修生和短期留学生依然是非学历来华留学生的主力军。

五　小结

其一，中国政府奖学金政策的发展过程大致分为四个时期：创立时期、改革时期、快速发展时期和管理规范化时期。

其二，获中国政府奖学金的来华留学生概况。从规模上来看，获中国政府奖学金的来华留学生人数呈增长态势但总的占比并不算高；从区域差异来看，虽然各大洲的来华留学生人数均逐年增长，但分布不均衡，可能是由于某些奖学金政策的设置有地域偏差；从学生类别来看，硕士研究生获中国政府奖学金人数最多；从专业来看，中国政府奖学金留学生所学专业以工科为主。

其三，来华留学规模。第一，来华留学规模不断扩大，增速有所放缓；第二，亚洲来华留学生人数最多，其他洲来华留学生人数稳步提高；第三，学历生占主体，博士研究生的人数较少。

其四，来华留学生结构。第一，2018年学历生的人数多于非学历生人数，学历生的发展态势好于非学历生；第二，在学历生中本科生人数最多，硕士研究生人数次之，博士研究生人数最少；第三，在非学历生中普通进修生人数最多，高级进修生增速最高。

第二节　"双一流"大学来华留学生的
规模和结构

来华留学教育已走过 70 多年的历史，经过长期的发展取得了较大的成绩。目前，中国已成为亚洲最大的留学教育市场。来华留学教育为了适应经济增速放缓和经济转型的需要，正进入在数量增长的基础上追求结构、质量与效益协同发展的阶段。"双一流"大学来华留学教育的高质量发展对提升来华留学教育的高质量发展具有重要意义。本节主要概述"双一流"大学获中国政府奖学金来华留学生的现状，分析"双一流"大学来华留学生的规模和结构特点。

一　"双一流"大学获中国政府奖学金的来华留学规模和结构

本部分分析中国政府奖学金来华留学生的变化趋势、各省市"双一流"大学来华留学生的分布情况以及"双一流"大学来华留学学历生和非学历生的发展特点等。

（一）获中国政府奖学金的来华留学规模

获中国政府奖学金的来华留学生人数逐渐增加。从图 6—13 可以看出，2005—2018 年"双一流"大学获中国政府奖学金留学生人数高速增长，在 2018 年已达到 2.57 万人，较 2005 年增加了 5.43 倍，全国获中国政府奖学金的人数由 2005 年的 0.72 万人增长至 2018 年的 6.30 万人。

首先，"双一流"大学获中国政府奖学金的留学生人数占全国获中国政府奖学金的留学生人数的比例常年保持在40%以上，其中2005 年的占比是54%，2018 年下降至41%。42 所"双一流"大学在中国高校中极具竞争力。其次，中国政府不断扩大中国政府奖学金名额，对来华留学生的资助力度逐年加强。最后，来华留学生还可以申请地方和高校层面的奖学金，中国政府对来华留学生的扶持

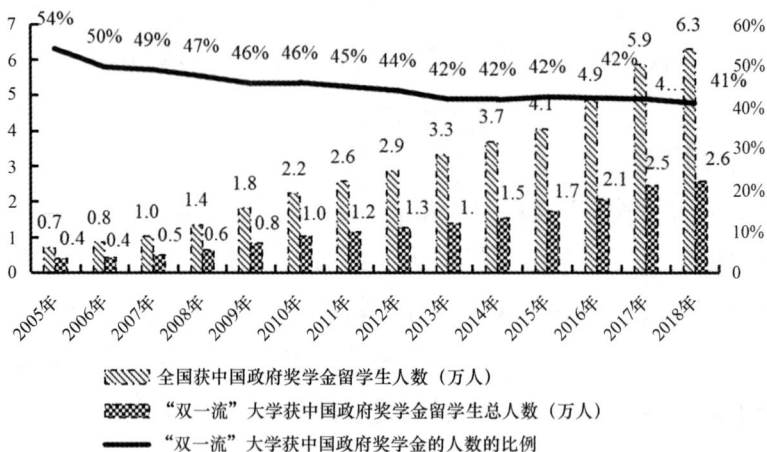

图6—13　"双一流"大学获中国政府奖学金的来华留学生
人数变化趋势

力度大且形式多样①。

　　部分省市获中国政府奖学金的留学生人数的差距较大。2018
年"双一流"大学来华留学生获中国政府奖学金的比例均高于全
国平均水平，但地区之间差异较大。例如2018年，湖北省接收的
来华留学生人数是21371人，共有13所高校获得中国政府奖学金
资助资格；广东省接收的来华留学生人数是22034人，共有10所
高校入选中国政府奖学金资助高校名录。湖北省和广东省获得资
助的高校数差距不大。湖北省共有2所"双一流"大学获中国政
府奖学金，留学生人数是2236人，占全国的比例是9.04%。广
东省共有2所"双一流"大学获中国政府奖学金，留学生人数是
865人，占全国的比例是3.50%。在高校数和留学生人数相当的
情况下，湖北省和广东省获中国政府奖学金的留学生人数差距
较大。

<hr>

　　①　张吟：《来华留学生奖学金政策研究——以江苏省茉莉花奖学金为例》，硕士学位论文，
南京师范大学，2017年，第15页。

表6—1   2018年"双一流"大学获中国政府奖学金的来华留学生综合分析

省份	入选中国政府奖学金高校名录	"双一流"大学高校数	获中国政府奖学金留学生人数	"双一流"大学获中国政府奖学金留学生人数	"双一流"大学获中国政府奖学金留学生占全国的比例
湖北省	13	2	21371	2236	9.04%
广东省	10	2	22034	865	3.50%

各省市"双一流"大学来华留学生获中国政府奖学金的人数存在差距。由图6—14可以看出,不同地区的"双一流"大学来华留学生获中国政府奖学金的分布不同。2018年湖南省"双一流"大学获中国政府奖学金留学生占全国获中国政府奖学金人数的比例是83.15%;吉林省最低,为22.13%;山东省位居全国第二。

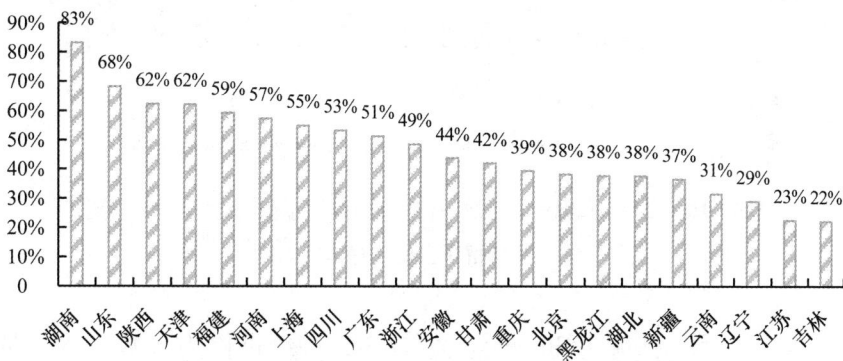

图6—14   2018年各省市"双一流"大学获中国政府奖学金的
来华留学生占比

(二)获中国政府奖学金来华留学生结构

第一,硕士研究生人数较多,博士研究生人数较低。从图6—15可以看出,"双一流"大学获中国政府奖学金的来华留学生中更多的是学历来华留学生,学历生人数由0.23万人增长至2.27万人，增加了 2.04 万人，近 14 年学历生占比从 59.90% 扩大至 87.98%，中国政府奖学金正发挥着越来越重要的学历提升作用。 2005—2018 年从奖学金分配情况来看，硕士研究生增长人数最多，硕士研究生的人数由 0.092 万人增长至 1.12 万人，增长了 11.17 倍。本科生增长人数最少，2005 年本科生的人数仅为 0.092 万人，2018 年上升至 0.43 万人；博士研究生由 0.05 万人增长至 0.72 万人，增长了 0.67 万人。从 2018 年的数据看，硕士研究生人数比本科生人数多，本科生人数比博士研究生人数多。

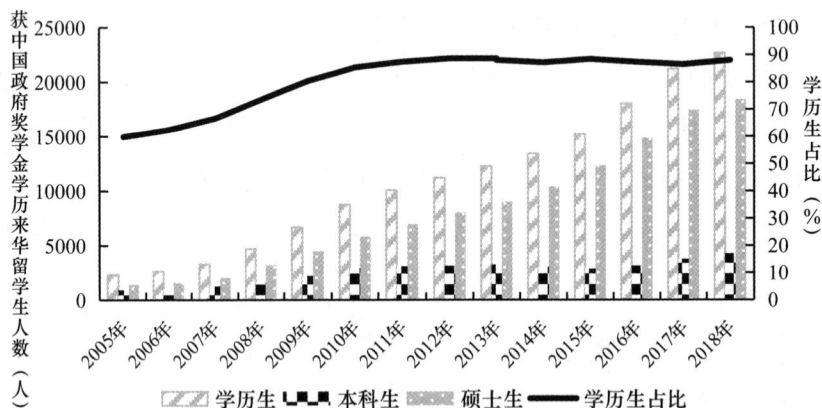

图 6—15 2005—2018 年"双一流"大学获中国政府奖学金的学历来华留学生变化趋势

第二，普通和短期进修生人数较多，高级进修生人数较少。从图 6—16 可以看出，2005—2018 年"双一流"大学获中国政府奖学金的非学历来华留学生人数由 0.16 万人增长至 0.31 万人，增长了 0.15 万人，其中高级进修生人数由 303 人下降至 261 人，普通和短期进修生人数由 0.13 万人增长至 0.28 万人。高级进修生占非学历留学生的比例由 18.93% 下降至 8.42%，普通和短期进修生占非学历留学生的比例由 81.25% 上升至 90.32%。

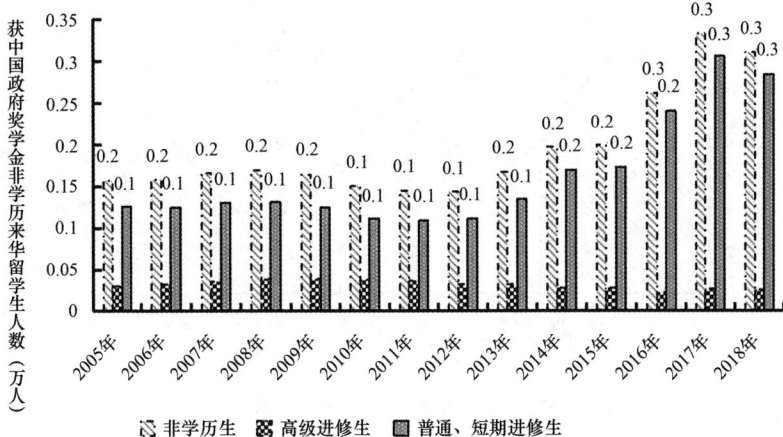

图 6—16 2005—2018 年"双一流"大学获中国政府奖学金的非学历
来华留学生变化趋势

二 "双一流"大学来华留学规模

本小节首先分析"双一流"大学来华留学生人数的增长趋势以及年增长率的波动情况;其次对比分析"双一流"大学来华留学生与全国来华留学生的发展概况;再次对"双一流"大学来华留学生区域分布情况作简要分析;最后对"双一流"大学和非"双一流"大学来华留学规模进行对比分析。

(一)"双一流"大学来华留学规模的变化趋势

第一,"双一流"大学来华留学规模不断扩大但增速放缓。由图 6—17 可以看出,2005 年来华留学生人数是 5.38 万人,2017 年"双一流"大学吸引来华留学生人数达到最大 12.20 万人,2018 年来华留学生人数下滑至 12.0 万人。从增长率看,2010 年增长率的最大值为 14.33%,从 2011 年至 2018 年增长率均未超过 10%。近几年,"双一流"大学来华留学生人数的增速有所下降,2018 年首次出现了负增长。

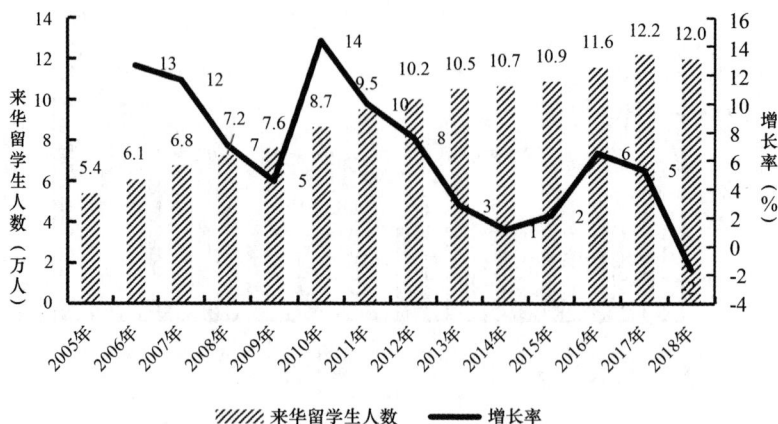

图 6—17 2005—2018 年"双一流"大学来华留学生变化趋势

第二，占比不断下降。虽然近年来"双一流"大学接收的来华留学生数量不断增长，但从"双一流"大学来华留学生人数占全国来华留学生人数的比例来看，占比并不高，且呈占比不断下降的趋势。2005—2018 年，"双一流"大学接收的来华留学生人数占全国来华留学生人数的比例由 2005 年的 38.17% 下降到 2018 年的24.37%，下降了13.8%。

表 6—2 　　　　　　　　"双一流"大学来华留学生人数及占比

年份	全国来华留学生人数	"双一流"大学来华留学生人数	"双一流"大学占比（%）
2005	141087	53847	38.17
2006	162695	60927	37.45
2007	195503	67674	34.62
2008	223499	72445	32.41
2009	238184	77155	32.39
2010	265090	86580	32.66
2011	292611	95204	32.54
2012	328330	102410	31.19

年份	全国来华留学生人数	"双一流"大学来华留学生人数	"双一流"大学占比（%）
2013	356499	105312	29.54
2014	377054	106506	28.25
2015	397635	108771	27.35
2016	442773	115803	26.15
2017	489172	121903	24.92
2018	492185	119921	24.37

（二）"双一流"大学来华留学生的区域分布

第一，各省"双一流"大学来华留学规模与"双一流"大学高校数量密切相关。由图6—18可以看出，"双一流"大学分布在全国21个省、自治区、直辖市，北京市共有8所"双一流"大学，上海市共有4所"双一流"大学，北京市和上海市的来华留学生人数分别位列全国第一和第二。其他省份由于"双一流"大学高校的数量不多，来华留学生的数量差距并不明显。甘肃省、安徽省和新疆维吾尔自治区均只有1所"双一流"大学，位居最后。对于"双一流"高校资源丰富的地区，来华留学生人数众多，各省"双一流"大学的数量与该地区的来华留学生人数密切相关。

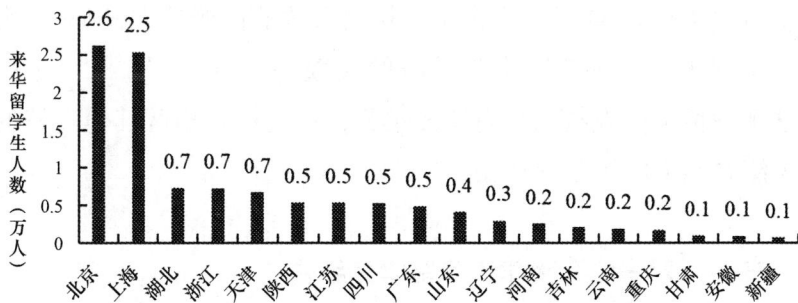

图6—18　2018年各省"双一流"大学来华留学生人数分布

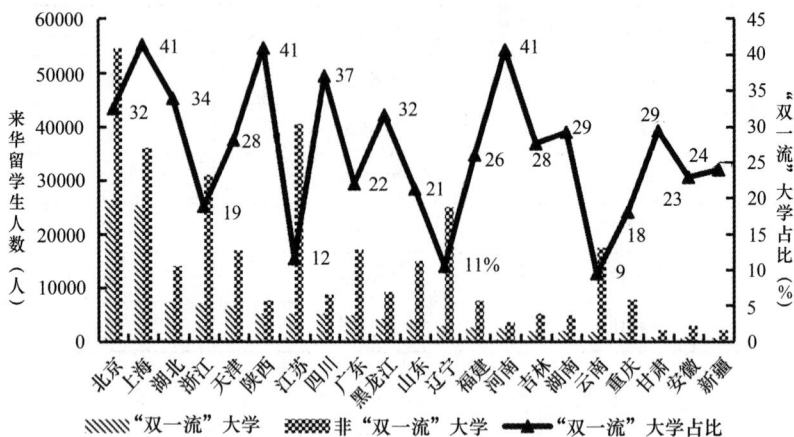

图 6—19　2018 年各省份"双一流"大学与非"双一流"大学对比分析

第二，"双一流"大学对来华留学生的吸引力更强。对比各地区"双一流"大学与非"双一流"大学接收的来华留学生人数可以看出，"双一流"大学高校总数较少，但是对来华留学生的吸引力更强（见图 6—19）。2018 年位于北京市的"双一流"大学接收的来华留学生总人数是 2.62 万人，非"双一流"大学接收人数是 5.45 万人，北京市"双一流"大学的来华留学生人数是在京来华留学生人数的 32.47%。位于上海市的 4 所"双一流"大学接收的来华留学生是 2.54 万人，占全市接收人数的比例是 41.36%；来华留学生到非"双一流"大学学习的人数是 3.60 万人。"双一流"大学来华留学生人数既与高校数相关，也与所在地区其他高校的规模与综合实力等因素密切相关。

三　"双一流"大学来华留学生结构

本部分分析 2018 年"双一流"大学来华留学生的分布情况，对学历生与非学历生进行对比分析，对学历生中的博士研究生进行重点分析，对非学历生中的高级进修生进行重点分析。

（一）"双一流"大学来华留学生结构特点

第一，部分"双一流"高校学历生人数占比低于非学历生。表6—3反映的是 2018 年"双一流"大学来华留学生的结构分布情况。从整体上来看，2018 年"双一流"大学学历生的人数多于非学历生。学历生人数是 6.67 万人，非学历生人数是 5.33 万人，学历生占比为 55.59%，非学历生占比为 44.41%。从单个高校来看，2018 年共有 11 所高校的学历来华留学生人数占比低于非学历来华留学生，包括北京大学（41.95%）、南开大学（35.24%）、天津大学（47.75%）等。这些高校的学历生人数低于非学历来华留学生人数。"双一流"大学来华留学生的学历教育不仅能提升高校自身的国际影响力，也能吸引到更多优秀的追求学历教育的留学生，能为高校储备大量的学历人才，因此加强"双一流"大学来华留学生的学历教育是高校提升来华留学生质量的有效途径。

表6—3　　　　　　2018 年"双一流"大学来华留学生结构

双一流高校	合计	学历生合计	学历生占比（%）	本科	硕研	博研	非学历生合计	非学历生占比（%）	高进	普进	短期
北京大学	7793	3269	41.95	1644	1237	388	4524	58.05	57	876	3591
中国人民大学	2633	1663	63.16	905	615	143	970	36.84	16	724	230
清华大学	6379	3926	61.55	1494	1951	481	2453	38.45	49	1753	651
北京航空航天大学	2681	1569	58.52	643	653	273	1112	41.48	2	503	607
北京理工大学	2469	1252	50.71	577	332	343	1217	49.29	106	511	600
中国农业大学	563	347	61.63	35	135	177	216	38.37	9	24	183
北京师范大学	3055	1735	56.79	795	648	292	1320	43.21	26	770	524
中央民族大学	674	374	55.49	99	193	82	300	44.51	6	103	191
南开大学	3198	1127	35.24	609	411	107	2071	64.76	9	804	1258
天津大学	3449	1647	47.75	959	541	147	1802	52.25	35	656	1111
大连理工大学	1393	830	59.58	256	308	266	563	40.42	5	378	180
东北大学	1535	659	42.93	229	358	72	876	57.07	31	527	318

双一流高校	合计	学历生合计	学历生占比（%）	本科	硕研	博研	非学历生合计	非学历生占比（%）	高进	普进	短期
吉林大学	2003	1558	77.78	1004	379	175	445	22.22	21	183	241
哈尔滨工业大学	4239	1772	41.80	674	666	432	2467	58.20	3	1811	653
复旦大学	7057	2748	38.94	1446	1048	254	4309	61.06	404	3425	480
同济大学	4454	1948	43.74	1043	775	130	2506	56.26	5	1286	1215
上海交通大学	7412	3637	49.07	1698	1272	667	3775	50.93	4	2501	1270
华东师范大学	6472	1688	26.08	978	528	182	4784	73.92	716	2511	1557
南京大学	3354	1144	34.11	704	291	149	2210	65.89	87	972	1151
东南大学	1928	1492	77.39	764	504	224	436	22.61	50	100	286
浙江大学	7193	4479	62.27	2676	960	843	2714	37.73	91	1900	723
中国科学技术大学	859	833	96.97	8	234	591	26	3.03	6	0	20
厦门大学	2687	1727	64.27	921	509	297	960	35.73	5	525	430
山东大学	2979	2312	77.61	991	932	389	667	22.39	17	595	55
中国海洋大学	1073	524	48.84	310	110	104	549	51.16	1	416	132
武汉大学	3561	2774	77.90	1916	601	257	787	22.10	14	608	165
华中科技大学	3680	2643	71.82	1043	843	757	1037	28.18	31	429	577
中南大学	1413	1387	98.16	384	765	238	26	1.84	3	23	0
国防科技大学	0	0	0.00	0	0	0	0	0.00	0	0	0
湖南大学	876	753	85.96	130	399	224	123	14.04	0	92	31
中山大学	2559	1660	64.87	1160	340	160	899	35.13	5	417	477
华南理工大学	2281	1423	62.38	915	353	155	858	37.62	2	364	492
四川大学	3872	2140	55.27	1547	389	204	1732	44.73	12	760	960
电子科技大学	1303	1112	85.34	264	451	397	191	14.66	1	151	39
重庆大学	1718	650	37.83	127	372	151	1068	62.17	3	445	620
西安交通大学	2845	2194	77.12	1004	825	365	651	22.88	11	226	414
西北工业大学	2039	1067	52.33	529	390	148	972	47.67	1	251	720
西北农林科技大学	398	331	83.17	1	127	203	67	16.83	1	5	61

续表

双一流高校	合计	学历生合计	学历生占比（%）	本科	硕研	博研	非学历生合计	非学历生占比（%）	高进	普进	短期
兰州大学	891	578	64.87	143	287	148	313	35.13	1	143	169
郑州大学	2469	1880	76.14	1524	197	159	589	23.86	4	488	97
云南大学	1822	1409	77.33	919	351	139	413	22.67	4	177	232
新疆大学	662	409	61.78	139	216	54	253	38.22	0	253	0
合计及占比/%	119921	66670	55.59	49.81	33.74	16.45	53251	44.41	3.48	53.87	42.65

部分"双一流"高校学历生人数占该高校接收的来华留学生人数的比例低于全国学历生人数占全国来华留学生人数的比例。从全国平均水平来看，2018 年全国学历来华留学生占比为 52.44%，"双一流"大学共有 14 所高校低于全国平均水平，其中 A 类高校 13 所，B 类高校 1 所，包括北京大学（41.95%）、北京理工大学（50.71%）、南开大学（35.24%）等。虽然"双一流"大学整体上学历生占比高于全国平均水平，部分高校仍存在学历生教育发展动力不足的问题。

第二，高层次研究生较少。整体上来说，2018 年"双一流"大学学历生中本科生人数是 3.32 万人，占比为 49.81%；共有硕士研究生 2.25 万人，占比为 33.74%；接收的博士研究生人数是 1.10 万人，占比为 16.45%。可见"双一流"大学学历生中硕士研究生和博士研究生的人数较少。"双一流"大学的目标之一是建设成世界一流大学，接收高层次的学历来华留学生、加强高层次的学历生教育对于提升"双一流"大学来华留学生质量具有十分重要的作用。

第三，高级进修生人数较少。从非学历生内部结构来看，2018 年高级进修生人数是 0.19 万人，比例是 3.48%；普通进修生人数合计 2.87 万人，占比 53.87%；接收的短期留学生人数是 2.27 万人，占非学历生的比例是 42.65%。非学历生主要由普通进修生和短期留学生组成。

（二）"双一流"大学学历来华留学生结构

第一，"双一流"大学学历来华留学生不断增长，占主体地位。由图6—20可以看出，2005—2018年学历生人数不断增长，非学历生人数增速不断放缓。学历生从1.63万人增长至6.66万人，增长了3.09倍，在2017年数量超过了非学历生，学历生人数比非学历生多了0.48万人。2005—2018年学历生占比由30.45%增长至55.59%，呈现出不断上升的趋势，学历生占主体地位。由此可见，中国"双一流"大学的学历教育逐步受到越来越多各国学生的认可，学历教育呈现出越来越好的发展态势。

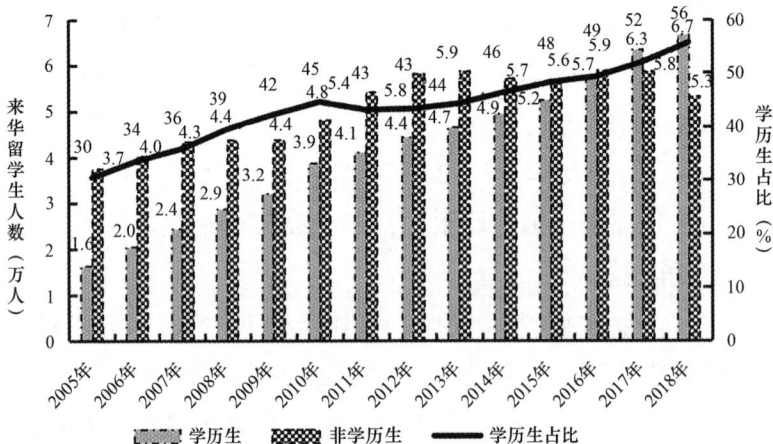

图6—20　2005—2018年"双一流"大学学历来华留学生
结构变化趋势

第二，各高校学历生教育不断发展。由表6—4可以看出，2005—2007年，"双一流"大学学历来华留学生人数占"双一流"大学来华留学生人数的比例均低于全国学历生占全国来华留学生的比例，2007年以后"双一流"大学比例更高。这说明中国"双一流"大学学历生教育取得了不断发展，"双一流"大学接收的学历生人数不断增多。2005—2016年，"双一流"大学非学历来华留学

生人数更多，2017 年之后学历生的人数更多。从"双一流"大学
各高校内部来看，2005 年共有 23 所高校的学历生人数占比低于全
国学历生人数占比，2018 年已下降到 14 所高校。各高校在学历生
教育上不断发展，学历生占比低于整体"双一流"大学学历生占比
的高校数已从 20 个下降至 16 个。

表6—4　　　　2018 年"双一流"大学学历来华留学生综合分析

年份	全国学历生占比（%）	"双一流"大学学历生占比（%）	低于全国学历生占比高校数（个）	低于"双一流"大学学历生占比高校数（个）
2005	31.79	30.45	23	20
2006	33.72	33.52	18	18
2007	34.89	35.85	20	23
2008	35.80	39.50	14	20
2009	39.23	42.18	18	20
2010	40.53	44.56	17	21
2011	40.61	43.07	17	17
2012	40.66	43.26	16	19
2013	41.48	44.23	16	18
2014	43.60	46.34	15	19
2015	46.47	48.21	21	22
2016	47.42	49.25	19	21
2017	49.38	51.95	20	21
2018	52.44	55.59	14	16

第三，博士研究生占比较低。从图 6—21 可以看出，2005—
2018 年"双一流"大学学历来华留学生人数占全国学历来华留学
生人数的比例不断下降，2005 年是 36.56%，2018 年是 25.83%，
下降了 10.73%，在此期间，"双一流"大学学历来华留学生的增
长速度低于全国学历来华留学生的增长速度。"双一流"大学对博
士留学生的招生有着更高的质量要求，博士研究生更看重高校的综
合实力、科研能力等，因此博士研究生的流动可以反映出各高校对

高层次人才的吸引力。2005年"双一流"大学博士留学生人数占"双一流"大学来华留学生人数的比例是2.41%,这一时期全国博士留学生人数占全国来华留学生人数的比例是1.37%,可见中国留学教育市场对博士留学生的吸引力较弱,"双一流"大学的整体情况稍好于全国情况。2018年在"双一流"大学学历来华留学生中博士生人数仅10967人,博士生的比例仅为9.14%,虽略高于全国博士研究生的占比,但与OECD国家接收的留学博士研究生人数存在不小差距。"双一流"大学招收的来华留学生的学历结构不断优化,但整体发展水平不高,对以博士研究生为代表的高层次学历来华留学生的吸引力不强。

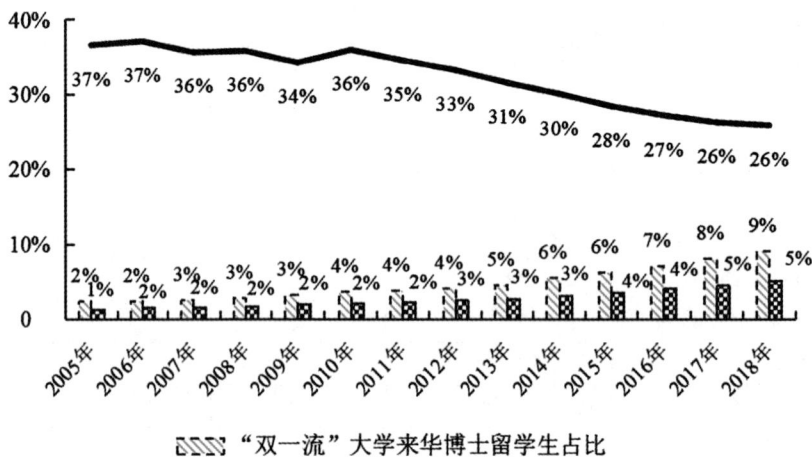

"双一流"大学来华博士留学生占比

图6—21 "双一流"大学学历来华留学生综合分析

(三)"双一流"大学非学历来华留学生结构

从图6—22可以看出,从横向看,2018年在非学历生中,高级进修生的人数最少,仅0.36万人;普通进修生的人数最多,为5.14万人;短期留学生人数为4.22万人。占非学历生人数的比例分别是3.67%、52.90%和43.43%。从纵向看,2005—2018年,高级进修生、普通进修生和短期留学生人数增长幅度最高的是高级进修生,规模扩大了4.29倍,其他两类分别增长了1.10倍和2.52倍。

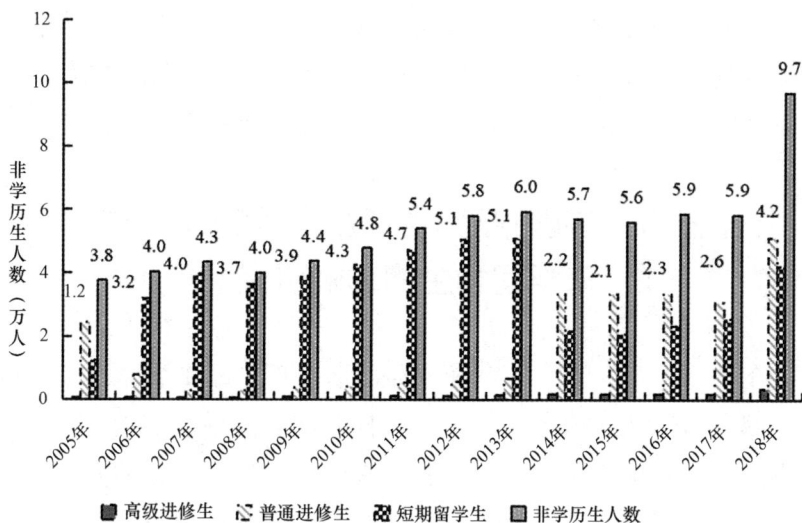

图6—22　"双一流"大学非学历来华留学生变化趋势

四　小结

本节从中国政府奖学金、规模和结构三个维度分析了目前"双一流"大学来华留学生的特征。

从获中国政府奖学金来华留学生来看：一是获中国政府奖学金留学生的人数持续增长；二是各省市之间和省市之内获奖学金人数差异大；三是在获奖学金留学生内部结构中，学历生中硕士研究生规模最大，在非学历生中短期和普通进修生规模最大。

从规模来看："双一流"大学来华留学生总人数虽不断增长，但增速明显放缓，占全国留学生人数的比例有所下降。从"双一流"大学所在地区来看，在"双一流"高校资源丰富的地区，"双一流"大学高校数越多，来华留学生人数越多；各地区"双一流"大学对来华留学生吸引力更强。

从结构来看：2018年，部分高校学历生人数低于非学历生人数；部分高校学历生与该高校接收的来华留学生人数的比例小于全国平均水平；高层次研究生人数较低；高级进修生人数较低。

2005—2018 年学历来华留学生人数不断增长，硕士研究生和博士研究生人数不断增长。2017 年学历生人数超过非学历生人数，各高校学历生教育不断发展，博士研究生发展较为滞后。在非学历生中，普通进修生的人数较多，高级进修生人数增速较快。

第三节　中国政府奖学金对"双一流"大学来华留学生的影响研究

在"双一流"大学来华留学生增长不断放缓的背景下，统筹中国"双一流"大学来华留学教育，使其向着规模、结构、质量和效益协同发展，从而推进"双一流"大学来华留学教育的协调可持续发展，是对"双一流"大学来华留学教育提出的要求。中国政府奖学金对国际学生的流动具有影响。本节分析"双一流"大学来华留学规模、结构与中国政府奖学金的动态关系；进一步分析中国政府奖学金对"双一流"大学来华留学生的具体影响；对中国政府奖学金对不同类别"双一流"大学的影响展开研究。

一　数据来源与变量说明

如前所述，"双一流"大学获中国政府奖学金的留学生人数不断增加，"双一流"大学来华留学生和学历来华留学生人数均呈现上升趋势，影响来华留学生人数和学历来华留学生人数增长的因素较多，可以概括为经济因素、教育因素和社会文化因素等。奖学金因素是影响来华留学生做出留学决策的重要原因。衡量奖学金的指标较多，奖学金发放的金额、人数是较为重要的两个衡量指标，但是由于"双一流"大学来华留学生获中国政府奖学金资助的具体金额未有统计数据，因此，本书选择获中国政府奖学金人数作为奖学金的衡量指标，对中国政府奖学金与来华留学生人数和学历来华留学生人数做了数据预处理。

（一）数据来源

本书对"双一流"大学来华留学生的发展现状进行了统计分析，根据统计分析结果选取 2005—2018 年"双一流"大学来华留学生人数（LXS）、"双一流"大学学历来华留学生人数（XLS）、"双一流"大学获中国政府奖学金的来华留学生人数（JXJS）作为变量。数据统计如表 6—5 所示。

表6—5　　　"双一流"大学各类别来华留学生变化趋势统计

年份	2005	2006	2007	2008	2009	2010	2011	2012	2013	2014	2015	2016	2017	2018
LXS	53847	60927	67674	72445	77155	86580	95204	102410	105312	106506	108771	115803	121903	119921
XLS	16396	20329	24262	28614	31939	38576	41004	44300	46576	49351	52443	57037	63325	66670
JXJS	3898	4206	4965	6402	8333	10257	11526	12627	13949	15396	17190	20645	24530	25771

（二）变量说明

为了进一步探究中国政府奖学金对"双一流"大学来华留学生、学历来华留学生的影响，需要对数据进行初步处理，将数据的大小值转换为占比。一是将"'双一流'大学来华留学生总人数"转换为"'双一流'大学来华留学生人数占全国来华留学生人数的比例（BLXS）"，二是将"'双一流'大学学历来华留学生人数"转换为"'双一流'大学学历来华留学生人数占全国学历来华留学生人数的比例（BXLS）"，三是将"'双一流'大学获中国政府奖学金的来华留学生人数"转换为"'双一流'大学获中国政府奖学金来华留学生人数占全国获中国政府奖学金来华留学生人数的比例（BJXJS）"。处理后的数据如表 6—6 所示。

表6—6　"双一流"大学各类别来华留学生占比变化趋势统计（%）

年份	2005	2006	2007	2008	2009	2010	2011	2012	2013	2014	2015	2016	2017	2018
BLXS	38.17	37.45	34.62	32.41	32.39	32.66	32.54	31.19	29.54	28.25	27.35	26.15	24.92	24.37
BXLS	36.56	37.06	35.57	35.77	34.18	35.91	34.50	33.18	31.49	30.02	28.38	27.16	26.22	25.83
BJXJS	54.00	49.58	48.91	47.37	45.67	45.81	44.87	43.89	41.86	41.68	42.34	42.11	41.88	40.88

从图6—23可以看出，BLXS与BXLS波动有较强的一致性，从BJXJS的波动变化来看，均高于其他两者，三个变量之间可能存在某种动态影响关系。

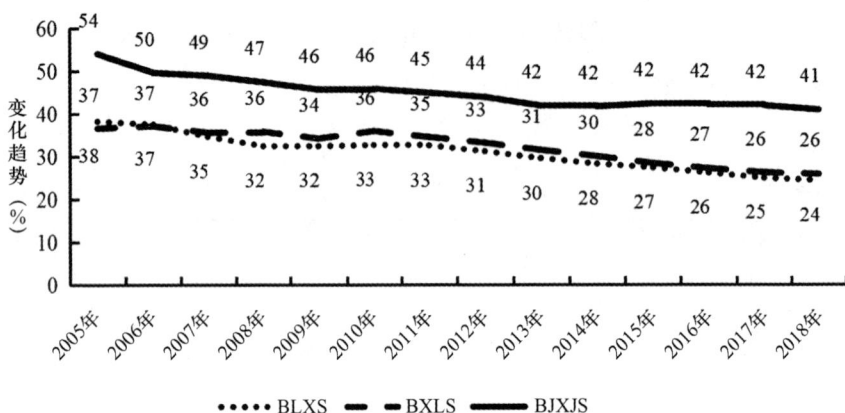

图6—23　BLXS-BXLS-BJXJS变化趋势

二　模型构建与数据评估

如前所述，"双一流"大学来华留学生人数、学历来华留学生人数的波动可能与中国政府奖学金存在某种相关关系。本书利用研究系统动态性的向量自回归模型理论，对变量数据开展平稳性检验、协整关系检验和稳定性检验等，进一步验证三个变量之间是否存在着动态影响关系。

（一）模型构建

使用向量自回归模型（Vector Autoregressive Model）即VAR模型进行数据评估与实证分析。VAR模型由西姆斯（Sims）在20世纪80年代提出，最早被广泛运用于经济研究领域的实证分析，推动了经济研究领域系统动态性的研究进程。

向量自回归模型通过将系统中每个内生变量作为系统中所有内生变量的滞后期来构建模型，向量自回归模型利用当前变量对多个滞后变量进行回归，得到时间序列。模型方程如下。

$$Y_t = \Phi_1 + Y_{t-1} + \Phi_2 Y_{t-2} + \cdots + \Phi_m Y_{t-m} + B_1 X_t +$$
$$B_2 X_{t-2} + \cdots + B_n X_{t-n} + \varepsilon_t \qquad (6—1)$$

在公式 6—1 中，Y_t 是模型的内生变量，X_t 是模型的外生变量，Φ_1、Φ_2、Φ_m 和 B_1、B_2、B_n 是模型中各个变量待估计的系数矩阵，ε_t 是方程中的随机扰动项。

（二）数据评估

首先，进行单位根检验。平稳的时间序列是建立向量自回归模型的基础。关于时间序列稳定性的检验方法很多。本书采用 ADF 值检验的方法，通过判断在不同显著性水平之下统计值与 ADF 值的大小关系，说明序列是否存在单位根。结果如表 6—7 所示。

表6—7　　　　　　　　　　　BLXS-BXLS-BJXJS 单位根检验结果

变量名称	T 统计值	1% 临界值	5% 临界值	10% 临界值	p 值	是否平稳
BLXS	0.606836	-4.200056	-3.175352	-2.728985	0.9819	否
D（BLXS）	-6.253499	-4.200056	-3.175352	-2.728985	0.0005	是
BXLS	0.420216	-4.057910	-3.119910	-2.701103	0.9752	否
D（BXLS）	-4.595732	-4.121990	-3.144920	-2.713751	0.0047	是
BJXJS	-3.806076	-4.057910	-3.119910	-2.701103	0.0154	否
D（BJXJS）	-5.110375	-4.121990	-3.144920	-2.713751	0.0021	是

该检验原假设为 BLXS 序列有单位根。从表 6—7 可以看出，在 1%、5%、10% 的显著性水平下，临界值的大小分别是 -4.20、-3.18、-2.73，均小于 ADF 值 0.61，此时变量有单位根，即 BLXS 序列是一个非平稳序列。对 BLXS 一阶差分之后，ADF 值均小于不同显著性水平下的临界值，在一阶差分之后 D（BLXS）不存在单位根，说明该序列是一个平稳的时间序列。也就是说 BLXS 的序列是服从一阶单整的。同理，可以得出 BXLS 和 BJXJS 序列服从一阶单整。

其次，进行协整检验。BLXS、BXLS、BJXJS 时间序列通过了单位根检验，时间序列是平稳性序列。需进一步保证变量之间是长

期稳定的，此时需要进行协整检验①。协整检验结果如表 6—8
所示。

表6—8　　　　　　　BLXS-BXLS-BJXJS 协整检验结果

原假设	统计值	CV	P**
None*	86.75828	35.01090	0.0000
At most 1*	31.78688	18.39771	0.0004
At most 2*	9.578512	3.841466	0.0020

注：*表示5%显著性水平。

由表 6—8 可以看出，在 5% 显著性水平下，BLXS、BXLS 与
BJXJS 的 p 值都小于 0.05，说明 BLXS、BLXS 与 BJXSJ 存在长期稳
定的协整关系。

再次，判定滞后阶数。在构建 VAR 模型方程之前，需要进一
步确定变量的滞后期。得到的 BLXS、BXLS 与 BJXSJ VAR 模型最
佳滞后期的确定结果如表 6—9 所示。

表6—9　　　BLXS-BXLS-BJXJS VAR 模型最佳滞后期的确定结果

滞后阶数	LogL	LR	FPE	AIC	SC	HQ
0	103.9502	NA	9.91e-12	-16.82503	-16.70380	-16.86991
1	139.1946	46.99256*	1.35e-13	-21.19910	-20.71419	-21.37863
2	153.8940	12.24952	7.99e-14*	-22.14900*	-21.30041*	-22.46318*

在确定滞后阶数时，需要考虑很多因素。如 AIC 信息准则、似
然比（LR）统计量、SC 信息准则。由表 6—9 可以看出，系统表示
出不同信息标准喜爱的最优滞后阶数。LR 选择的滞后阶数为 1，
FPE、AIC、SC 和 HQ 选择的滞后阶数为 2，根据多信息准则，最终
选择的滞后阶数为 2。因此，选择时间序列滞后 2 期进行 VAR

---

① 王娅、杜江：《应用 EG 协整检验方法的几个注意问题》，《统计教育》2007 年第 9 期。

建模。

最后，进行稳定性检验。为了进一步保证回归模型的稳定性，需要对变量的稳定性进行检验。常用的检验方法是得到变量的特征多项式的结果。

Inverse Roots of AR Characteristic Polynomial

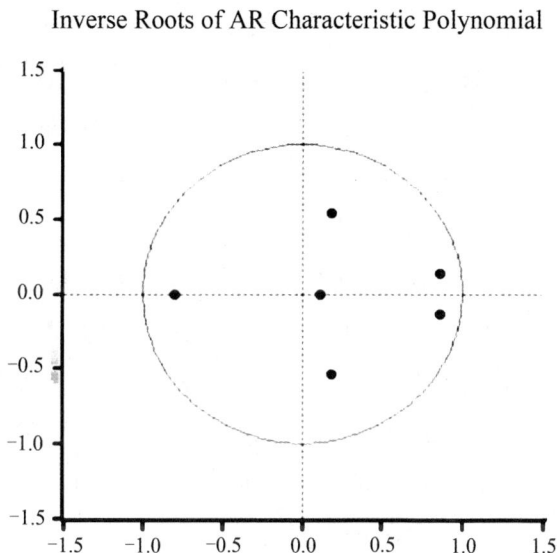

图6—24　特项多项式的根在单位圆的位置

由图6—24可以看出，圆上所有的点都在圆内，说明模型是稳定的，模型通过了单位根检验。接下来可以进行脉冲响函数分析与方差分析。

三　中国政府奖学金对来华留学规模的影响

变量通过了构建 VAR 模型方程所需进行的协整检验和稳定性检验，验证了中国政府奖学金与来华留学生人数、学历来华留学生人数间存在相互影响关系。为了进一步研究中国政府奖学金对来华留学生人数的影响，首先，通过构建脉冲响应函数得出中国政府奖学金对来华留学生人数的影响关系。其次，通过方差分析进一步量化两者之间的影响程度。最后，通过回归分析探究中国政府奖学金对不同类别"双一流"大学的影响。

（一）中国政府奖学金对来华留学规模的脉冲响应分析

在脉冲响应分析图6—25中，选取变量的时间节点是2005年至2018年，横轴一期代表一年，虚线代表2倍标准差的置信区间，脉冲响应函数的结果是图中的实线线条。图中反映的是"双一流"大学来华留学生人数对14年期获中国政府奖学金人数的脉冲响应效果，中国政府奖学金人数变量给出一个正向的标准差冲击之后，来华留学生人数做出正向响应。来华留学生人数并没有在当期产生响应，在滞后第1期后出现响应，此时来华留学生人数增加了0.004个单位，在第5期达到了最大值，来华留学生人数增加了0.010个单位，接下来持续下降。在第14期来华留学生人数增加了0.003个单位。由此可以看出，中国政府奖学金的正向变动会使来华留学生人数产生向上的冲击，这就说明中国政府奖学金人数的增加对来华留学生人数的增加能产生正向的积极影响，短期时间内促进作用不断提升，长期时间内促进作用不断减缓。

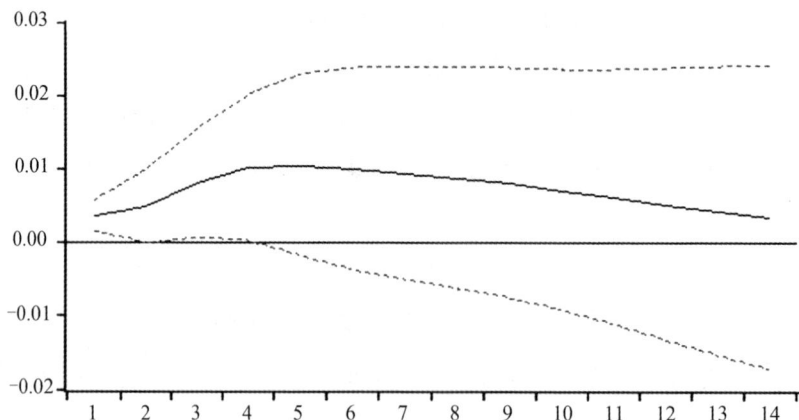

图6—25 来华留学生人数对14年期获中国政府奖学金人数的
脉冲响应

（二）中国政府奖学金对来华留学规模的方差分析

为进一步探究中国政府奖学金对"双一流"大学来华留学生人数造成了多大影响，对变量进行方差分析，结果如表6—10所示。由表6—10可以看出，A体现的是"双一流"大学中国政府奖学金对自身的影响幅度最大，在整个14期都保持在90%以上，说明每年获得中国政府奖学金的人数波动剧烈。B1体现的是中国政府奖学金对"双一流"大学来华留学生的影响效果，第1期是0，第2期达到了最大的影响程度约为1.17%，在第14期影响程度是1.62%，可以看出在"双一流"大学来华留学生受中国政府奖学金的影响效果较小。

表6—10　　　　　2005—2018年来华留学生的方差分析结果

时间	标准差	A（中国政府奖学金）	B_1（来华留学生）
1	0.008891	100.0000	0.000000
2	0.011875	98.10302	1.165924
3	0.013480	97.79163	1.504441
4	0.014794	98.13783	1.265603
5	0.015789	98.33821	1.137906
6	0.016521	98.25093	1.253746
7	0.016957	98.30785	1.206985
8	0.017251	98.19892	1.315631
9	0.017418	98.19729	1.320163
10	0.017527	98.09248	1.424100
11	0.017579	98.05766	1.458022
12	0.017608	97.97475	1.538566
13	0.017617	97.94184	1.570133
14	0.017623	97.89158	1.619138

（三）中国政府奖学金对来华留学规模的差异分析

影响来华留学生到"双一流"大学学习的因素很多，如高校自身的科研实力、对国际化的重视程度、所在地区的经济发展水平等导致来华留学生人数在分布上具有明显的差异性。在存在高校差异的前提下，中国政府奖学金对来华留学规模的影响可能会产生不同的结果。我们将"双一流"大学按照教育部规定划分为 A 类高校和 B 类高校。A 类高校和 B 类高校来华留学生人数的描述性统计结果如表 6—11 所示。

表6—11　　　　A 类高校和 B 类高校来华留学生的描述性统计结果

类别	A 类高校	B 类高校
平均值	87082	5257
中位数	93383	5424
最大值	112827	9076
最小值	52252	1595
标准差	20469	2337
峰度	1.71	1.98

在进行实证分析之前，我们需要分别对 A 类和 B 类高校的数据进行 ADF 单位根检验，结果如表 6—12 所示。

表6—12　　　　　　A 类高校和 B 类高校序列的 ADF 检验

	A 类高校	B 类高校
原序列	不平稳	不平稳
一阶差分	平稳	平稳

A 类高校和 B 类高校，一阶差分之后顺利通过了平稳性检验，建立如下模型：

$$Yt = \alpha + \beta (X) \ t = 1.2.3.4\cdots \qquad (6—2)$$

在通过了协整检验后，运用固定效应最小二乘法进行回归，得到中国"双一流"大学 A 类高校和 B 类高校的回归分析结果，如表 6—13 所示。

表6—13　　　　　　　　　方程6—2回归分析的结果

类别	A类高校	B类高校
	Y1	Y2
常数项	0.23 * 0.02	− 0.20 * * * (0.12)
来华留学生数	− 0.37 * (0.05)	1.10 * (0.05)
调整后的 R²	0.84	0.87

注：＊＊＊表示 $p < 0.01$，＊＊表示 $p < 0.05$，＊表示 $p < 0.1$；括号表示变量的标准误差大小。

从回归分析结果可以看出，首先，中国政府奖学金对"双一流"大学来华留学规模的影响是显著的，对于A类高校的影响系数为−0.37，A类高校包括北京大学、清华大学等，这些高校分布在中国经济发达的地区，以北京与上海为例，共有12所"双一流"大学。其次，A类高校自身的优势如学科优势、科研能力等往往是更吸引来华留学生的原因。对B类高校的影响系数为1.10，B类高校共有6所。在B类高校中，中国政府奖学金的增加对来华留学规模的扩大具有正向作用。在B类6所高校中，来华留学生中获得中国政府奖学金资助的人数越多，来华留学生人数增加得越多。

四　中国政府奖学金对来华留学生结构的影响

学历来华留学生人数是衡量"双一流"大学来华留学生质量的关键指标。"双一流"大学学历来华留学生人数不断增长，"双一流"大学学历来华留学生的发展对提升来华留学生质量具有重要的影响，中国政府奖学金的资助对学历来华留学生的流入会产生影响。本部分主要探究中国政府奖学金对"双一流"大学的影响，通过脉冲响应分析、方差分析确定中国政府奖学金对学历来华留学生的影响，以及能造成多大的影响，对A类高校和B类高校进行差异分析，以期得到不同类别的高校受中国政府奖学金的影响程度。

（一）中国政府奖学金对来华留学生结构的脉冲响应分析

如前所述，"双一流"大学中来华留学生主要是学历来华留学生，来华留学生结构较为复杂[①]，其中学历来华留学生是反映来华留学生结构的重要指标。根据 VAR 模型输出的结果可得到"双一流"大学学历来华留学生对中国政府奖学金脉冲响应的结果。由图6—26 可以看出，当中国政府奖学金给出一个正向的标准差冲击之后，学历来华留学生人数做出正向响应，学历来华留学生人数在当期并没有做出反应，在滞后第一期出现响应，增加了 0.004 个单位，在第 6 期达到最大值，学历来华留学生人数增加了 0.012 个单位，在第 6 期之后正向作用不断下降，在第 14 期增加了 0.004 个单位。获中国政府奖学金留学生人数的增多能促进学历生人数的增加。这种促进作用在短期的 6 年之内持续增长，从长期来看促进作用不断减缓。

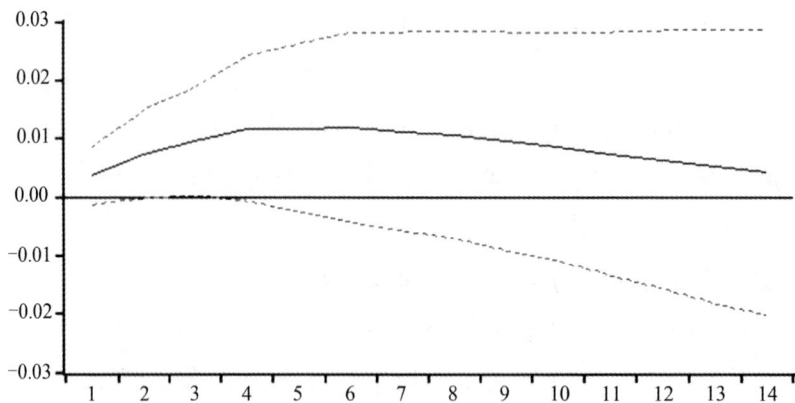

图6—26　学历来华留学生人数对 14 年期获中国政府奖学金
人数的脉冲响应分析

---

① 程伟华、张海滨、董维春：《"双一流"建设背景下来华留学研究生教育质量研究——基于学生发展理论》，《学位与研究生教育》2019 年第 1 期。

（二）中国政府奖学金对来华留学生结构的方差分析

脉冲响应分析证明中国政府奖学金对学历来华留学生具有正向影响，为了探究中国政府奖学金能对学历来华留学生的未来波动造成多大影响，得到方差分析结果如表6—14所示。可以看出，中国政府奖学金对学历来华留学生的影响程度在第1期是0，在第2期学历来华留学生受到的影响效果约为0.73%，在第2期达到最大影响程度之后，这种影响效果不断下降，也就是说中国政府奖学金对学历来华留学生的影响程度在短时间内能产生最大值，在第2年产生最大影响，在第2年之后不断降低。总的来说，在"双一流"大学中，中国政府奖学金的波动对学历来华留学生人数的变化影响较小。

表6—14　　　　　2005—2018年学历来华留学生方差分析结果

时间	标准差	中国政府奖学金	学历来华留学生
1	0.008891	100.0000	0.000000
2	0.011875	98.10302	0.731060
3	0.013480	97.79163	0.703927
4	0.014794	98.13783	0.596566
5	0.015789	98.33821	0.523886
6	0.016521	98.25093	0.495326
7	0.016957	98.30785	0.485167
8	0.017251	98.19892	0.485447
9	0.017418	98.19729	0.482551
10	0.017527	98.09248	0.483416
11	0.017579	98.05766	0.484319
12	0.017608	97.97475	0.486679
13	0.017617	97.94184	0.488028
14	0.017623	97.89158	0.489283

（三）中国政府奖学金对来华留学生结构的差异分析

学历来华留学生受经济因素、教育因素和社会文化因素的影响不同,且体现出较大的差异性①。"双一流"大学接收的学历来华留学生人数逐年增加,但是不同高校学历生的增长趋势不尽相同,在高校差异的前提下中国政府奖学金对学历来华留学生的影响与调控可能会造成不同的效果。"双一流"大学 A 类高校和 B 类高校学历来华留学生的描述性统计如表 6—15 所示。

表 6—15　A 类高校和 B 类高校学历来华留学生的描述性统计结果

类别	A 类高校	B 类高校
平均值	38855	2632
中位数	40251	2402
最大值	61229	5441
最小值	15779	617
标准差	14239	1493
峰度	1.93	2.13

A 类高校和 B 类高校时间序列顺利通过一阶差分和协整检验,建立的模型方程如下:

$$L_t = a + b(M) \quad t = 1.2.3.4\cdots \tag{6—3}$$

在通过了协整检验后,运用固定效应最小二乘法进行回归,得到"双一流"大学 A 类高校和 B 类高校的回归分析结果,如表 6—16 所示。

表 6—16　　　　　　　　方程 6—3 的回归结果

类别	A 类高校	B 类高校
	L1	L2
常数项	−0.12 (0.08)	0.04 * (0.003)

① 李福林:《国际学生来华接受学历教育的影响因素研究》,硕士学位论文,大连理工大学,2020 年,第 14 页。

续表

类别	A 类高校	B 类高校
	L1	L2
学历来华留学生数	0.93＊＊＊	－0.05＊
	(0.17)	(0.007)
调整后的 R^2	0.71	0.83

注：＊＊＊表示 $p < 0.01$，＊＊表示 $p < 0.05$，＊表示 $p < 0.1$；括号表示变量的标准误差大小。

从回归结果来看，中国政府奖学金对"双一流"大学学历来华留学生的影响是显著的。从表6—16可以看出，中国政府奖学金政策对 A 类高校的影响系数为0.93，在 A 类高校中，中国政府奖学金留学生人数的增加对学历来华留学生人数的增加具有正向的积极作用，能促进更多优秀的学历留学生来到这些高校学习，中国政府奖学金的发放对于追求学历的留学生具有正向引导作用，能促进来华留学生结构的优化，从而进一步提高"双一流"高校的国际化能力，留住优秀的外来人才。中国政府奖学金对 B 类高校的影响系数是－0.05，通过整理这6所 B 类高校的数据，可以发现 B 类高校从整体上看来华留学生人数少，学历来华留学生的人数更少，这6所高校因所在地区、专业和知名度等，中国政府奖学金对 B 类高校学历来华留学生的影响较小。

五　小结

从数据的描述性统计结果来看，BXLS 与 BLXS 具有较强的一致性，且 BLXS 的增长率波动范围大致保持在 BXLS 增长率的下方，很少超过 BXLS 的增长率，说明"双一流"大学对来华学历教育的重视不断加强，BJXJS 均高于另两者，这与中国政府奖学金的国家支持与政策引导有很大关系。

BLXS、BXLS 和 BJXJS 三个变量的时间序列是平稳序列，在通过了协整检验和稳定性检验之后，进一步确定了时间序列的滞后阶数为2期，通过构建 VAR 模型方程对变量之间的动态影响关系进行了脉冲响应分析和方差分析，并对不同类别的"双一流"高校进行了差异分析。

第一，分析了中国政府奖学金对来华留学规模的影响。通过构建 VAR 模型方程，得出中国政府奖学金对"双一流"大学来华留学生的脉冲响应结果，通过脉冲响应函数可以看出，中国政府奖学金对来华留学生的影响是正向的，正向促进作用在短期的5年之内持续增强，并在第5年达到最大值0.010。从长期来看，正向影响有所减缓。为了探究中国政府奖学金对来华留学规模的未来波动造成多大影响，通过对变量进行方差分析，第2年达到了最大的影响程度，为1.17%，在第14年影响程度是1.62%。由于"双一流"大学来华留学生的分布存在差异性，将"双一流"大学划分为 A 类高校和 B 类高校，变量通过了 ADF 检验、协整检验与平稳性检验，根据回归分析结果，中国政府奖学金对"双一流"大学来华留学规模的影响是显著的，中国政府奖学金对 A 类高校的影响系数为−0.37，对 B 类高校的影响系数是1.10。

第二，分析了中国政府奖学金对"双一流"大学来华留学生结构的影响。构建 VAR 模型方程，得出中国政府奖学金对"双一流"大学学历来华留学生的脉冲响应结果，中国政府奖学金对学历来华留学生有正向影响，且中国政府奖学金对学历来华留学生的最大影响高于来华留学生，在第6年达到最大值0.012。从长期来看，正向影响有所减弱。为了进一步探究中国政府奖学金能对学历来华留学生未来波动造成多大影响，对变量进行方差分析，第2年达到最大的影响程度0.73%，第14年影响程度是0.49%。由于"双一流"学历来华留学生分布具有差异性，将"双一流"大学划分为 A 类高校和 B 类高校，根据回归分析的结果发现，中国政府奖学金对"双一流"大学学历来华留学生的影响是显著的，对 A 类高校的影响系数为0.93，对 B 类高校的影响系数是−0.05。

第四节　研究结论与政策建议

一　研究结论

第一，中国政府奖学金政策自 20 世纪 50 年代实施以来，已经历 4 个发展阶段。创立时期以政治导向为主，几乎为全部的来华留学生提供奖学金；改革时期，丰富了奖学金的内涵，细化了中国政府奖学金政策的资助标准，中国政府奖学金的管理逐渐规范；快速发展时期，随着改革开放的不断推进，来华留学生进入了快速增长期，中国政府奖学金政策不断完善；规范化发展时期，对来华留学生的生源质量提出了要求，并针对不同的留学生类别设立了多种资助项目，采取了不同的资助方式。

第二，获得中国政府奖学金的来华留学规模。一是获中国政府奖学金的来华留学生人数不断增长，其中增长幅度最大的是学历来华留学生人数。二是各大洲获中国政府奖学金的来华留学生人数均有所增长，亚洲国家的来华留学规模最大且增速最快。三是获中国政府奖学金的来华留学生以学历生为主。四是获中国政府奖学金的来华留学生所学专业以工科为主，学科分布差距较大。

第三，获得中国政府奖学金的来华留学生结构。学历生数量不断扩大，占比不断提高，其中硕士研究生占主体，博士研究生人数较少。非学历生人数呈现出扩大趋势，但占全国的比例有所下降；非学历来华留学生中普通进修生占主体，高级进修生人数较少。

第四，来华留学规模。一是来华留学规模不断扩大，增速有所放缓。二是亚洲来华留学生人数最多，其他大洲来华留学生人数稳步提高。三是学历生占主体，高层次的研究生留学生人数较少。四是从专业分布看，汉语言专业人数众多，其他专业分布较为均衡。

第五，来华留学生结构。学历生人数的增长和增速均高于非学历生，来华留学生主体是本科生，硕士研究生人数和增长幅度都远高于博士研究生。非学历来华留学生教育对高级进修生的吸引力不断增强，普通进修生和短期留学生是非学历来华留学生的主体。

第六，"双一流"大学来华留学生的特点。从获中国政府奖学金的来华留学生来看：获中国政府奖学金来华留学生人数逐年增加，各省市内与各省市之间"双一流"大学获中国政府奖学金的人数差异较大。在学历生中，硕士研究生占主体，博士研究生人数较少，在非学历留学生中，普通和短期进修生人数最多。从规模看："双一流"大学来华留学生总人数虽不断增长，但增速明显放缓。"双一流"大学来华留学生人数占全国的比例不断下降，呈现出"双一流"大学不再是简单追求来华留学规模的扩张，而是着重于吸收高质量来华留学生的特点。在"双一流"大学各地区分布上："双一流"高校资源丰富的地区，来华留学生人数众多，对比"双一流"大学与非"双一流"大学的来华留学生，各地区"双一流"大学吸收来华留学生的优势更明显。2018 年部分高校学历生占比低于非学历生，部分高校学历生占比低于全国平均水平；高层次研究生人数较少；高级进修生人数较少。从结构看：学历来华留学生作为衡量来华留学生质量的重要指标，呈现出占比不断增大的趋势，其中硕士研究生与博士研究生的规模不断扩大，来华留学生的生源质量不断改善，学历生的主体地位不断增强，非学历生中高级进修生增幅最大，普通进修生和短期留学生人数较多。

第七，中国政府奖学金对"双一流"大学来华留学生的影响。中国政府奖学金对来华留学生的影响是正向的，中国政府不断增加中国政府奖学金的发放人数对"双一流"大学来华留学生有正向影响，在短期内持续增强，从长期来看正向影响有所减缓。中国政府奖学金对"双一流"大学来华留学生的影响较小。中国政府奖学金对"双一流"大学来华留学生的影响是显著的，对 A 类高校的影响小于 B 类高校。中国政府奖学金对学历来华留学生的影响是正向的，从短期来看正向影响不断增强，从长期来看正向影响有所减弱。中国政府奖学金对"双一流"大学学历来华留学生的影响较小。中国政府奖学金对"双一流"大学学历来华留学生的影响是显著的，对 A 类高校的影响大于对 B 类高校的影响。

二 政策建议

（一）扩大来华留学规模

第一，加强与输出国的经济往来。首先，各国应本着互惠互利的原则，不断消除双边投资与贸易往来的壁垒。可以通过共建自由贸易区等方式加强经贸合作，在货物运输以及物品通关手续的办理上，给予相应的政策扶持；可以采取降低关税和通关时间等措施，提升贸易往来的效率和缩短贸易往来的时间。其次，大力发展国内经济。不断提升国内经济的发展活力，推动构建双边贸易合作机制，加大双边市场的对外开放程度，在基础设施建设、证券市场、金融监管等方面给予更多的支持，进而促进双边政府的贸易往来。最后，给予经济欠发达地区更多的扶持。来华留学生主要来自亚非国家，在这些地区有巨大的留学生市场，给予经济欠发达地区更多的经济扶持，能促进留学生来到中国学习和生活。

第二，提升教育合作的发展水平。一是坚定文化自信。中国优秀文化具有强大的生命力与活力，应积极向世界输出中国的价值观和文化，提升中国文化在世界的影响力，让更多的留学生有机会了解中国文化。二是创新文化输出方式。在提升中国文化国际影响力的同时，更需不断创新文化交流与输出的方式，对不同的国家采取差异性宣传方式。三是畅通教育交流与合作渠道，进行教育合作的协同发展。加强与世界一流留学强国的沟通与合作，学习先进的留学教育工作经验，进一步开展与世界顶尖高校的合作，让中国的优秀学生能够走出去，同时也能引进一批优秀的国际人才，最终实现互惠共赢。

第三，创新留学生管理方式。其一，结合高校所在地区的文化特点，让留学生尽快融入当地的学习生活。通过设立留学生管委会，让留学生群体更具凝聚力，邀请国外友人与留学生群体进行友好交流，促进留学生群体的团结与合作，共同解决生活和学习中遇到的问题。其二，促进留学生与国内学生相互交流。让留学生群体走出身边的朋友圈，通过与老师、同学进行交流，更快适应留学生工作与生活，更应给留学生提供意见畅通反馈的渠道，让留学生的问题能够得到真正的处理。其三，加强留学生服务工作。合理安排留学生学习课程，给予他们在人身安全、交通安全、社会保险等方面更多的帮助，让留学生既能学习好，也能生活好。

第四，提升高校的国际化程度。中国政府奖学金政策对来华留学生具有正向影响，高校自身的实力与国际声誉是决定留学生做出留学选择的关键性因素。其一，高校应将学校建设融入国家建设之中。顺应时代和高校的发展方向，勇于创新，特别是要重视高校人才队伍建设，既能吸引优秀的留学生来，也能让留学生留下来。其二，发挥高校的学科优势，提高高校的科研实力和国际影响力。高校进一步明确自身的定位，清晰高校优势所在，不断加大科研投入，综合提升高校在世界的声誉与影响力。其三，提升高校的国际化视野。不仅要看到自身发展的不足，还要看到与世界一流大学的差距。来华留学工作不是为了完成相应的教育指标，而是为了挖掘出来华留学教育的价值。

（二）加强学历来华留学生教育

第一，完善学历来华留学生管理体系。其一，给予高校更多的自主权，高校根据自身发展情况自主开展留学生管理。建立第三方机构来监督和考核高校的来华留学生发展情况，第三方机构及时公布高校的来华留学生管理情况，做好相关政策的评估工作。其二，完善来华留学生政策法规。各高校对学历来华留学生和非学历来华留学生的管理，差异性不明显。制定针对学历来华留学生的管理规范，对学历来华留学生的教育教学、生活管理、社会服务给予更多的指导。其三，加强学历来华留学生教育信息化水平建设。加强留学生信息数据归纳与整理，提升学历来华留学生教育管理的信息化水平。其四，给予学历来华留学生更多的工作机会。开放留学生的工作签证，给予留学生更多在中国继续学习和生活的机会。其五，为学历来华留学生提供丰富的文化体验。高校应不断创新中华文化的表现形式，让留学生参与社会实践、志愿服务、文化体验等活动，切身感受中国丰富多彩的文化内涵。可通过参观红色旅游基地、走进乡村基层、走入生产一线感受中国日新月异的变化，提升中国对学历来华留学生的吸引力。

第二，推动学历教育内涵式发展，提升来华留学质量。中国"双一流"大学的学历来华留学生教育取得不断发展，但博士研究生人数仍较少。推动学历生教育需转变来华留学生的发展模式，在追求来华留学规模不断扩大的同时，更注重学历教育的内涵式发展。首先，完善学历生教育内涵式发展的内容。政府应尽快制定相关的政策指导性文件，不断深入推进中国高等教育综合改革，以来华留学高质量发展为目标，提升中国高校的科研水平和国际化程度，不断提升来华留学市场的综合竞争力。其次，中国高校应转变来华留学教育理念，在追求来华留学规模扩大的同时，更注重来华留学生的质量。同时应创新留学生服务机制，做好留学生的服务工作。最后，提供特色化的学历教育。各高校可以结合自身优势，加强学历生的招生、录取、教育教学、生活保障等工作，为有需求的国际学生提供特色化的学历教育。

第三，加大对学历来华留学生的财政投入。首先，增强财政资金对中国高等教育的投入。中国高等教育的发展水平对学历来华留学生具有显著的正向影响，应给予高校更多的财政资金，让高校能够不断提升自身的国际化水平与学历教育水平。其次，提高来华留学教育支出在财政支出中的比例。高校来华留学工作需重点改善的方面，一是改善教学环境，二是开设特色专业和课程，三是提升高校教师队伍的国际化程度。再次，根据经济发展情况，适度提高奖学金的资助标准与数量，调整留学生的规模和结构。最后，完善奖学金配套政策。高校应整合不同类别的奖学金政策，让奖学金能够与其他奖助学金共同发挥作用，让优秀的学历留学生能够获得中国政府提供的资金补助。

第四，建立学历来华留学生考核机制。首先，注重学历生的选拔过程。高校应主动规划，保证接收的学历来华留学生与高校的发展规划与目标相一致；根据国家的留学政策，建立符合高校自身特点的留学生考核机制，走符合自身特色的学历教育之路。其次，将学历来华留学生考核机制纳入学校总体发展规划。高校应重视留学生学历教育在高校总体发展规划中的作用，对学历来华留学生的学业表现、个人表现制定相应的考核方式，定期对学历来华留学生开展考核评估，对考核结果及时记录在案，准确及时反馈考核结果。最后，加强留学生管理与服务。切实解决留学生在工作与生活中遇到的问题。如针对留学生存在的语言障碍，有针对性地请汉语教师对留学生进行培训和指导，督促留学生完成汉语言水平测试。针对课业中遇到的问题，鼓励留学生成立互助小组，邀请国内学生给予留学生学习指导。

（三）完善奖学金政策体系

第一，树立留学生质量意识。首先，教育行政主管部门应加强来华留学生教育质量体系建设。政府部门应出台具体的政策指导文本，细化不同种类来华留学生奖学金的目标要求、基本原则、管理制度与实施策略。其次，接收来华留学生的高校更应把握好来华留学生质量，树立重视来华留学生质量的意识，在追求来华留学规模时，更应重视来华留学生质量。最后，高校应制定来华留学生质量标准，完善奖学金制度，及时公布奖学金的发放和使用情况，加强对奖学金的监控力度。"双一流"大学应结合各类奖学金的政策文本，加强奖学金的规范管理，对来华留学生进行更加严格的把关，让一批真正优秀的来华留学生能进入"双一流"大学学习。

第二，增强奖学金政策的执行力。首先，政府应不断加强奖学金政策的宣传力度，扩大奖学金政策的影响力。政府和高校在互联网平台搭建相关网页，让留学生及时了解相关政策，使其能够直接在线上完成申请。加强与国际合作组织的沟通与联系，让更多留学生了解相关政策，还可以通过与境外留学生、华人朋友以及当地高校进行合作等方式，全方位地介绍中国奖学金相关政策，宣传优秀的来华留学生事迹，搭建相关的平台和讲座，让留学生能够面对面地交流，积极正向引导来华留学生。其次，提升奖学金政策的实施效率。政府和高校在申请奖学金来华留学生的评选过程中，对不同来源地留学生采取的评价标准不尽相同，给奖学金的评选工作带来一定的难度。如何让奖学金合理、有效地发放到优秀的留学生手中，需要对申请材料、考核成绩制定明确的标准。每年应尽早公布评选奖学金的材料与时间长度，尽可能避开留学生学业繁忙的阶段如毕业季、求职季等，让相关教育行政部门和高校能够有更多的时间处理留学生的申请材料。高校相关工作人员应加强与来华留学生的沟通与联系，对留学生的实际情况有细致的了解，进一步提高奖学金发放的针对性和公平性。最后，加强奖学金政策的配套制度建设。对没有获得奖学金资助和资助金额较少的留学生，高校应尽可能地为他们提供帮助，让他们能够以勤工俭学方式分担生活压力。

第三，形成奖学金政策评估体系。首先，完成奖学金全过程监测体系的建设。政府部门可成立专门的机构，制定符合实际的奖学金评估标准，畅通政策实施反馈渠道，及时准确地掌握政策的实施情况，对各项奖学金开展质量评估与考核，确保奖学金政策高标准、严要求执行，让奖学金政策能切实选拔出高质量的来华留学生。高等院校与教育行政主管部门开展合作，将奖学金政策评估体系纳入高校自身建设之中，形成高标准高质量的监测和监管体系。其次，强化过程控制与管理。高校一方面可以借鉴国内学生奖学金投放标准和流程，加强奖学金发放过程的监控，另一方面可以对获得奖学金留学生的学业表现、综合表现进行跟踪与监控，建立和完善奖学金的退出机制。留学生获得奖学金后，对其表现进行考核，制定完备的过程监管机制，提出翔实的考核方式，让奖学金真正发挥正向的激励作用。采取对未达到考核标准的留学生取消奖学金等多种考核方式，把奖学金给到优秀的留学生。最后，构建监督问责体制。教育行政主管部门与各高校共同搭建一套完整的监督问责班子，监管部门全流程监督奖学金政策的实施过程，保证监督到岗、监督到位，对违反相关规定的人员进行问责。

（四）提升"双一流"大学国际化程度

"双一流"大学建设是提升中国高等教育国际化程度的重要举措之一，具有国际视野建设对世界一流大学的基本要求。42 所"双一流"大学公布了自身的建设方案，明确提出要加强高校对国际化的重视程度，但不少"双一流"大学对"国际化"的理解不够深入，对来华留学教育还停留在追求规模增长阶段，未对来华留学生质量做出明确要求。

第一，加强高校学术建设。学术和科研能力是高校自身发展的基本出发点。"双一流"大学承担着提升中国学术和科研水平的重要任务。高校对学术和科研能力的重视程度，在一定程度上决定着留学生对高校科研能力的基本看法，留学生更倾向于选择到学术氛围浓厚和科研实力过硬的高校学习。"双一流"大学应加强学校科研队伍的建设与管理，增加科研经费的投入，让优秀的科研工作者和学术人才得到应有的奖励。

第二，加强人才培养。高校承担着培养优秀人才的责任，应落实以人为本的培养理念，加强留学生的管理工作，与时俱进地为来华留学生设置适应留学生发展的课程，培养留学生的学习能力和社会责任感，让来华留学生在高校能真正学有所长。

第三，走特色发展之路。"双一流"大学的办学历史、地域条件、学科特色不同，应根据自身特色进行角色定位，走具有自身特色和学科特色的发展之路。应坚持创新走学科特色发展之路，打造学科特色培养体系，不断在相关领域发声，增强在学科上的话语权与影响力。留学生为了追求更高水平、更高质量的教育，在做出留学决策之前，会进一步明确留学专业，此时高校的学科专业实力则成为影响他们做出选择的重要条件，因此打造具有中国特色的学科培养体系对增加对来华留学生的吸引力，进而增加高校的国际化程度具有重要意义。

　　第四，高校不仅需要提升对留学人才的吸引力，也要能够留住人才。应给予留学生更多在高校的科研机会和工作机会，提升高校对留学生的服务水平，让留学生不仅能在高校学习得更好，也能生活得更好。同时高校自身应重视国际化教师队伍建设，增加专职教师人数，不断提升中国高校的国际化服务水平。

后　　记

　　2013 年习近平主席出访中亚和东南亚国家，向世界发出了共建"丝绸之路经济带"和"21 世纪海上丝绸之路"的重大倡议，中国提出了"一带一路"倡议。2015 年 3 月，中国政府进一步发布《推动共建丝绸之路经济带和 21 世纪海上丝绸之路的愿景与行动》，指出中国要在政策沟通、设施联通、贸易畅通、资金融通和民心相通五个方面加强与"一带一路"沿线国家的交流与合作。此后，我们团队对"一带一路"沿线国家高等教育发展的研究产生了浓厚的兴趣，从 2016 年开始，团队连续参加了五届"'一带一路'高等教育论坛"，参会论文构成了本书的主要内容。

　　电子科技大学以色列研究中心于 2017 年成立，目前已经成为教育部国别研究中心，为本书研究的推进起到了重要作用。本书研究在 2017 年获得四川省软科学项目"'一带一路'倡议下西部人才集聚与区域创新研究"的资助，在 2020 年获得成都市软科学重点项目"成都建设'一带一路'创新枢纽研究"的资助，本书的出版离不开这些项目的支持。参加国际会议、以色列研究中心成立和开展课题研究，让我们有幸认识了世界上研究高等教育的优秀专家，为我们收集研究数据提供了便利条件，为研究成果的发表奠定了良好的基础。

　　在撰写过程中，本书得到了来自众多学者的关心和多方的帮助。首先，感谢湖北大学教育学院的沈曦副教授，她一直参与本书的撰写工作，特别承担了后期繁琐的校对工作，使本书的数据和文字语句更加严谨。其次，感谢覃蕾、任晨华、李佩锦和童叶四位学生，他们为本书的数据收集、整理、分析以及文章撰写等做了大量的基础性工作，感谢他们的无私奉献，使本书能够最终问世。

特别感谢中国社会科学出版社的赵丽编辑和朱亚琪编辑，她们为本书的出版付出了大量的心血。

沈　华

2023 年 6 月 15 日于成都